동아시아 근대의 형성과 역사학 ❶
―제국의 학술기획과 만주

일러두기
- 이 책은 동북아역사재단 기획연구 수행 결과물임(NAHF-2018-기획연구-14).

동북아역사재단
연구총서 127

동아시아 근대의
형성과 역사학 ❶

제국의
학술기획과
만주

오병수 편

동북아역사재단
NORTHEAST ASIAN HISTORY FOUNDATION

책머리에

　이 책은 지난 2017년부터 재단에서 "동아시아 근대의 형성과 역사학"을 주제로 진행한 공동연구의 결과를 묶은 것이다. 연구의 원래 취지는 더욱 심화되고 있는 동아시아 역사 갈등을 근대학술사 차원에서 조망함으로써 문제에 대한 새로운 이해의 방향을 모색하려는 것이었다. 그 첫 번째 성과인 이 책의 내용은 제국주의 시기에 진행된 만주 연구를 제도적 차원에서 살펴본 것이다.

　역사적으로 제 종족과 세력이 어울리면서 흥망을 거듭한 역사 공간으로서 만주는 한국인에게는 역사적 고토(故土)이자 역사적 정체성을 구성하는 핵심 공간으로 인식되고 있다. 또한 적어도 여진의 흥기 이래 한국전쟁에 이르기까지 만주의 정세가 한반도의 안위와 직결되었던 경험을 고려하면 만주는 지정학적으로도 한국은 운명을 걸어야 할 만큼 결정적인 공간이다. 문제는 이러한 만주와 그 역사가 현재 동아시아 역사 갈등의 핵심 지역으로 부각되어 있다는 점이다.

　물론 이러한 역사 갈등은 관련 당사국들이 국가건설과 함께 진행한 자국사 구성 방식, 그리고 이 지역을 발판으로 한 미래전략의 차이에서 비롯된 것이다. 이른바 동북공정식 역사인식 역시 중국 당국이 현실적 과제 해결을 위해 역사를 동원하는 과정에서 비롯된 것이지만, 주목할 것은 '만주'라는 공간을 둘러싼 이러한 역사인식 문제는 이미 20세기 내내 지속적으로 이루어졌다는 것이다. 특히 '만주'의 지배권을 둘러싼 제국 간의 역학 관계를 배경으로 중국, 일본, 러시아 등 각 세력의 민족주의가 교차하고 길항했던 역사가 그 배경이다. 일제가 대륙 침략과 지배를 정당화하기 위해 각종 학술 조사를 바탕으로 진행한 만선사, 만몽사 등 식민지 역사학은 잘 알려진 사례이다. 그리고 이러한 과정에서 제국의 학술제도와 과학을 표방하면서 생산된 역사 지식과 정보는 현재에 이르기까지 상당한 영향력을 발휘하고 있다. 따라서 동아시아 역사 갈등 문제의 본질을 깊이 있게 이해하기 위해서는 동아시아 각국의 현대 국가 건설에 조응하여 만들어진 학술 제도와 그 속에서 이루어진 자국사의 구축 과정을 살펴볼 필요가 있다.

물론 이미 선행연구를 통해 제국대학 체제가 생산한 일본의 근대 역사학이 일제의 제국주의에 복무하였고, 또 단순한 식민 지배를 위한 이데올로기가 아닌 근대학술제도를 발판으로 이루어진 것이며, 또 식민사학 자체가 특정 시기만이 아니라 한국사 전반의 제 민족과의 관계에 대한 인식과 관련되어 있다는 점은 알려져 있다. 일제가 자국사 구축의 전제로서 수행한 동양학 창출 과정 자체가, 중국은 물론 조선, 만주, 몽골 등을 타자화하면서 스스로의 우월성을 창출하는 과정이었다. 또한 중국의 근대 역사학 역시 유사한 과정을 밟았으니, 이른바 '중화 민족'을 창안하고, 정치·문화·인종적 우열관계 속에서 제 민족을 포섭, 동화하는 방식으로 자국사를 구성하였다. 그렇다면 만주 또는 동북을 자국사로 포섭하는 과정은 어떠하였을까? 이 연구에서는 동아시아 근대 역사학의 형성 과정을 동아시아적 맥락에서 분석하고, 중국과 일본의 동양학의 제도화 과정, 특히 만주에 대한 연구를 통해 이에 접근해보고자 하였다.

이 책의 내용은 그 전제 작업으로서 크게 세 부분으로 이루어져 있다. 첫째, 만주라는 공간에 대한 근대 지식의 형성 과정과 그 정치적 맥락을 밝히는 연구이다. 둘째, 제국 일본의 중추적 학술제도인 제국대학에서 동양과 만주가 어떻게 연구되고 구성되었는지를 도쿄제국대학과 만주 건국대학, 그리고 경성제국대학의 사례를 중심으로 살펴보려는 것이다. 특히 만선사, 만몽사의 논리 구조가 아니라, 그것을 생산하는 제도적인 기초에 초점을 맞추었다. 셋째, 일찍이 국민국가 건설의 기회를 박탈당하고 스스로의 학술적 제도를 갖추지 못한, 당시 한국인의 만주 체험과 기억 문제를 언론 매체를 통해 살펴보는 연구이다.

먼저 첫째 부분에서는 중국과 분리되는 만주라는 독립적 공간에 대한 근대적 지식의 형성 과정 및 그것이 중국과 일본에 의해 전유되면서, 서로 다른 역사인식을 결과하는 과정에 대한 탐색하였다. 배성준은 "19세기 말 영국 왕립지리학회의 만주와 백두산 탐사"를 통해 1860년대부터 1899년까지 영국 왕립지리학회지에 실린 7종의 만주와 백두산 탐사기를 분석하여 당시 유럽인들의 만주와 백두산에 대한 인식과 만주에 대한 근대적 지식의 탄생 과정을 추적하였다. 그에 따르면 유럽인들은 이미 1930년대부터 독자적 공간으로서 '만주'를 인식하였으며, 1860년대 이후, 제국의 후원을 받는 왕립지리학회의 지원하에 만주에 대한 적극적인 조사와 탐험을 진행함으로써 관련 지식을 보편화하였다. 특히 이들은 정확한 측량과 세심한 관찰을 바탕으로 만주의 지형과 지리, 자원 등은 물론 인종, 민족, 역사 등을 포함하는 과학적 지식과 지역 정보를 수집, 정리했을 뿐 아니라, 만주를 대략 3개의 공간으로 구분하는 등 새로운 공간을 창출하고 관련 지식을 확산하였다. 이러한 작업은 전 지구 차원의 제국주의적 팽창을 배경으로 한 것이지만, 토착적 지식을 해체하고 만주에 대한 근대적 지리 지식을 형성하고 보편화하는 작업이었다. 특히 이러한 조사와 탐사는 영국 외 다양한 제국에 의해 진행되었다는 점에서 이후 주제를 확장하여 후속 연구를 진행할 필요가 있을 것이다.

또 린츠훙의 "제국의 변강과 지식정치"는 만주를 둘러싼 중일 간의 갈등을 '변강을 둘러싼 지식 정치'의 맥락에서 파악한 것이다. 러일전쟁 이후 일제는 정책적 필요성에 따라, 중국과 만주를 분리하기 위한 만주, 만선, 만몽 등 정치적 지리 개념을 창출하고 각 종 학술 탐사를 통해, 제국적 침략을 정당화하는 '지식'을 생산하였다. 이러한 일제의 탈민족화 정책에 대응하여 중국 국민정부는 문화민족주의적 맥락에서 '변강'과 동북이라는 개념을 차용하면서 역시 구체적인 연구와 조사를 바탕으로 만주 관련 지식을 생산 보급하는 한편, 변강 및 민족정책을 수립하였다. 린츠훙의 연구는 중국의 근대 민족주의가 일제의 침략정책에 대응하는 과정에서 형성되었음을 밝힘으로써 만주를 둘러싼 역사 갈등 역시 동아시아적 맥락 속에서 파악할 수 있는 시야를 제공하고 있다.

전전 일본의 동양사학과 그것을 창출한 제도적 기초로서 제국 대학 및 만철역사조사부, 조산사편수회, 만주건국대학 등에 대한 비판적인 연구가 진행된 바 있다. 같은 맥락에서 이노우에와 정상우, 정준영은 각각 동경제국대학과 만주건국대학, 그리고 조선의 경성제국대학 법문학부의 동양 연구 상황을 상세하게 분석하였다. 이노우에는 먼저 러일전쟁 이후 일본의 대륙 정책과 함께 본격화된 동경제국대학 동양사학과의 개설 및 동양사 연구가 시종 만철의 지원 속에 이루어졌음을 아시아 역사자료센터 소장 고토 신페이 문서를 통해 분석하였다. 특히 도쿄대 교수였던 시라토리나 이케우치 등은 애초부터 만철 역사조사부를 통해 만주사, 만선사 연구를 시작하였으며, 동 기구의 해체 이후에도 지속적으로 만철의 지원하에 연구를 계속하였음을 실증하였다. 이들의 연구 내용 역시 만주족의 기원 및 고구려를 포함한 만주 제 종족의 역사가 중심인데, 당시 만주국의 취약한 기반을 보조하기 위한 정책 연구로서 이루어진 것이었다.

정상우의 "만주건국대학에서 이루어진 역사연구" 역시 1938년 세워진 만주건국대학에서 진행된 동양학 연구를 분석하였다. 건교 목표가 만주국의 기초를 확충하고, 일제의 만주 지배를 공고히 하려는 것이었기 때문에, 학술 연구 역시 한편으로는 당시 일제의 동양학의 과제였던 대동아사의 창출에 부응하는 한편, 만주 국학의 창출이라는 이념에 따라 만주족을 주체로 한 만주사의 창출을 시도하였다는 것이다.

정준영의 "동양문화연구와 경성제국대학"은 식민정책의 일환으로 조선에 세워진 경성제대의 동양문화 연구를 분석하였다. 1926년에 세워진 경성제대의 설립 자체가 식민지 조선에서의 학술적 헤게모니의 확보를 위한 것이었다. 따라서 학교 수립 당시부터 '지나와 내지와 관계를 잘 해명하여 동양학의 중심이 되는 것'이 기대되었고 실제 강좌도 충실하게 운영되었다. 그러나 그것은 결국 일본이 과거 동양문화를 어떻게 창조적으로 수용하여 현재 동양을 지도할 위치에 서게 되었는지를 해명하는 것일 수밖에 없었다. 또 만주사변 이후 만주에 대한 관심이 고조되는 배경 속에서 경성제대는 정책적 고려에 따라 '만몽문화연구회' 등을 통해 만선사 연구를 적극 진행하기도 하였다. 그러나 정준영이 주목한 것은 '밖의 안'이자 '안의 밖'으로서 조선의 위치에서 기인하는 경성제대의 성격상, 동양학 강좌와 학풍 역시 '자아와 타자의 이항대립을 통해 구성해 온 일본식 동양학을 내파할 요소를 안고 있어서 애초부터 문제가 있었음을 지적하고 있다.

한편, 이병인의 "1930년대 조선의 대중잡지에 표출된 만주 이미지"는 잡지 『삼천리』, 『별건곤』, 『동광』 등 잡지 기사를 통해 만주사변과 중일전쟁 이후, 한국 대중의 '복합적 만주 이미지'를 분석하였다. 만주사변 이후 한국의 대중들은 만주국의 선전논리를 바탕으로, 만주와 간도를 새로운 기회의 땅으로 인식하였다. 그러나 실제로는 그것이 허구였으며 조선인에 대한 차별이 여전하였음은 쉽게 체감할 수 있었다. 같은 맥락에서 당시 조선인들은 만주를 민족의 고토이며 '조선인 호인을 정복하고 지배하던 민족의 활동 무대'이자, 조선의 연장으로 인식하였다. 그러나 이렇게 자민족을 강조하는 논리는, 중국 강역 내 제 민족을 중화민족의 형성 과정으로 파악하는 중국의 논리나 일제의 민족협화의 도의적 세계라는 이념을 내세운 만주국의 이념을 극복과 양립할 수 없었다. 특히 중일전쟁 이후 만주담론은 만주국의 이념에 동화되는데, 이는 역시 독자적인 만주 연구와 조사를 진행할 수 없었던 학술제도를 갖지 못한 당연한 귀결이었을 것이다.

앞서 밝힌 것처럼 이 연구의 취지는 현재 동아시아 역사 갈등의 배경을 동아시아 학술사 차원에서 해명하려는 것으로, 특히 중국의 만주 인식이 어떠한 동아시아 근대의 학술회로를 통해서 구현되는지를 밝히려는 데 있다. 이에 대해서는 후속 연구를 통해 본격적으로 다룰 것이다.

또 만주 자체가 단순한 역사 공간이면서 지정학적으로 중요한 공간이듯이, 만주를 어떻게 인식할지는 매우 중요한 과제이다. 공간의 명칭으로 '만주'라는 이름은 정당한가? 우리의 경험을 반영한 명칭은 고사하고 그에 대한 과학적 지식은 어느 정도인가? 북방사라는 애매한 용어로 부르면서 고대사의 강역으로 소환하거나 문학적 회상을 통해 당시의 생활을 회고하는 것 이상의 전략적 지식은 갖추어져 있는가? 최근 경계이론을 반영한 '만주학'론이 주창되고 있지만 우리 학계의 만주에 대한 학술적 연구는 여전히 미진하다. 같은 맥락에서 린즈훙이 인용한 만주사변 당시 중국인의 만주 담론의 일부를 인용하고자 한다. 역사 갈등에 대한 답은 만주에 대한 정당한 학술적 연구에 있기 때문이다.

"동북의 위험은 오늘날 시작된 것이 아닌, 민중들이 예로부터 동북에 대한 지식을 탐구하지 않은 것에서 시작된 것이다. 일본인들의 중국 동북 침략도 오늘날 시작된 것이 아닌, 이전의 연구와 조사에서부터 시작된 것이다. … 민중들이 동북을 연구하지 않으면 언제까지 기다려 하는가?"

2021년 4월
집필자를 대표하여
오병수 씀

일부 논문의 初出 상황은 다음과 같다.
배성준, 2017, 「19세기 후반 영국 왕립지리학회의 만주와 백두산 탐사」, 『인문논총』 74권 3호, 서울대학교; 정상우, 2019, 「식민주의 역사학으로서 만주건국대학에서의 역사 연구」, 『동북아역사논총』 64; 정준영, 2019, 「국사와 동양학 사이의 좁은 틈: 경성제국대학과 식민지의 동양문화연구」, 『역사문제연구』 41권.

차례

책머리에 · 4

1장 19세기 후반 영국 왕립지리학회의 만주와 백두산 탐사 _ 배성준 · 13
  I. 머리말 · 14
  II. 왕립지리학회의 만주 및 백두산 탐사 · 16
  III. 만주 여행기의 시선 · 28
  IV. 만주와 백두산의 근대적 재구성 · 41
  V. 맺음말 · 54

2장 '제국' 변강과 '지식 정치': 근대 중일의 만몽논술 _ 린츠훙 · 59
  I. 머리말 · 60
  II. '변강'에 대한 중일의 다른 인식 · 62
  III. 정치적 요소 속의 만몽 서술 · 74
  IV. '공간' 지식과 권력의 경쟁 · 90
  V. 맺음말 · 103

3장 동경제국대학 동양사학과의 만주사 및 조선사, 만선사 연구: 시라토리 구라키치 · 이케우치 히로시 관계 문서를 중심으로 _ 이노우에 나오키 · 111
  I. 머리말 · 112
  II. 동경제국대학 동양사학과 성립 · 114
  III. 시라토리 구라키치의 만주사 및 조선사, 만선사 연구:
     만선 역사 조사부 및 도쿄제국대학에서의 활동 · 117
  IV. 이케우치 히로시의 만주사 및 조선사, 만선사 연구 · 126
  V. 맺음말 · 142

4장 만주건국대학에서 이루어진 역사 연구 _ 정상우 · 147
  I. 머리말 · 148
  II. 1930년대 일본 역사학계의 동향과 건국대학의 사명으로서 '만주국학' · 152
  III. 건국대학에서의 역사 연구 · 162
  IV. 맺음말과 향후의 과제 · 183

5장 '동양문화' 연구와 경성제국대학: 핫토리 우노키치와 동양학 강좌들
_ 정준영 · 193
  I. 핫토리 우노키치와 경성제국대학의 설립 · 194
  II. 외부이자 내부인 '조선'과 일본 동양학의 딜레마 · 198
  III. 경성제국대학 '동양문화' 강좌의 제도적 윤곽 · 206
  IV. 식민지 관학의 동양학자들과 학풍:
      도쿄 학지의 이식과 학술교류의 동양학 · 216
  V. 맺음말 · 227

6장 1930년대 조선의 대중잡지에 표출된 만주 이미지 _ 이병인 · 239
  I. 머리말 · 240
  II. 현실 인식의 공간, 만주 · 243
  III. 역사적 '실체'와 허구적 '이상향', 만주 · 251
  IV. 맺음말 · 265

찾아보기 · 270

1장

19세기 후반 영국 왕립지리학회의 만주와 백두산 탐사

배성준
전 동북아역사재단 연구위원

I. 머리말

유럽인의 만주 내륙 여행은 1860년대부터 시작되었다. 난징조약에 이은 후먼조약(虎門條約, 1843), 왕샤조약(望廈條約, 1844), 황푸조약(黃埔條約, 1844) 체결로 유럽인의 개항장 출입과 거주가 보장되었지만 아직 중국 내지 여행은 금지되어 있었고, 1860년 베이징조약 체결로 톈진조약의 내지 여행 조항이 비준됨에 따라 외국인의 중국 내지 출입이 가능해지자 유럽인의 발길이 개항장을 넘어 만주 내륙에 미치게 되었다. 1861년 상하이 영국상공회의소 회원인 미치(Alexande Michie)는 톈진에서 산하이관을 넘어 선양까지 여행하였고, 1864년 러시아 탐사대는 쑹화장(松花江)을 따라 지린까지 나아갔다. 만주 내륙의 선교 활동은 내지 여행 허가 이전부터 이루어졌다. 1838년 로마 가톨릭의 만주 관구가 만들어지면서 선교사들의 발길이 만주 내륙까지 미쳤고, 1861년 스코틀랜드 연합장로교회가 만주 지역에 성서를 보급하기 위하여 선교사를 파견하고 이어서 영국 장로교회와 아일랜드 장로교회의 선교사 파견이 이루어지면서 개신교의 만주 선교가 시작되었다. 만주로 파견된 선교사들은 선교 활동과 더불어 만주 내륙으로 전도여행을 하면서 많은 기록을 남겼다.

1860년대 이래 유럽인의 만주 탐사를 뒷받침한 것은 영국 왕립지리학회(Royal Geographical Society)였다. 1830년에 런던지리학회로 출발한 왕립지리학회는 파리지리학회(1821), 베를린지리학회(1828)와 더불어 지리학 분과의 성립을 주도하는 한편 아프리카, 태평양, 남극 및 북극 등지의 탐험을 조직하거나 후원하였다. 이러한 경험을 바탕으로 1860년대 이래 만주에 대한 지리 정보의 수집에 관심을 기울였으며, 선교사와 여행가들의 만주 여행기와 보고서를 왕립지리학회 기관지에 게재하였다. 왕립지리학회의 기관지에는 1861년 톈진에서 선양에 이르는 미치의 여행에서 1899년 선양에서 압록강 유역에 이르는 털리(Robert T. Turley)의 탐사에 이르기까지 모두 일곱 차례의 만주 및 백두산 여행기를 수록하고 있다. 19세기 유럽인의 중국에 대한 보고서나 여행기에 대해서는 상당한 연구가 축적되었지만, 오리엔탈리즘과 제국주의의 관점에서 주목하였고,[1] 영국과 러시아의 백두산 탐사에 대한 연구도 제국주의의 팽창과 각축이라는 측면에서 접근하였다.[2]

이 글에서는 1860년대 이래 왕립지리학회 기관지[3]에 게재된 만주와 백두산에 대한 여행기를 분석함으로써 19세기 영국을 중심으로 하는 유럽의 만주 및 백두산 인식을 검토해보고자 한다. 이 시기 유럽의 만주 및 백두산 인식은 근대적 역사지리 인식의 출발점이라는 점에서 일본의 만주 역사지리 연구의 기원이기도 하지만, 동시에 근대적 지역 연구로서

---

1 이용재, 2012, 「이사벨라 버드 비숍의 중국여행기와 제국주의적 글쓰기」, 『중국어문논역총간』 30; Susan Schoenbauer Thurin, 1999, *Victorian Travelers and the Opening of China, 1842-1907*, Athens: Ohio University Press; Douglas Kerr and Julia Kuehn ed., 2007, *A Century of Travels in China: Critical Essays on Travel Writing from the 1840s to the 1940s*, Hong Kong University Press.

2 김종헌, 2009, 「'거대한 게임'과 영국의 극동 탐사 활동에 관한 연구」, 『사총』 69; 홍웅호, 2009, 「19세기말 러시아의 동아시아 정책-백두산 탐사를 중심으로-」, 『국제지역연구』 13(3).

3 왕립지리학회 기관지는 1831~1880년까지 『런던 왕립지리학회 회보(*The Journal of the Royal Geographical Society of London*)』라는 제목으로 연 1회 발간되었으며, 1856~1878년까지 『런던 왕립지리학회 기요(*Proceedings of the Royal Geographical Society of London*)』라는 제목으로 연 5~7회 발간되었다. 그리고 1879~1892년까지는 『왕립지리학회 기요와 지리학 월보(*Proceedings of the Royal Geographical Society and Monthly Record of Geography*)』라는 제목으로 매월 발간되었다. 이후 1893~2011년까지 『지리학회 회보(*The Geographical Journal*)』라는 제목으로 격월간으로 발간되었다.

만주 역사지리 연구의 형성을 비판적으로 검토할 수 있는 시야를 제공할 수 있을 것이다.

II. 왕립지리학회의 만주 및 백두산 탐사

중국에 대한 소개는 왕립지리학회 창립 당시부터 이루어졌다. 독일 선교사인 카를 귀츨라프(Karl Gützlaff)는 1831년 타이(Siam)를 출발하여 중국 해안을 따라 하이난에서 랴오둥만까지 항행한 기록을 『중국의 보고(Chinese Repository)』에 실었고, 왕립지리학회에서는 1833년 여행기의 발췌본을 학회 기관지에 수록하였다.[4] 그의 여행기를 통하여 중국 연안에 있는 주요 항구, 만, 섬 및 주민과 교역 상황이 알려졌으며, 랴오둥만의 진저우(錦州)에서 들은 만주와 만주족(Mantchou Tartary)에 대한 이야기도 언급하고 있다. 여행기와 더불어 중국 지도를 소개하는 글도 게재되었다. 1844년에 윌리엄 허트맨(William Huttmann)이 기고한 「중국과 유럽의 중국 지도에 대하여」에서는 14세기 이래 중국과 유럽에서 제작된 중국 지도를 소개하고 있다.[5]

1860년대 들어 만주로의 내륙 여행이 가능해지면서 만주 여행기/탐사기가 소개되기 시작하였다. 1861년 톈진에서 선양에 이르는 미치의

---

4 Charles Gutztaff, 1833, "Extracts from the Journal of a Residence in Siam, and Voyage along the Coast of China to Manchou Tartary", *The Journal of the Royal Geographical Society of London*, Vol. 3.

5 William Huttmann, 1844, "On Chinese and European Maps of China", *The Journal of the Royal Geographical Society of London*, Vol. 14.

〈표 1〉 왕립지리학회의 만주 및 백두산 탐사 개요

탐사자	일시	탐사지역	학회지 게재일자
A. Michie	1861. 7. 6.~27.	텐진-선양	Vol. 33, 1863
Alexander Williamson	1867	만주 일대	Vol. 39, 1869
H. E. M James, F. E. Younghusband, H. Fulford	1886. 5.~12.	만주 일대와 백두산	Vol. 9, No 9, 1887 Vol. 10, No 8, 1888
Charles W. Campbell	1889. 8. 31.~11. 6.	서울-북평-갑산-백두산	Vol. 14, No 3, 1892
J. A. Wylie	1892. 9.~10.	만주 중앙부	Vol. 2, No 5, 1893
Bishop	1894	잉커우-길림, 연해주	Vol. 5, No 2, 1895
Robert T. Turley	1899. 2.~	선양-압록강 하구	Vol. 14, No 3, 1899

만주 여행기가 소개된 이래 1899년까지 일곱 차례의 만주 및 백두산 여행기가 왕립지리학회 기관지에 게재되었다. 이들의 만주 및 백두산 탐사 개요는 〈표 1〉과 같으며, 이들을 직업별로 나누어보면, 선교사가 3명(윌리엄슨, 와일리, 털리)으로 가장 많고, 관리 2명(제임스, 캠벨), 상인 1명(미치), 작가 1명(비숍)의 순이다. 이들 중에서 제임스 일행의 영허즈번드,[6] 캠벨, 비숍이 왕립지리학회 회원이다.

미치는 아직 유럽인들에게 알려지지 않은 지역의 교역 상황을 파악하기 위하여 1859년 봄에 배를 타고 산둥반도, 랴오둥반도, 보하이만을 둘러보았고, 1861년 7월에는 텐진에서 선양까지 여행하고 이때의 여행기를 왕립지리학회 기관지에 게재하였다.[7] 그는 7월 6일 텐진을 출발하

---

6 프랜시스 영허즈번드(Francis Edward Younghusband, 1863~1942)는 영국군 장교 겸 중앙아시아 탐험가이다. 러시아의 침투를 막기 위하여 티베트로 군사원정대를 이끌었으며 라싸조약을 체결하였다. 왕립지리학회 회장을 역임하였다.

7 A. Michie, 1863, "Narrative of a Journey from Tiensin to Moukden in Manchuria in July, 1861", The Journal of the Royal Geographical Society of

여 7월 11일에 산하이관에 도착하였고, 진저우, 잉커우(營口), 랴오양(遼陽)을 거쳐 7월 27일 선양에 도착하였다.

그는 톈진에서 선양에 이르는 각 지역의 지형과 지리, 군사 배치, 교역 상황, 주민 생활 등을 조사하였으며, 잉커우에서 수레에서 조랑말로 갈아타고 선양으로 향하였다. 그는 산하이관에서 장성과 성문, 초소와 막사를 살펴보고 "산하이관은 사실상 군사 주둔지이고 세관이며, 장성을 지나 베이징에서 선양에 이르는 간선 도로로서 공무 시설을 위한 가장 좋은 장소"라고 하였으며,[8] 그가 보는 선양은 중국의 다른 도시와 달리 견고한 성벽, 잘 정비된 거리, 번창하는 기운이 넘치는 도시였다. 그는

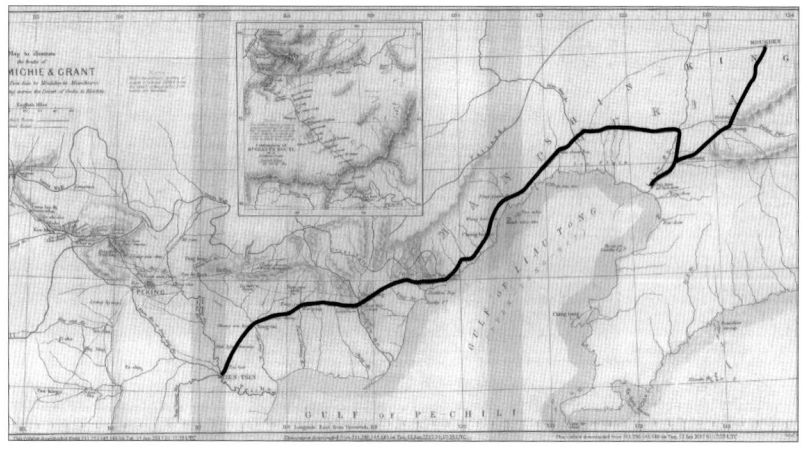

〈그림 1〉 미치의 여정(1861. 7.)
※ 여정을 표시한 지도는 여행기의 말미에 수록된 지도임.
출처: A. Michie, 1863, "Narrative of a Journey from Tiensin to Moukden in Manchuria in July, 1861", The Journal of the Royal Geographical Society of London, Vol. 33.

    London, Vol. 33.
8 A. Michie, 1863, 위의 글, pp. 155, 161.

만주족이 "우세하고 훨씬 진취적인 인종에게 흡수되고 사라진" 만주의 현실을 발견하고 놀라워했으며, "지역의 빈곤과 주민의 부족만큼이나 운송의 비용과 어려움으로 인하여 교역이 제한"되어 있다고 보았다.[9]

개신교 선교사인 윌리엄슨(Alexander Williamson)은 성경의 보급과 전도를 위하여 1864~1867년까지 만주와 몽골을 여행하였고, 1869년에 만주 여행기를 학회 기관지에 게재하였다.[10] 그는 1867년 여름에 남만주를 여행하였는데, 첫 번째는 잉커우에서 출발하여 랴오양을 거쳐 선양에 이르렀고, 두 번째는 잉커우에서 랴오둥반도의 진조우(金州)를 거쳐 펑황

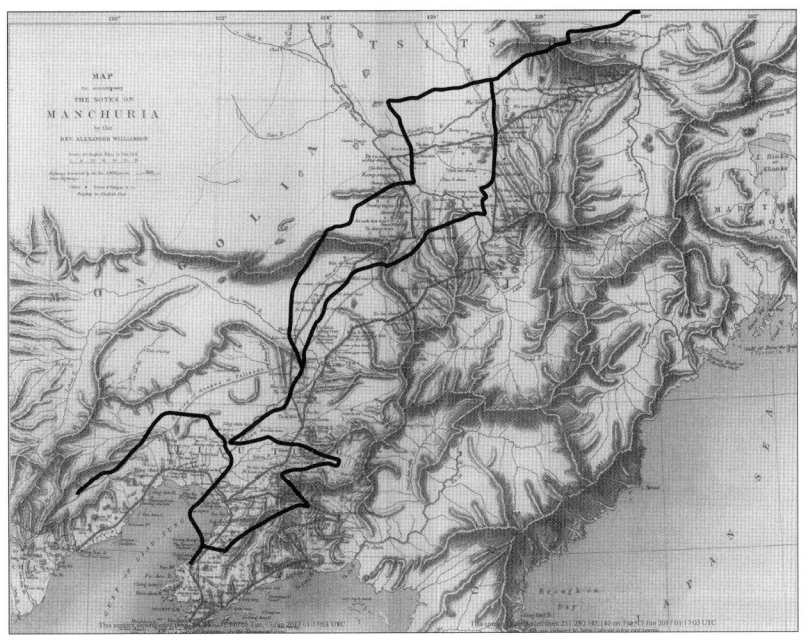

〈그림 2〉 윌리엄슨의 여정(1867)

---

9   A. Michie, 1863, 위의 글, pp. 165~166.
10 Alexander Williamson, 1869, "Notes on Manchuria", *The Journal of the Royal Geographical Society of London*, Vol. 39.

산(鳳凰山)과 고려문(Corean Gate)을 둘러보았다. 이어서 그는 선양을 넘어 내륙 깊숙이 들어갔다. 잉커우에서 출발하여 선양을 거쳐 파쿠먼(法庫門)에서 변장을 넘어 콴청츠(寬城口), 쑹위안(松原), 아쉬허(阿什河)를 거쳐 쑹화강과 무단장(牡丹江)이 합류하는 이란(依蘭)에 이르렀다.

윌리엄슨은 연해주를 제외한 만주 전역을 3개의 지역-만주 남부, 만주 중앙부, 만주 북부 또는 랴오둥, 지린, 치치하얼/흑룡강-으로 나누고 각 지역의 지형, 기후, 동식물, 하천, 주요 도시, 마을, 항구, 간선도로, 주민, 산업, 광물, 교역 등에 대하여 개괄적으로 서술하였다. 그는 1863년에 '스코틀랜드 성서공회(the National Bible Society of Scotland)'의 첫 해외 담당이 되어 성서 보급을 위하여 만주를 여행하였지만,[11] 만주의 지리와 주민에 깊은 관심을 가지고 자료와 정보를 수집하였다. 그는 철도 건설이 만주의 개방과 발전을 가져올 것이지만 비적('紅胡子') 때문에 교역이 번창하지 못하고 간선도로조차 안전하지 못하다고 보았다.[12] 그리고 한족 이주민이 산둥반도에서 만주 남부로 몰려들고 만족이 점차 한족에 동화되어가고 있는 상황에서, 만주의 개방이 적절하게 이루어질 필요성과 풍부한 광물자원에 주목할 필요가 있다고 보았다.[13]

만주 지역에 대한 본격적인 탐사는 1886년 인도 봄베이(현 뭄바이) 총독부 관리였던 제임스(H. E. M. James)의 원정대에 의하여 수행되었다. 제임스는 영국 국왕 근위대 소령인 영허즈번드와 더불어 러시아 국경에 접해 있어 관심을 끌지만 유럽에 거의 알려지지 않은 만주를 여행하기로

---

[11] Alexander Williamson(1829~1890) in Biographical Dictionary of Chinese Christianity.
[12] Alexander Williamson, 1869, 앞의 글, pp. 16~18.
[13] Alexander Williamson, 1869, 위의 글, pp. 10~11, pp. 35~36.

하고, 특히 "왕립지리학회가 얼마 전 발간한 지도에 상상으로만 존재한다고 전해지던 10,000~12,000피트 높이의 눈 덮인 봉우리"[14]를 탐사하기로 하였다. 이들은 1886년 3월 캘커타를 출발하여 홍콩, 베이징을 거쳐 잉커우에 도착하였고 여기에서 영국 영사관 관리인 풀포드가 합류하였다. 이들은 5월에 잉커우를 출발하여 선양, 린장(臨江)을 거쳐 쑹화장 지류를 거슬러 백두산에 올랐으며, 쑹화장을 따라 지린으로 돌아왔다. 9월에 지린을 출발하여 쑹위안을 거쳐 치치하얼(齊齊哈爾)에 이르렀고, 하얼빈, 이란, 닝안(寧安), 훈춘을 거쳐 11월에 노보키예프스크(Novaviyesk, 지금의 크라스키노)에 이르렀다. 돌아오는 길에 지린을 거쳐 장벽을 넘어 콴청츠로 갔다가 선양을 거쳐 12월에 잉커우로 돌아왔다.[15]

제임스 일행은 지나가는 곳마다 세밀하게 관찰하고 지리 정보를 수집하였으며, 진귀한 식물과 조류의 표본도 만들었다. 또한 러시아 측 자료와 정보를 토대로 만들어진 지도에다가 자신들이 조사한 새로운 지리 정보를 추가하였다. 그들은 서양인으로서는 최초로 백두산에 올라 천지를 내려다보았으며, 쑹화장이 백두산에서 발원한다는 사실을 직접 확인하였다. 그들은 산의 비탈면이 희게 빛나는 것은 눈 때문이 아니라 "젖고 부서진 부석" 때문이라는 것과 백두산[16]의 높이를 측정하여 8,025피

---

14 헨리 에번 머치슨 제임스, 2011, 「저자서문」, 『백두산 등정기: 만주의 역사, 주민, 행정 그리고 종교에 관한 이야기』, 동북아역사재단, 5쪽.

15 H. E. M. James, 1887, "A Journey in Manchuria", *Proceedings of the Royal Geographical Society and Monthly Record of Geography*, Vol. 9, No. 9.

16 제임스의 보고서에 나오는 백두산의 명칭은 '白山(Pai-shan)'이고, 영허즈번드의 보고서에 나오는 백두산 명칭은 '長白山(Chang-pei-shan)'이다. 제임스의 보고서에 첨부된 지도에는 백산이 장백산맥(Chang-pai-shan Mountains)에 속해 있으며, 백산 남쪽에 백두산(Paik-tu-shan)이 표기되어 있어 백산과 백두산을 별개의 산으로 간주한 것으로 보인다.

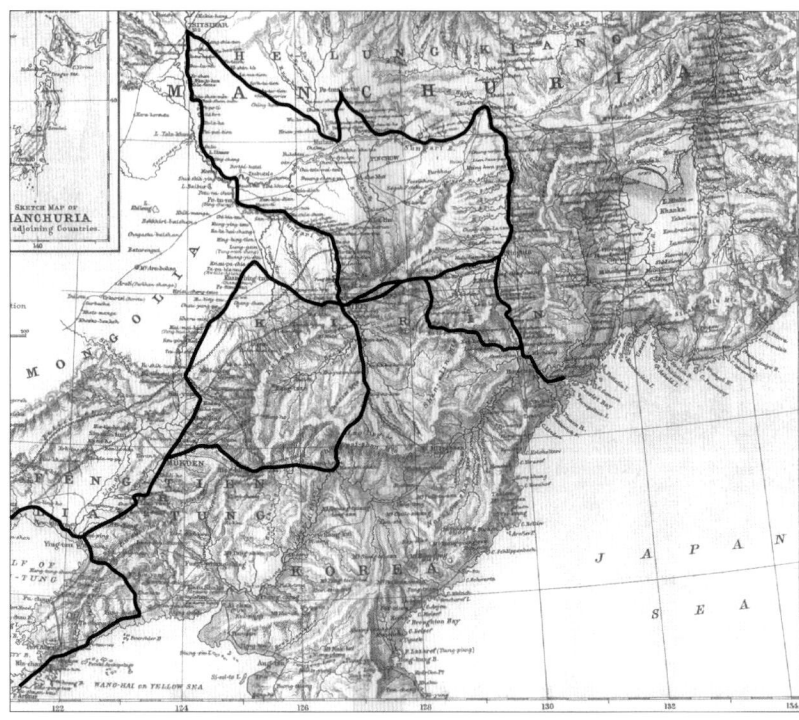

〈그림 3〉 제임스 일행의 여정(1886. 5~12)
출처: F. E. Younghusband, 1888. 8, "A Journey across Central Asia, from Manchuria and Peking to Kashmir, over the Mustagh Pass", Proceedings of the Royal Geographical Society and Monthly Record of Geography, Vol. 10, No. 8.

트(2,446m)임을 확인하였다. 제임스는 1887년 9월에 만주 여행기를 기관지에 게재하였고, 영허즈번드는 중앙아시아 탐험에서 돌아온 이후인 1888년 9월에 만주 및 중앙아시아 여행기를 기관지에 게재하였다.[17] 영허즈번드의 만주 여행기는 간략하고 중앙아시아 및 새롭게 개척한 중

---

[17] F. E. Younghusband, 1888. 8, "A Journey across Central Asia, from Manchuria and Peking to Kashmir, over the Mustagh Pass", *Proceedings of the Royal Geographical Society and Monthly Record of Geography*, Vol. 10, No. 8.

국-인도 간의 통로를 자세하게 서술하고 있는 반면, 제임스는 만주 여행에 대한 상세한 기록을 남겼을 뿐만 아니라 만주의 역사, 지리, 문화에 대해서도 해박한 지식을 보여주었다. 그의 만주에 대한 지식은 윌리엄슨 목사의 『북중국, 만주, 동몽골로의 여행』(1870), 로스 목사의 『만주족 또는 중국의 지배 왕조』(1880) 같은 만주에 대한 각종 저술, 『중국 보고』 같은 잡지, 영사 보고서 및 탐사 보고서 등 다양한 자료에 뒷받침된 것이었기 때문에 학회에 제출한 보고서를 보완하여 간행한 『백두산 등정기』(1888)는 만주 여행기일 뿐만 아니라 만주에 대한 입문서 역할을 하였다.

조선 주재 영국 영사관의 부영사 캠벨(Charles W. Campbell)은 1889년 조선 북부와 백두산을 여행하고 1892년 학회 기관지에 여행기를 게재하였다.[18] 캠벨은 제임스와 그의 일행이 만주 쪽으로 백두산에 오른 것을 알고서 조선 쪽에서 백두산에 올라 천지를 탐사할 계획을 세웠다. 그는 1889년 8월 말에 서울을 출발하여 금강산, 원산, 함흥을 거쳐 북평에 이르렀다. 당시 북평에서 백두산에 이르는 길은 두 가지-하나는 길주, 무산을 거쳐 두만강을 따라 백두산에 오른 길이고, 다른 하나는 갑산, 혜산을 거쳐 압록강을 따라 백두산에 오르는 길-가 있었는데, 그는 빠듯한 일정상 갑산을 거쳐 백두산에 오르는 여정을 택하였다.[19] 9월 23일 북평을 출발하여 갑산, 혜산을 거쳐 백두산에 올랐으나 겨울 추위와 부족한 식량 때문에 도중에 등정을 중단하고, 갑산, 북평, 평양을 거

---

[18] Charles W. Campbell, 1892, "A Journey through North Korrea to the Ch'ang-pai Shan", *Proceedings of the Royal Geographical Society and Monthly Record of Geography*, Vol. 14, No. 3.

[19] Charles W. Campbell, 1892, 위의 글, p. 150.

〈그림 4〉 캠벨의 여정(1889. 8~11)
출처: Charles W. Campbell, 1892, "A Journey through North Korrea to the Ch'ang-pai Shan", Proceedings of the Royal Geographical Society and Monthly Record of Geography, Vol. 14, No. 3.

처 11월 6일 서울로 복귀하였다. 그는 이르는 곳의 지형, 주민, 물산 및 주변 풍경에 대하여 자세하게 기록하였으며, 그의 여행기를 통하여 조선 측에서 백두산에 이르는 노선이 알려졌다.[20]

---

20 혜산에서 북동쪽으로 15마일 떨어진 보천(Po-ch'en)이 마지막 거주지이며, 여기에서 백두산까지 평상시에는 10~12일 걸린다. Charles W. Campbell, 위의 글, pp.

스코틀랜드 연합장로교회 전도사인 와일리(J. A. Wylie)는 1892년에 만주 중앙부를 여행하고 다음 해에 여행기를 기관지에 게재하였다.[21] 와일리는 일상 업무로부터 휴식을 취하고 만주의 지역 현황, 도시와 마을의 상황 등 만주에 대한 지식을 얻기 위하여 약 2개월간 만주 지역을 여행하였다. 그는 9월 6일 랴오양을 출발하여 선양, 지린을 거쳐 아쉬허, 바옌수수, 베이린츠까지 올라갔다가, 닝안, 콴청츠로 내려와서 남서쪽으로 파쿠먼, 신민(新民), 이조우(義州)를 돌아서 11월 10일에 랴오양으로 돌아왔다. 그는 제한된 시간에 넓은 지역을 여행했기 때문에 주로 교통이 편리한 지역을 돌아보았지만, 거쳐가는 도시와 마을의 경관과 성벽 및 도로 상황에 대하여 자세하게 기록하였다.

왕립지리학회 회원인 비숍(Isabella Bird Bishop)은 1894년부터 1897년까지 조선, 중국, 일본 등지를 여행하였으며,[22] 1894년 6월부터 1895년 1월까지 만주 남부와 두만강 하류 국경지역을 여행하고 간략한 여행기를 학회 기관지에 게재하였다.[23] 비숍은 청일전쟁 발발 직후 제물포를 떠나 발해만의 즈푸(芝罘), 잉커우를 거쳐 선양에 도착하였으며, 선양에서 요양 후 다시 잉커우, 텐진을 거쳐 즈푸로 돌아왔다. 중국에서 외국인에

151~152.

[21] J. A. Wylie, 1893, "Journey through Central Manchuria", *The Geographical Journal*, Vol. 2, No. 5.

[22] 비숍은 1894~1897년까지 한국을 네 차례 방문하고 『한국과 그 이웃나라들(*Korea and Her Neighbors*)』(1898), 1895년 6~10월까지 일본을 여행하고 『알려지지 않은 일본(*Unbeaten Tracks in Japan*)』, 1896년 12월부터 1897년 6월까지 양쯔강을 여행하고 『양쯔강을 가로질러 중국을 보다(*The Yangtze Vally and Beyond*)』(1899)를 간행하였다.

[23] "Mrs. Bishop in Korea, China, and Russian Manchuria", 1895, *The Geographical Journal*, Vol. 5, No. 2.

대한 증오가 고조되자 11월 초 즈푸를 떠나 블라디보스토크로 갔으며, 훈춘, 크라스노예(Krasnoye)에 이르렀다.[24] 비숍의 여행기는 스코틀랜드 선교사 와일리의 타살 같은 청일전쟁 발발 직후의 급박한 분위기를 전해주고 있으며, 두만강 하류의 삼국 국경지대에 대한 정보도 소개하고 있다.

영국성서공회(the British and foreign Bible Society) 소속 선교사인 털리는 1899년 2월에 압록강 유역의 "무인지대(no man's land)" 또는

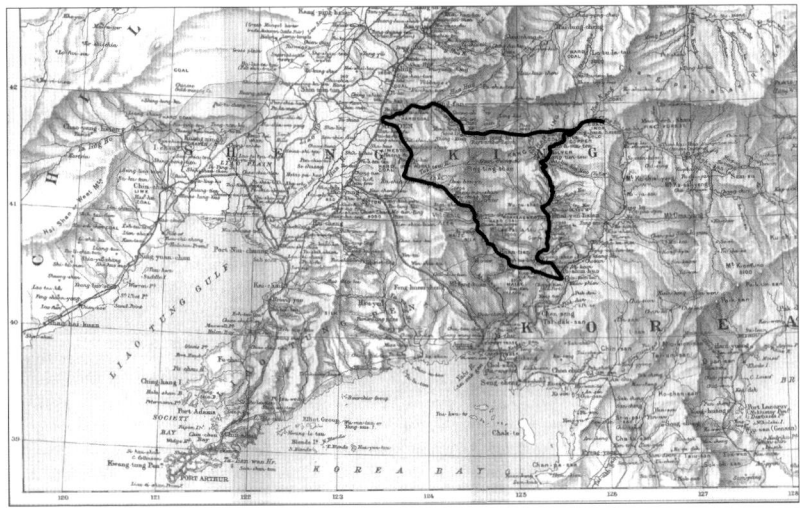

〈그림 5〉 털리의 여정(1899)
출처: Robert T. Turley, 1899, "Through the Hun Kiang Gorges; or, Notes of a Tour in "No Man's Land" Manchuria", The Geographical Journal, Vol. 14, No. 3.

---

24 학회지에 실린 비숍의 후반부 편지는 크라스노예의 군대 주둔지에서 11월 24일에 보낸 것이기 때문에 일정의 마지막이 크라스노예이다. 이후 비숍은 블라디보스토크로 와서 우수리행 기차를 타고 니콜스코예로 갔다가 블라디보스토크로 돌아왔으며, 원산, 부산을 거쳐 1895년 1월 5일 제물포에 도착하였다.

"중립지대"를 둘러보고 여행기를 학회 기관지에 게재하였다.[25] "무인지대"는 "선양에서 동쪽으로 80마일 정도에서 시작되며 그곳에서 동쪽으로 압록강까지 약 150마일"이라고 하고,[26] 고려문을 통하여 들어간다고 하는 것으로 보아 유조변에서 압록강에 이르는 산림지대, 즉 훈장(渾江)과 압록강 유역을 가리킨다. 털리는 2월에 선양을 출발하여 동쪽으로 용링(永陵), 신빈(新賓)을 거쳐 퉁화(通化)에 이르렀으며, 남서쪽으로 환런(桓仁)을 지나 압록강까지 내려갔다가 콴뎬(寬甸), 애양(愛陽)을 거쳐 선양으로 돌아왔다.

털리는 만주 남부 중에서도 유럽인들에게 거의 알려지지 않았던 유조변 동쪽의 훈장과 압록강 산림지대를 여행하면서 지나는 지역의 지형과 산물, 마을과 주민, 도로와 하천, 광물과 채광 등을 상세하게 기록하였다. 그는 퉁화에서 압록강까지 훈장을 따라 내려가면서 골짜기의 지형과 하천의 상태, 지질과 동식물, 주민과 산물(산둥 이주민의 화전 경작, 조선인 이주민의 수전 경작) 등을 조사하였다. 압록강에 이르러서도 압록강의 지형과 지질, 산물과 교역에 대한 설명과 더불어 압록강 양안의 지형과 풍경에 대하여 상세하게 묘사하였다.

---

[25] Robert T. Turley, 1899, "Through the Hun Kiang Gorges; or, Notes of a Tour in "No Man's Land" Manchuria", *The Geographical Journal*, Vol. 14, No. 3.
[26] Robert T. Turley, 1899, 위의 글, p. 292.

III. 만주 여행기의 시선

1. 과학적 시선

19세기 후반 만주를 여행하는 여행가는 만주 지역에 대한 다양한 정보를 모으고 기록하였으며, 앞에서 살펴본 7편의 만주 여행기는 그중 일부라고 할 수 있다. 왕립지리학회 기관지에 게재된 이들 여행기나 보고서가 중국에 대한 일반적인 여행기와 차별적인 점은 만주와 백두산 지역에 대한 과학적인 지리 정보를 제공한다는 점일 것이다. 왕립지리학회는 아직 알려지지 않은 지역에 대한 지리 정보를 수집하고 지리학 지식의 증진을 도모하는 것을 목적으로 하였기에 학회의 기관지에 수록되는 글들도 이러한 목적에 부응하는 것이었다.[27] 대부분의 글이 만주 각 지역의 지형, 주민, 자원, 교역 같은 지리 정보를 소개하고 있으며, 이러한 지리 정보는 여행자의 세밀한 관찰과 측정 및 현지에서의 견문에 의존하고 있다.

미치는 톈진에서 선양에 이르기까지 지나가는 곳의 지형을 세밀하게 관찰하고 이를 묘사하였다. 그는 매일 이동한 거리와 도로의 상태를 기록하였으며, 랴오허 하구의 저습지에 대해서 다음과 같이 해수면이 융기한 흔적에 대한 지질학적 견해를 표명하기도 하였다.

다음으로 두 개의 큰 충적 평야-그것은 나는 편리하게 바이허(白江)와

---

[27] 왕립지리학회는 "지식의 가장 중요하고 흥미로운 분야인 지리학의 증진과 보급"을 목적으로 하여 설립되었다.

랴오허(遼河)의 계곡이라고 부르겠다-는 우연히 지나가던 관찰자에게도 아주 최근에 물에 잠겨 있었음을 보여준다. 진흙 평원-해안선으로부터 경작지의 경계까지 내륙으로 몇 마일에 걸쳐 펼쳐져 있고 해수위 위로 거의 올라가지 않은, 타쿠 근처 바이허 하구에 있는-은 척박하고 습지이다. 물은 염분이 섞여 있으며, 부드러운 표면은 햇빛에 의하여 말라붙어서 균열이 나 있는데, 얇은 소금 비늘로 덮여 있다.[28]

윌리엄슨은 월별 기온, 수출입 현황, 생산 현황, 농사 현황, 인구 현황 등에 대해서는 영사 보고서와 세관 기록을 참조하여 구체적인 현황과 통계표를 제시하였다.[29]

7개월간의 대장정에 오른 제임스 일행은 주변의 지형을 세심하게 관찰하고 측정하였으며, 식물이나 조류 표본을 채집하였다. 원정대의 과학 담당인 영허즈번드는 "한쪽 어깨 위에는 망원경이 달려 있었고, 다른 쪽 어깨 위에는 T형 아네로이드 기압계가, 목둘레에는 분광 나침반이 걸려 있었으며, 허리에는 온도계가 있었다. 그리고 스케치 도구가 엉덩이에, 공책은 가슴주머니에서 불쑥 삐져나와 있었"[30]으며, 행렬의 끝에서 나침반으로 방향을 측정하거나 아네로이드 기압계로 고도를 재면서 나아갔다. 제임스는 동식물 표본을 담을 양철상자를 지니고 길목에 있는 진귀한 꽃과 식물 및 곤충, 조류들을 관찰하고 표본을 채취하였다. 그는 백두산을 오르는 길목에서 다음과 같이 숲속의 식물상에 대하여 자세하게

---

28 A. Michie, 1863, 앞의 글, p. 163.
29 Alexander Williamson, 1869, 앞의 글, pp. 4, 12.
30 헨리 에번 머치슨 제임스, 2011, 앞의 책, 242쪽.

묘사하였다.[31]

끊임없이 숲속을 걷는 것은 다소 피곤한 일이었으나 우리는 새로운 꽃들과 꽤 훌륭한 새들을 보게 되었다. 여기저기에 커다란 야생 딸기판이 있었고, 진홍빛의 맛있는 매발톱나무 딸기들이 4피트 높이의 관목 숲속에서 엄청난 양으로 자라고 있었다. 야생 구즈베리와 까치밥나무 열매들 또한 있었으나 쓸모는 없었다. 영국 왕립 식물원의 조사를 통해 후에 필자가 야생 대황과 혼돈했다고 판명된 식물은 사실 커다란 방패 모양의 잎을 가진 골병풍이란 이름의 전혀 새로운 종이었다.[32]

선교사 털리는 통화를 거쳐 훈장을 따라 압록강까지 내려가면서 하천과 계곡이 이루는 지형, 그리고 주변의 광물과 이를 채굴하는 광산의 상태에 대하여 서술하였다. 그는 금 채광의 중심지인 통화를 지나서 훈장의 협곡으로 들어가면서 마주친 계곡에 대하여 다음과 같이 계곡을 형성하고 있는 암석과 지질에 대하여 세밀하게 묘사하고 있다.

우리는 동북동쪽으로 경사지고 각 면은 석회암 언덕으로 둘러싸였으며 여러 곳에서 아름답고 비옥한 측면 골짜기로 넓어지는, 넓고 개방된 계곡을 만났다. 석회암은 푸른빛을 띠지만 강한 압력을 받아서 잎 모양으로 변형되고 때로는 불순물이 섞인 대리석으로 변형되었다. 길게 갈라진 틈은 석영이 들어차 있는 곳이 많으며, 가끔 층이 거의 수직으로 서 있다. 잎

---

31 제임스가 최초로 발견한 품종은 화살곰취, 비로용담, 개병풍 등이었다.
32 헨리 에번 머치슨 제임스, 2011, 위의 책, 267~268쪽.

모양의 방향은 항상 계곡과 일렬로 줄을 지어 있지만 불규칙적이다. 한때 이곳에 커다란 호수가 있었다는 점은 거의 의심할 여지가 없는데, 그 호수의 바닥은 화산 활동에 의하여 융기되어 있다. 이것이 암석들로 이루어진 둥글고 부드러운 바위로 구성되고 석회암 환경과 이질적이며 붉은 이토 용암의 단단한 행렬로 이루어진 역암 절벽들에 의하여 입증된다.[33]

당시의 만주 여행기나 탐사기에서 흔히 마주칠 수 있는 이러한 과학적 시선은 18세기 후반 쿡 선장의 태평양 항해 이래 지리적 탐험과 과학적 지식에 대한 유럽의 인식이 형성되는 과정에서 탄생하였다. 이 시기 과학적 지식의 형성에 커다란 영향을 미친 것은 린네의 분류체계와 훔볼트(Alexander von Humboldt)의 과학적 인식체계였다. 린네가 『자연의 체계』(1735)에서 자연을 분류하고 종의 이름을 붙인 이래 18세기 말이 되면 린네의 분류학은 유럽 전역에서 확고한 지위를 차지하였으며 박물학의 체계화에 기여하였다.[34] 이에 따라 모든 여행과 탐사는 박물학적 성격을 띠었으며, 표본을 수집하고 목록을 작성하며, 새로운 종에 이름을 붙이는 활동이 중심이 되었다. 훔볼트는 자연사 탐험에 기초하여 자연에 대한 과학적 인식체계를 수립하였으며, 정확한 관찰과 정밀한 측정에 기반한 그의 자연사 인식은 19세기 들어 과학적 탐험을 추구하는 이들에게 커다란 영향을 미쳤다. 그의 자연사 탐험과 과학적 인식의 주요한 특징은 ① 휴대용 도구를 사용한 현지에서의 보다 정확한 관찰의 필요성을 강조하며, ② 수치 자료를 그래프와 지도의 형태로 시각화하며, ③ 동

---

33 Robert T. Turley, 1899, 앞의 글, p. 295.
34 메리 루이스 프랫, 2015, 『제국의 시선』, 현실문화, 64~72쪽.

식물의 지리적 분포를 결정하는 지질학, 생물학, 기상학 간의 공간적 관계에 특별한 관심을 가지는 것으로 요약된다.[35]

이러한 영향 아래 "과학적 여행"과 "문학적 관광"이 구별되었고, "과학적 관찰자"를 위한 교육용 지침서가 다수 간행되었다. 19세기 전반 영국에서 간행된 교육용 지침서로는 1831년에 간행된 『지리 정보의 수집에 대한 조언』과 1841년에 간행된 『무엇을 관찰할 것인가; 또는 여행자의 회상』이 있다. 전자는 선교사와 여행자를 위한 안내서로서, 전체상, 지표면, 물리적 분할, 산, 하천, 호수, 해변과 항구, 화산과 광천, 지도와 해도, 천문학적 관찰, 기구, 기상, 자연사/박물학, 민족지 등 각 방면에 대한 지리적 지식을 수집하기 위한 관찰 방법을 소개하고 있다.[36] 왕립지리학회 비서인 잭슨(Jurian Jackson) 대령이 간행한 『무엇을 관찰할 것인가; 또는 여행자의 회상』는 지리적 환경에 대한 과학적 관찰과 정확한 지리적

---

[35] 캐넌(S. Cannon)은 그의 과학적 인식체계를 '훔볼트적 과학(Humboldtian science)'이라고 부른다. Felix Driver, 2001, *Geographical Militant: Cultures of Expedition and Empire*, Blackwell, p. 35.

[36] Royal Geographical Society, *Hints for Collecting Geographical Information*, London: Clowes, 1837. 하천 항목의 경우 하천을 관찰하고 지리적 정보를 수집하기 위하여 어떠한 질문을 해야 하는가를 소개하고 있다. 하천에 관한 20개의 질문 중에서 전반부는 다음과 같다.
1. 주된 하천들의 고유한 이름은 무엇인가?
2. 각각의 일반 코스를 추적하라: 가능하면 굽어지는 곳과 더불어
3. 주된 하천은 많은 지류가 합치는가? 그 원천으로부터 그들이 합류하는 면을 구별하는, 그들의 이름을 차례대로 적어라
4. 주된 하천에는 크거나 작은 배가 항해할 수 있는가? 어느 정도까지?
5. 물결은 얼마만한 높이까지 미치는가? 현재의 빠르기는? 그 비율은?
6. 주된 하천은 몇 개의 출구로 나가는가 아니면 바다까지 하나의 큰 하구로 나가는가?
7. 주된 하천은 하구에서 모래톱, 둑, 섬을 형성하는가?
8. 출구에서 강의 너비는 얼마인가? 각 지점에서는?
9. 하천은 걸어서 건널 수 있는가? 주요한 여울을 호명하라.
10. 주된 하천은 폭포나 급경사를 만들거나 때때로 범람을 하는가?

정보의 수집을 위한 조언 이외에도 과학과 문학, 예술, 역사, 군사적 능력과 조직, 기구와 작동법 등의 사항에 대하여 소개하고 있다. 특히 기압계, 온도계, 습도계, 크로노미터, 비중계/유속계 등 각종 기구에 대한 설명과 측정 방법에 대하여 자세하게 소개하고 있다.[37]

왕립지리학회는 정확하고 신뢰할 수 있는 지리 정보의 수집에 관심을 기울였으며, 이를 위하여 "방문하기에 바람직한 장소, 그곳에서 행할 수 있는 가장 실용적인 수단, 수행하기에 가장 본질적인 탐구, 관찰되어야 할 현상, 구할 수 있는 가장 바람직한 자연사의 주제를 알려주고, 지리적 지식을 확장할 수 있는 정보를 얻기 위"한 간략한 안내서를 여행자에게 제공하고자 하였다.[38] 이에 따라 1854년 낯선 지역을 여행하는 여행자에게 "지역 문제나 관찰용 기구와 같은 장비와 관련된 특정한 질문"에 대하여 알려주는 안내서인 「여행자에 대한 조언(Hints to Travellers)」을 간행하였다. 이 안내서는 지리 정보를 수집하기 위한 측정용 기구와 측정 방법을 소개하는 데 중점을 두었으며, 지도 작성, 천문학적 관찰, 측정용 기구를 통한 측정 방식, 짐꾸리기, 일일 체크리스트 등에 대하여 필요한 정보를 제공하고 있다.[39] 「여행자에 대한 조언」은 1854년에 학회지에 첨부된 형태로 발간된 이래 1878년의 제4판부터 단행본 형태로 간행되었으며, 표준적인 형식으로 관찰한 내용을 기록할 것과 믿을 만한 과학적 기구의 사용하여 측정할 것을 강조하였다.

---

37 J. R. Jackson, 1841, *What to observe: or the Traveller's remembrance*, London.
38 "Prospectus of the Royal Geographical Society", *The Journal of the Royal Geographical Society of London*, Vol. 1, 1831, pp. 7~8.
39 Henry Raper and Robert FitzRoy, 1854, "Hints to Travellers", *The Journal of the Royal Geographical Society of London*, Vol. 24.

이처럼 19세기 들어 "과학적 여행자"가 되기 위한 조건으로 과학적 기구의 사용이 강조된 것은 지리 정보의 신뢰성 문제와 밀접한 관련이 있었다. 18세기 후반 이래 많은 탐험가들이 현지에서의 관찰을 통한 경험적 지식의 축적을 강조하였지만, 지리적 지식의 이론화와 과학적 실험의 중요성을 주창하는 이들도 있었다. 또한 관찰자의 신분/계급, 인종/민족, 성에 따른 관찰 방식과 관찰 내용의 상이함도 문제가 되었다. 관찰을 통하여 획득한 지리 정보의 신뢰성이 문제시되는 상황에서 난관을 돌파할 수 있는 하나의 방법으로 과학적 기구를 통한 측정이 제기되었다.[40] 이를 통하여 측정 수치라는 정확하고 객관적인 지리 정보를 획득할 수 있었고 관찰 주체에 따른 상이함도 극복할 수 있었다.

2. 토착적 지식의 전유

왕립지리학회 기관지는 각지의 지리 정보가 소통되고 과학적 지식이 축적되는 대표적인 장이 되었으며, 여행가들이 작성한 여행기와 보고서는 왕립지리학회가 수집하고 축적하는 지리 정보의 자료가 되었다. 여행가나 탐험가들은 정확한 관찰과 세밀한 측정을 통하여, 현지인들과의 접촉을 통하여 각종 지리 정보를 모으고 여행기나 보고서를 작성하는데, 이때 유럽에서 생산된 지식과 중국 현지에서 생산된 지식, 유럽인이 관찰하고 기록한 지리 정보와 현지인에게 들은 견문은 동일한 지위를 가지지 못하였다.

귀츨라프는 언어와 특징으로 볼 때 만주족이 퉁구스족에 속한다고

---

[40] Felix Driver, 2001, 앞의 책, pp. 52~55.

하면서 만주족의 기원에 대하여 "역사적인 자료에 근거하지 않고 토착 저술가들에 의하여 전해지는 이들 유목민들의 여정을 추적하는 것은 쓸 데없는 일일 수 있다. 중국인들이 기록으로 전해오고 아주 빈약한 권위에 의존하고 있는 것이 무엇이든, 그들은 결코 야만인의 상태를 조사하는 수고를 하지 않으며, 자신들의 기록을 윤색하여 강림한 민족의 위엄을 갖추기 위하여 최대한의 거짓을 기꺼이 적곤 한다"[41]고 토착 저술가나 역사가의 설명을 부정하고 있다. 제임스도 만주족의 역사에 대하여 서술하면서 "(만주족의) 초기 역사는 묵덴의 존 로스 목사와 디메트리우스 불저 씨에 의하여 탐구되었다. 그러나 이 두 권위자들을 서로 비교해보면, 각자가 도움을 받았던 중국 자문인들의 부정확성과 편견 또는 아첨으로 인해 상당한 차이가 발견된다"[42]고 자신의 서술이 로스의 『만주족 또는 중국의 지배왕조』(1880)와 왕립아시아학회 회원인 불저(Demetrius Boulger)의 『중국사』(제1권 1881, 제2권 1882, 제3권 1884)에 근거하고 있음을 밝히고, 이들이 참조한 토착 저술가의 진술을 부정적으로 묘사하고 있다. 그들에게 현지인이 전해주는 정보는 혼란되고 거짓된 것이기 때문에 유럽인에 의하여 과학적인 지식으로 새롭게 생산되어야 하는 것이다.

유럽인의 과학적 지식과 현지인의 혼란된 정보 사이의 구별은 백두산 탐사 과정에서도 나타난다. 제임스 일행은 탕허커우 조합회관의 부조합장을 안내인으로 고용하고 백두산으로 출발하면서 다음과 같이 유럽인

41　Charles Gutztaff, 1838, *China Opened; or a Display of the topography, history, customs, manners, arts, manufactures, commerce, literature, religion, jurisprudence, etc. of the Chinese Empire*, London, p. 182.
42　헨리 에번 머치슨 제임스, 2011, 앞의 책, 55쪽.

에 의하여 축적된 지리 정보에 근거하여 백두산을 찾고 있는데, 그들에게 부조합장이 전해준 정보는 혼란되고 부정확한 지식일 뿐이었다.

이제 10,000~12,000피트 높이의 눈 덮인 봉우리를 찾으러 갈 시간이 되었다. 눈 덮인 봉우리는 알렉산더 윌리엄슨 목사의 『중국 북부로의 여행』이라는 책에 첨부된 지도로 볼 때, 그리고 라벤스틴 씨와 다른 자료에 근거해볼 때 틀림없이 이 부근에 위치하고 있었다. 아아, 조합의 부조합장은 만주에는 그런 봉우리가 없다고 우리에게 말했다. 그러나 약 10~12일을 가면 라오페이산(老白山) 또는 '오래된 하얀 산(Old White Mountain)'이라는 아주 유명한 산이 있는데, 그 산의 정상에서 압록강, 두만강, 쑹화장이 흘러나온다고 말했다. 우리가 원한다면 안내해줄 수 있지만 길찾기가 매우 어려워서 혼자 와야 한다고 했다.[43]

청의 관리 우모네(武黙訥)가 백두산을 답사한 기록도 참조 대상에 불과하였다. 우모네가 강희제의 명으로 1677년 백두산을 답사한 기록은 1824년에 발간된 클라프로트(Julius von Klaproth)의 『아시아에 대한 회상록』(제1권)에서 소개되었으며, 1851년에 간행된 『중국의 보고』에 실린 보고서인 「중국의 장백산」에서 이를 인용하고 있다.[44] 우모네의 백두산 답사 기록은 백두산에 이르는 여정, 백두산 정상의 모습을 생생하게 전해주는 기록임에도 이를 "빈약하고 만족스럽지 못하지만 몇몇 알림 사항을 제공"할 뿐이라고 평가절하하고 있다. 제임스도 클라프로트의 책

---

43 H. E. M. James, 1877, 앞의 글, pp. 541~542.
44 "The Chang-peh Shan, or Long White Mountains of Manchuria", *Chinese Repository*, Vol. 20, No. 6, 1851, p. 296.

에 있는 우모네의 답사기를 소개하지만 책의 부록인 여러 주해 중 하나로 취급할 뿐이다. 제임스는 뒤 알드(Du Halde)의 『중국제국과 중국의 타타르에 대한 지리적·역사적·연대기적·정치적·물리적 서술』(1735)에 있는 백두산에 대한 설명을 인용하면서 "예수회는 룽왕탄(龍王潭)의 푸른 물을 내려다본 첫 번째 외국인들임에 틀림없었다. 확실히 그들은 유럽에 이 산의 존재를 처음 알린 사람들이었다"[45]고 예수회 선교사 레지(Jean Baptiste Regis)가 백두산에 올랐다는 사실을 인정하였다. 반면 우모네의 백두산 답사에 대해서는 "이 이야기는 나중에 느끼게 되겠지만 특히 알맞은 목초지와 꽃들과 관련하여 우리의 이야기와 꼭 들어맞는다. 페르 레지와 마찬가지로 우모네는 5개의 봉우리를 특별히 언급하면서 항상 안개로 휩싸여 있는 점을 산의 특징으로 제시한다"[46]고 레지와 제임스의 설명에 대한 참고 정도로 취급하고 있다.

3. 만주 여행의 물질적 기초

왕립지리학회는 설립 초기부터 영국의 제국주의 정책과 긴밀한 연관을 맺어왔으며, 과학적 탐험과 그로부터 획득되는 지리 정보는 정책 운영에 기여해왔다. 대표적으로 제3대 회장으로 20년 가까이 회장직을 유지한 머치슨(Roderick Murchison)은 리빙스턴의 아프리카 탐험을 후원함으로써 학회의 명성과 성장에 기여하였을 뿐만 아니라 영국군의 아비시니아 침공(1867~1868)을 지원함으로써 학회의 활동을 직접적으로 제

---

45 헨리 에번 머치슨 제임스, 2011, 앞의 책, 277쪽.
46 헨리 에번 머치슨 제임스, 2011, 앞의 책, 277쪽.

국주의적 팽창정책에 결부시켰다.[47] 19세기 후반 왕립지리학회의 활동은 전쟁성, 식민성, 해군성 수로국, 육지측량부, 동인도회사 등 국가기구의 활동과 네트워크를 형성하였으며, 학회 평의회에 제출되는 대부분의 보고서는 해군성, 식민성, 인도사무국(the India Office), 외무성 등의 기관에 제공되었다.[48] 만주를 여행하는 선교사나 여행가들도 공식적·비공식적 국가기구의 지원을 받았으며, 그들의 여행기나 보고서가 학회의 기관지에 게재되고 국가기구에 제공됨으로써 만주를 지식의 대상으로 구성하고 정책을 펴는 데 유용하게 활용되었다.

귀츨라프는 1831년의 중국 동부 해안 항해 이후 1832년 2월 로드 암허스트(Lord Amherst)호를 타고 마카오를 출발하여 9월까지 중국 동부 해안과 조선, 류큐를 항해하였고, 1832년 10월에는 실프(Sylph)호를 타고 다시 중국 동부 해안을 항해하였다.[49] 그는 첫 번째 항해에서는 중국 정크선을 이용하였지만, 두 번째 항해 때 이용한 로드 암허스트호는 동인도 회사에서 임대한 상선이었고, 세 번째 항해 때 이용한 실프호 역시 동인도회사에서 임대한 자딘-매티슨 상사(Jardine, Matheson & Co., 중국명 怡和洋行)의 상선이었다. 1866년 로이드(W. V. Lloyd)는 스킬라호(H.M.S. Scylla)를 타고 함경도 초산에서 노보고르드시키, 블라디보스토크를 거쳐 올가만까지 만주의 동부 해안을 탐사하였는데,[50] 로이드가 이

---

47 Felix Driver, 2001, 앞의 책, pp. 43~44.
48 Hugh Robert Mill, 1930, *The Record of the Royal Geographical Society*, 1830-1930, London, p. 42.
49 Charles Gutztaff, 1834, *Journal of Three Voyages along the Coast of China in 1831, 1832 & 1833*.
50 W. V. Lloyd, "Notes on the Russian Harbours on the Coast of Manchuria", *The Journal of the Royal Geographical Society of London*, Vol. 37(1867), p.

용한 스킬라호는 영국 해군의 함선이었다.

잉커우의 영국 영사관은 만주 여행의 출발지이자 종착지였다. 영사관에서는 여권을 발급하였으며, 인력과 물자의 보급소 역할을 하였다. 윌리엄슨은 1864~1867년까지 세 차례의 만주 여행을 잉커우에서 출발하였으며, 보고서에서 인용하는 통계수치는 영국 영사로 있던 메도스(Thomas Taylor Meadows)와 세관에 근무하던 맥퍼슨(M'Pherson)으로부터 도움을 받았다.[51] 제임스와 영허즈밴드는 잉커우의 영국 영사관에서 여권을 발급받고 영사관에 근무하던 풀포드와 합류한 뒤 원정을 출발하였으며, 영사 알렌은 선양의 총독에게 제임스 일행의 보호를 요청하였다.[52] 비숍은 청일전쟁 발발 직후 부영사의 경고를 듣고 제물포를 떠나 발해만의 즈푸에 있는 영국 영사관에 몸을 의탁하였다. 알렌 영사는 무일푼으로 건너온 비숍이 퍼거슨 상사에서 여행에 필요한 대출을 받을 수 있도록 주선해주었다.[53]

선교사들이 만주에 세운 성당/교회, 선교회관 등도 여행가들이 휴식을 취하고 정보를 얻는 장소가 되었다. 선교사들은 말할 것도 없거니와 제임스, 비숍도 선교사와의 교류를 적극 활용하였다. 제임스 일행은 쑹화장 하류에 있는 베이린츠, 바옌수수, 샤오시허에서 전도협회 신부들의 환대를 받았으며, 지역 상황과 행정에 대한 많은 정보를 얻을 수 있었다.[54] 비숍은 선양에서 스코틀랜드 연합 장로교회의 선교사인 로스를 만

212.
51 Alexander Williamson, 1869, 앞의 글, pp. 12, 15.
52 헨리 에번 머치슨 제임스, 2011, 앞의 책, 48~49쪽.
53 I. B. 비숍, 2000, 『조선과 그 이웃 나라들』, 집문당, 177~179쪽.
54 헨리 에번 머치슨 제임스, 2011, 위의 책, 328~332쪽.

나 휴식을 취할 수 있었으며, 의료 선교사인 크리스티 박사는 그녀의 부상을 치료해주었다.⁵⁵

만주 여행의 또 다른 물질적 기초는 가이드, 통역사, 짐꾼 같은 현지인이었다. 그들은 여행의 필수적인 조력자이자 현지의 정보원으로서, 그들의 도움이 없었다면 낯선 지역으로의 여행이 불가능했을 것이다. 그렇지만 여행에서는 곤란과 역경을 헤쳐나가는 유럽인들의 의지만 부각될 뿐, 현지인들의 조력은 곧잘 순조로운 여행을 방해하는 행위로 묘사되었다. 제임스 일행의 원래 계획은 압록강을 따라 발원지까지 올라간 다음 분수령을 지나서 두만강의 계곡을 따라 내려가는 것이었다. 그러나 탕허커우 조합회관의 부조합장은 "우리가 방금 이야기한 노선을 따라 두만강의 계곡까지 가는 길을 발견하기는 불가능하다"⁵⁶고 하였고, 제임스 일행은 보급품의 재고를 고려하여 원래의 계획을 수정해서 지린 쪽으로 돌아가야 했다. 캠벨은 10월에 들어서서야 보천에서 백두산 등정을 시작했기에 춥고 험악한 날씨를 무릅써야 했다. 그는 "비가 진눈깨비로, 진눈깨비가 눈으로 바뀌고, 심하게 계속되자 한국인 가이드들은 한 번 이상 백두산 등정을 포기해야 한다고 재촉했다"고 적었으며, 가장 나이가 많은 가이드가 졸도하자 "미신을 신봉하는 한국인들은 그의 발작을 산신의 노여움으로 돌"⁵⁷렸다고 서술하였다. 비숍은 뉴촹에서 선양까지 안내한 가이드에 대하여 "안내자인 왕씨의 한정된 영어는 아무런 쓸모가 없었으며 대화조차도 불가능했다"⁵⁸고 혹평하였다.

55　I. B. 비숍, 2000, 앞의 책, 191~192쪽.
56　H. E. M. James, 1877, 앞의 글, p. 547.
57　Charles W. Campbell, 1892, 앞의 글, pp. 152~153.
58　I. B. 비숍, 2000, 앞의 책, 186쪽.

Ⅳ. 만주와 백두산의 근대적 재구성

1. '만주' 지역 명칭의 출현

현재 만주 지역을 의미하는 영어 표기인 'Manchuria'는 1840년대부터 학술지나 보고서에 등장하기 시작한다. 1844년 왕립지리학회의 학회지에 윌리엄 허트맨(William Huttmann)이 기고한 「중국과 유럽의 중국 지도에 대하여」에서 'Manchuria' 명칭을 처음 사용하였다.[59] 그는 14세기 이래 중국과 유럽에서 제작된 중국 지도를 소개하고 지도 정보의 축적을 설명하면서 지역 명칭으로서 몽골, 준가르, 동투르키스탄, 티베트와 더불어 'Manchuria'를 나열하고 있다. 또한 광동에서 개신교 선교사가 발간하는 잡지인 『중국의 보고(Chinese Repository)』에도 'Manchuria' 표기가 등장한다. 1846년에 발간된 잡지에는 만주 지역 주교인 베롤(Emmanual J. F. Verroles)이 보낸 편지가 실려 있는데, 글의 제목에서 'Manchuria' 명칭이 등장할 뿐 아니라 그가 만주에 도착한 이후 만주와 조선에서의 선교 상황을 설명하면서 'Manchuria'를 구성하는 세 지역-랴오둥, 지린, 헤이룽장-의 개략적인 지리정보를 소개하고 있다.[60]

1840년대부터 사용되기 시작한 지역 명칭인 'Manchuria'의 기원에 대하여 엘리엇(Mark C. Elliott)은 유럽과 일본의 상호 영향을 강조하였다. 즉, 유럽, 특히 네덜란드 지도의 영향으로 18세기 말 일본에서 지역

---

[59] William Huttmann, 1844, "On Chinese and European Maps of China", *The Journal of the Royal Geographical Society of London*, Vol. 14.
[60] "Missions in Manchuria and Corea", *Chinese Repository*, Vol. 15, No. 9, 1846.

명칭으로 '滿洲(Manshū)'가 출현하였고, 일본 지도가 유럽에 유통되면서 1830년대 서구에서 'Manchuria' 표기가 출현하였다고 주장하였다.[61] 엘리엇 이후 'Manchuria' 표기의 일본 기원설이 이어졌지만 이러한 주장은 'Manchuria' 표기가 일본과 유사한 시기에 유럽에도 등장한다는 점에서 재고의 여지가 있다.

18세기 유럽에서 만들어진 아시아나 중국 지도는 18세기 초 예수회 선교사를 중심으로 제작되어 유럽으로 들어온 『황여전람도』를 저본으로 하였다. 프랑스의 대표적인 지도 제작자인 당빌(D'Anville)은 『황여전람도』를 토대로 중국 지도를 제작하여 뒤 알드(Du Halde)의 『중국제국과 중국의 타타르에 대한 지리적·역사적·연대기적·정치적·물리적 서술』(1735)에 수록하였으며, 이를 수정하여 1737년에 『중국, 중국의 타타르, 티베트의 새로운 지도책』을 간행하였다.[62] 당빌은 장성 이북 지역을 '중국의 타타르(La Tartarie Chinoise)'라고 명명하고 유조변 이동과 쑹화장 이남 지역을 '만주족의 고국(Ancien Pays des Mantcheou)' 또는 '만주족(Mantcheoux)'이라고 표기하였다. 당빌은 당시 중국을 지배하는 만주족이 흥기한 지역을 이러한 방식으로 표기하였는데, 이는 민족 명칭이나 국가 명칭으로 사용되던 "만주"가 공간의 명칭으로 옮겨가고 있음을 보여준다. 당빌의 지도책은 1738년에 영어로 번역되어 유럽에 널리 확산되었는데, 영어로 번역하면서 'Mantcheou'는 'Manchew'로 표기되었다. 1741년 그린(John Green)이 제작한 「동서 타타르 전도」에서는

---

61 Mark C. Elliott, 2000, "The Limits of Tartary: Manchuria in Imperial and National Geographies", *The Journal of Asian Studies*, Vol. 59, No. 3.

62 Anville, Jean Baptiste Bourguignon d', 1737, "Nouvel Atlas de la Chine, de la Tartarie chinoise et du Thibet", La Haye: H. Scheurleer.

'Manchew'로 표기되었으며,[63] 1747년에 보웬(Emanual Bowen)이 제작한 「새롭고 정확한 아시아 지도」에서는 몽골(Mongols), 할하(Kalkas) 등과 더불어 '중국의 타타르'의 일부로서 'Manchews'가 표기되었다.[64]

19세기 들어 유럽에서 제작된 아시아나 중국 지도에서 지역 명칭으로서 만주를 나타내는 프랑스어 'Mantchourie'가 출현하였다. 1804년 파리에서 지리학자인 멘텔(Edme Mentelle)과 브룅(Malte Brun)이 간행한 『세계 모든 부분의 수리적·물리적·정치적 지리학』에서 아시아·태평양지역이 소개되는데, 'Mantchourie'는 몽골(Mongolie), 칼묵(Kalmoukie), 소부하라(Petite-Bucharie)와 더불어 '중국의 타타르'를 구성하고 있다.[65] 특히 "만주족의 나라 또는 Mantchourie는 북으로는 이르쿠츠크의 러시아 정부, 서로는 몽골, 남으로는 중국, 황해, 조선, 동으로는 일본해와 타타르해협 사이에 걸쳐 있"[66]다고 만주의 지역적 범위를 제시하는데, 이는 만주의 새로운 표기인 'Mantchourie'가 이전의 'Manchew' 표기가 가진 민족 명칭의 흔적을 탈각하고 온전한 지역 명칭으로서 등장하였음을 보여주는 것이다. 1821년 파리에서 간행된 「중국 제국과 일본 전도」에서 'Mantchourie'는 몽골, 다우르, 칼묵 등과 더불어 중국 제국을 구성하고 있으며,[67] 1826년 파리에서 간행된 「중국 제국 전도」에서도 장성

---

63 그린이 제작한 "A General Map of Eastern and Western Tartary, commonly called Tartary"(1741)는 뒤 알드의 책에 수록된 지도의 영어 번역본이다.
64 "A New and Accurate Map of Asia"(1747), by Emanual Bowen, David Rumsey Historical Map collection.
65 Edme Mentelle et Malte Brun, 1804, *Geographie: Mathématique, Physique et Politique de Toutes les Parties du Monde*, Paris: H. Tardieu et Laporte.
66 Edme Mentelle et Malte Brun, 1804, 위의 책, p. 151.
67 "Carte generale de l'Empire Chinois et du Japon"(1821), by A. H. Brue, David Rumsey Historical Map collection.

이북에 몽골과 더불어 'Mantchourie'가 표기되어 있다.[68]

프랑스어 표기인 'Mantchourie'는 다양한 유럽어로 번역되면서 만주의 보편적인 지역 명칭으로 정착해가는데,[69] 영어 번역으로는 먼저 'Mandshuria'가 나타나고 이후 1830년대에는 'Mantchouria', 1840년대에 'Manchuria'로 변화하였다. 1806년에 런던에서 간행된 「중국의 타타르와 독립 타타르의 새로운 지도」에서 몽골과 더불어 '중국의 타타르'를 구성하는 일부로서 'Mandshuria' 표기가 처음 등장하며,[70] 1814년 런던에서 간행된 지도에서도 'Mandshuria'는 '중국의 타타르'를 구성하는 주요한 부분으로 나타난다.[71]

1830년대 들어 'Mantchouria' 표기는 왕립지리학회의 기관지와 『중국의 보고』에 거의 동시에 등장한다. 『중국의 보고』에서는 1832년에 중국에서 발간된 리 밍처(李明哲)의 「대청만년일통경위여도(大淸萬年一統經緯輿圖)」와 1835년에 영국에서 발간된 파버리와 앨런사(Parbury, Allen & Co.)의 「중국과 인접국의 지도」를 소개하면서 중국제국이 중국 본토, 만주('Mantchouria'), 식민지 세 부분으로 구성되어 있다고 설명하였다.[72] 특히 만주 명칭에 대하여 "Mantchou 혹은 라틴화되었을 때의

---

68 "Carte generale de l'Empire Chinois"(1826), by Vivien de St Martin L., David Rumsey Historical Map collection.
69 독일어로는 'Mantschurei' 또는 'Mandschurei'
70 "A New Map of Chinese & independent Tartary"(1806), by John Cary, David Rumsey Historical Map collection.
71 "Tartary"(1814), by John Thomson, David Rumsey Historical Map collection
72 "Review of Ta Tsing Wan-neen Yih-tung King-wei Yu-too", *Chinese Repository*, Vol. 1, No. 4, 1832, p. 113; "Political divisions of the Chinese empire: "Map of China and the adjacent countries, drawn from the latest surveys and other authentic documents"", *Chinese Repository*, Vol. 4, No. 2,

Mantchouria, 지배 왕조의 모국"이라고 설명하고 있다.[73] 1833년 왕립지리학회 학회지에서 발췌하여 게재한 귀츨라프의 여행기에서 지역 명칭으로서 '만주의 타타르(Mantchou Tartary)'와 더불어 'Mantchouria'를 사용하고 있다.[74] 그는 1838년에 간행된『개방된 중국』에서 중국 제국을 중국 본토와 종속국으로 구분하고, 몽골과 더불어 'Mantchouria'의 지형을 상세하게 소개하고 있다.[75] 1830년대 유럽에서 발간된 중국 지도에서는 'Mantchouria'와 더불어 'Mantchoouria', 'Mandchouria', 'Mantchouri' 같은 유사한 명칭이 사용되었는데, 1830년 영국에서 간행된『페너의 포켓 지도』의 중국 제국 지도에서 몽골과 더불어 'Mantchouri'를 표기하고 있다.[76]

이처럼 만주의 지역 명칭인 'Manchuria'는 19세기 들어 프랑스에서 지역 명칭으로 등장하여 다양한 영어 표기로 번역되는 과정을 거치면서 1840년대부터 학술지나 보고서에 등장하였다. 1840년대 중반에 등장한 'Manchuria' 명칭은 이후 왕립지리학회 기관지와『중국의 보고』를 중심으로 보급되면서 아시아 관련 학술지와 보고서로 파급되었다.[77] 1858년에 게재된「아무르강과 인접한 지역에 대한 노트」에 첨부된 지도에 'Manchuria'

1835, pp. 51-52.
[73] "Review of Ta Tsing Wan-neen Yih-tung King-wei Yu-too", *Chinese Repository*, Vol. 1, No. 2, 1832, p. 35
[74] Charles Gutztaff, 1833, 앞의 글, p. 309.
[75] Charles Gutztaff, 1838, 앞의 책, p. 181.
[76] "Chinese Empire"(1830), by Fenner, Rest., David Rumsey Historical Map collection
[77] 왕립지리학회 기관지의 경우 1849년, 1850년의 *Address to the Royal Geographical Society of London*에 'Manchuria' 명칭이 사용되고 있었다.

명칭이 표기된 이래,[78] 왕립지리학회의 지도에서 'Manchuria' 명칭이 일반화되었다. 그렇지만 영국과 미국에서 발간되는 지도에서는 'Mantchouria', 'Manchooria' 같은 표기가 통용되고 있었다.

2. 만주 지역의 구성

만주 지역 명칭인 'Manchuria' 명칭이 출현하는 과정은 곧 만주 지역에 대한 유럽의 인식이 형성되는 과정이었다. 중국 본토와 구별되는 하나의 지역으로서 만주에 대한 인식은 1860년대 만주 여행기에서 명확히 나타난다. 윌리엄슨은 만주의 범위에 대하여 "북위 39도에서 49도, 동경 120도에서 133도 내에 위치해 있으며", 북으로는 헤이룽강, 남으로는 보하이만과 조선, 동으로는 우수리강, 서로는 넌장(嫩江), 쑹화장과 남서 변장을 경계로 보았다.[79] 또한 만주를 3개의 지역, 즉 랴오둥, 지린, 치치하얼/헤이룽장으로 나누고, 랴오둥과 지린은 유조변장, 지린과 치치하얼은 쑹화장을 경계로 삼았다. 제임스의 만주 지역 인식도 윌리엄슨과 유사하다. 그에 따르면 "만주는 중국 제국의 동북쪽 귀퉁이를 차지하는 타타르의 일부인데, 북쪽과 동쪽은 러시아, 남쪽은 조선, 서해, 랴오둥만을 경계로 삼는다. … 때때로 셩징(盛京)이라는 용어-적절히 말하자면 단지 만주의 남쪽 수도인 만주어 묵덴의 번역인데-가 중국인에 의하여 바다부터 아무르강에 이르는 지역 전체에 적용되지만, 통상적인 이름은 '동삼성(東三省)' 또는 동쪽의 세 지역, 즉 묵덴이 수도인 남쪽의 랴

---

[78] "Map of the Amur and adjacent districts", *The Journal of the Royal Geographical Society of London*, Vol. 28, 1858.

[79] Alexander Williamson, 1869, 앞의 글, p. 1.

오둥 지역, 같은 이름의 수도를 가진 중앙의 지린 지역, 치치하얼이 수도인 북쪽의 헤이룽장 지역을 가리킨다"고 하였다.[80]

유럽에서 만주 지역에 대한 인식은 만주 명칭과 더불어 19세기 초반에 등장하였다. 만주 지역 명칭이 처음 등장하는『세계 모든 부분의 수리적·물리적·정치적 지리학』(1804)에서는 만주의 대략적인 범위가 제시되지만 선양을 수도로 하는 랴오둥 지역만 부각되었다. 동삼성을 포괄하는 만주 지역에 대한 인식이 나타나는 것은 1830년대부터이다.『중국의 보고』에서 1832년에 중국에서 발간된「대청만년일통경위여도」를 소개하면서, 그리고 1835년에 영국에서 발간된「중국과 인접국의 지도」를 소개하면서 만주 지역이 세 지역-성징/묵덴, 길림, 헤이룽장/치치하얼-으로 구성되었음을 제시하고 있다. 만주의 동삼성 지역은 퉁구스족을 기원으로 하는 만주족의 거주지이고,[81] 군사정권(장군)에 의하여 통치된다는 점에서[82] 중국 본토나 식민지와 구별되는 지역으로 인식하였다. 1838년에 간행된『개방된 중국』에서 귀츨라프는 만주를 성징/랴오둥, 지린, 헤이룽장/치치하얼의 세 구역으로 구분하고, 각 구역의 영역, 역사, 도시, 산물, 기후, 민족, 지형에 대하여 상세하게 소개하고 있다. 그에 따르면 "만주족은 언어와 얼굴 모양에서 볼 때 퉁구스족에 속하는 것으로 추정"되며, "랴오둥은 오랜 옛날부터 중국의 일부로 간주되었지만 유럽의 네덜란드처럼

---

80 H. E. M. James, 1887, 앞의 글, p. 547.
81 "Review of Ta Tsing Wan-neen Yih-tung King-wei Yu-too", p. 113.
82 "Political divisions of the Chinese empire: "Map of China and the adjacent countries, drawn from the latest surveys and other authentic documents"", p. 57.

타타르와 중국 사이에서 끊임없는 분쟁의 대상이 되어왔"다.[83]

이처럼 동삼성을 포괄하는 지역으로서 만주에 대한 인식은 중국의 동삼성 인식과 상이하다. 입관 이후 청조는 동북지역에 팔기주방(八旗駐防)을 설치하고 펑톈장군, 닝구타/지린장군, 헤이룽장장군을 두어 관리하게 함으로써 내지 18성이나 번부와도 다른 관리체계를 만들었다. 또한 유조변을 개수하여 왕조의 발상지를 보호하는 한편 펑톈장군 관할지와 닝구타/지린장군 관할지를 나누는 경계로 삼았다. 이렇게 관할구역이 구분됨에 따라 건륭제 때부터 펑톈장군의 관할구역을 편의적으로 '성징성(盛京省)'으로 부르기 시작했고, 지린장군과 헤이룽장장군의 관할 구역도 '지린성(吉林省)', '헤이룽장성(黑龍江省)'으로 불리게 되었다.[84] 이후 장군이 관할하는 동쪽의 3개 성을 가리키는 통상적인 용어로 '동삼성' 명칭이 사용되었지만 3개의 성을 통합하는 하나의 지역 범주를 의미하는 것은 아니었다. 3개 성의 주현체제로의 개편과 통합적 관리라는 의미에서 '동삼성' 명칭이 사용되기 시작한 것은 1900년대 들어서이다. 관내 한인의 대규모 유입과 더불어 러시아의 영토 할양과 군사적 점령으로 대외적 긴장이 고조되는 상황에서 러일전쟁으로 동삼성의 행정개혁이 제기되면서 비로소 통합적인 지역 명칭으로서 동삼성 명칭이 보편화되었다. 이러한 중국에서의 동삼성 인식과는 달리 유럽에서는 1830년대부터 동삼성에 해당하는 지역으로서 만주 인식이 생겨났고 1860년대 왕립지리학회의 만주 여행기에서 이러한 만주 지역 인식이 보편화되었다.

---

83 Charles Gutztaff, 1838, 앞의 책, pp. 16, 169, 181.
84 구범진, 2006, 「청대 만주지역 행정체제의 변화-주방체제에서 주현체제로-」, 『동북아역사논총』 14, 81쪽; 정혜중, 2006, 「광서연간(1875-1908)의 동북관리와 1907년 동삼성 설치」, 『중국학보』 54, 390쪽.

만주 지역에 대한 유럽의 인식은 제임스의 저술에서 만주의 원주민과 만주의 역사에 대한 인식으로 심화되었다. 제임스는 "만주의 원주민은 정확하게는 타타르족의 한 부족이라고 분류할 수 있다"고 하면서, "타타르인은 예나 지금이나 조선인이나 심지어 몽골인처럼 잘 정의된 별개의 민족이 아니었다. 타타르인은 오히려 몽골인과 퉁구스인의 핏줄을 반씩 타고난 소규모 유목 씨족집단의 후예였고, 조선과 아무르강 사이의 산맥 속에 살면서 여러 대에 걸쳐 다양한 이름으로 불렸"다고 설명하였다.[85] 이러한 그의 설명은 만주족의 기원에 대한 기존의 설명과는 달리 만주 지역의 민족에 대한 해명으로 나아가는 것이다. 그리고 이러한 인식은 만주의 역사에 대한 인식으로 이어진다. 로스는 만주족의 역사를 누르하치가 군사를 일으키는 해인 1583년을 출발점으로 삼지만,[86] 제임스는 랴오둥의 '조선(기자조선)'과 고구려, 또는 '숙신-부여·읍루-물길-말갈(발해)'을 거쳐 '요(거란족)-금(여진족)-청(만주족)'으로 이어지는 만주의 역사를 서술하고 있다.[87] 물론 서술의 대부분은 누르하치의 탄생에서 19세기 후반에 이르는 청조의 역사에 할애하고 있지만 기자 조선에서 여진의 금에 이르는 언급은 만주사의 체계화라는 관점에서 진일보한 것이었다.

만주 여행기에서 보이는 만주 지역의 현재적 모습은 중국인에게 동화되어 사라져가는 만주족과 파괴와 테러를 일삼고 있는 마적이었다. 미치는 만주의 지리 정보를 소개하면서 "나는 여행하는 도중에 타타르인

---

85 헨리 에번 머치슨 제임스, 2011, 앞의 책, 50~52쪽.
86 John Ross, 1880, *The Manchus, or The reigning dynasty of China: their rise and progress*, Paisley, J. and R. Parlane.
87 헨리 에번 머치슨 제임스, 2011, 앞의 책, 56~57쪽.

들을 거의 볼 수 없어서 놀랐다. 늙은 만주족들은 자신들의 지역에서 완전히 기반을 상실하였고, 우월한 문명의 힘에 의해서 만주의 야생 초원으로 내몰리거나 지배적이고 더 사업가적인 인종 속으로 흡수되어왔다. 남아 있는 소수의 만주족들은 언어, 태도, 관습에서 중국인과 마찬가지이다"[88]라고 만주족의 현실을 묘사하였다. 제임스도 중국 북부에서 몰려드는 중국인 경작자로 인해서 만주 관습이 사라질 것이라고 보면서, "머지않아 만주는 명확한 존재로서 남지 못할 것이며, 곧 광저우같이 필수적으로 그리고 철저하게 제국의 중국적인 일부로 될 것이다. 만주는 현재 이행의 상태에 있다"[89]고 하였다. 윌리엄슨은 마적이 횡횡하고 있는 상황에서 교통의 안전도 교역의 번창도 있을 수 없다고 하면서 만주의 개방을 위한 철도의 건설이 긴요하다고 주장하였다.[90] 비숍도 만주 곳곳에서 파괴와 테러를 자행하고 있는 마적에 대해 언급하면서 "북동 만주의 이러한 공포 상태에도 불구하고 만주는 중국의 통치 영역 중에서 가장 번창하는 지역의 하나였으며 외국 무역은 해마다 그 중요성이 높아질 것이다"[91]라고 낙관하였다. 이러한 낙관은 외부로부터의 지원, 즉 유럽의 지원을 조건으로 하고 있다. 만주의 풍부한 광물자원에 주목한 털리는 "유럽의 기업과 항행가능한 수로가 결합된다면 이 지역(무인지대에서 묵덴에 이르는 만주 남부)은 만주의 '중공업지대'가 될 것이고, 무인지대는 '엘도라도'가 될 것이다"[92]라고 전망하였다.

---

88 A. Michie, 1863, 앞의 글, p. 165.
89 H. E. M. James, 1887, 앞의 글, p. 564.
90 Alexander Williamson, 1869, 앞의 글, p. 16.
91 I. B. 비숍, 2000, 앞의 책, 183쪽.
92 Robert T. Turley, 1899, 앞의 글, p. 302.

3. 과학적 탐구의 대상으로서 백두산

제임스 일행은 아직 유럽인이 등정한 적이 없고 왕립지리학회가 발간한 지도에도 명확한 위치가 표시되지 않은 백두산을 탐사하고자 하였다. 그들은 희귀한 자연사 표본이나 흥미로운 지리 정보를 얻기 위하여 "지리학자들이 장백산이라고 이름 붙인" "10,000~12,000피트 높이의 눈 덮인 봉우리"를 향하여 원정을 떠났다. 그들은 잉커우를 출발하여 곧바로 백두산으로 향하였고, 백두산을 오르면서 산이 하얗게 빛나는 것이 눈 때문이 아니라 부석 때문이라는 것을 확인하였다. 그들은 백두산 정상의 풍경에 대하여 다음과 같이 묘사하고 있다.

> 마침내 우리는 정상에 도달했고 끝을 굽어보았다. 약 350피트에 달하는 분화구의 끝자락에 서서 함성을 질렀고 가장 깊은 곳의 색깔이 투명한 파란색인 아름다운 호수를 보았다. 위쪽에서 바람이 세차게 불었지만 호수의 표면은 레만 호수처럼 고요했고, 산의 울퉁불퉁한 꼭대기를 장식하고 있는 환상적인 봉우리들로 이루어진 왕관을 비추고 있었다. 정말 멋진 장관이었다. 우리는 호수의 너비가 약 1과 1/2마일이고 둘레는 6~7마일이라고 생각했다. … 호수의 북쪽 끝에서 에르다오장강 또는 두 번째 강의 발원지이자 쑹화장의 동쪽 지류인 조그만 개천이 시작된다.[93]

그들에게는 백두산 정상에 올라 정상의 호수를 실제로 목격하고 쑹화장이 그곳에서 발원하고 있음을 확인하는 것이 중요하였다. 또한 비

---

93 H. E. M. James, 1887, 앞의 글, pp. 543~544.

등점 온도계로 백두산의 높이가 8,025피트라는 것을 측정하고서야 비로소 "10,000~12,000피트 높이의 눈 덮인 봉우리"라는 유럽의 부정확한 정보를 정정할 수 있었다.

부영사 캠벨은 제임스 일행의 백두산 탐사 소식을 접하고 조선쪽에서 백두산을 올라 천지를 보고자 하였다. 그는 백두산 정상에 오르지는 못했지만 백두산[94]과 천지의 조선식 명칭을 소개하면서 백두산의 주변 풍경을 서술하고 있다. 그는 백두산이 조선과 청에서 성스러운 산으로 추앙받는다고 하면서 다음과 같이 백두산의 지형에 대한 지질학적 설명을 덧붙이고 있다.

> 조선에서 말하는 조종산(祖山)은 사화산이고 그 분화구는 샘에서 솟아나는 물로 가득차 있었을 것이라는 나의 조악한 지질학적 설명을 듣는다면 (한국인들은) 예의를 차리면서 놀라는 기색을 보였을 것이나 그리 쉽게 믿지는 못할 것이다. 나는 땅 밑의 용암으로부터 막 분출된 것처럼 보이는 검은 먼지, 용암재 덩어리, 몇 마일 동안 압록강의 둑을 따라 늘어선 바위들을 가리켰으나 별로 소용이 없었다. … 나의 관찰에 따르면 보천과 백두산 사이에 있는 숲의 대부분은 틀림없이 계속되는 분출 과정에서 백두산으로부터 나온 화산 성분 위에서 자랐을 것이다.[95]

제임스나 캠벨의 백두산 인식은 조상의 발상지나 성스러운 산으로 생

---

[94] 캠벨은 만주의 중국인들은 백두산(Peik-tu san)을 老白山(Lao-pai Shan)이라고 부르며, 중국어로는 창바이산(Ch'ang-pai Shan)으로 불린다고 기록하였다. 또한 백두산 동남쪽 100마일 떨어진 곳에 '장백산'(Ch'ang-peik san, Ever White Mountain)이 있다는 사실도 서술하고 있다.

[95] Charles W. Campbell, 1892, 앞의 글, p. 154.

각하고 신비로움과 영험함을 체험하고자 하는 조선이나 청의 인식과는 달랐다. 그들에게 백두산은 지질학적·지리학적 탐구의 대상이었으며, 백두산에 대한 기존의 부정확한 지리 정보를 정정하는 것이 중요하였다. 이러한 과학적 탐구의 대상으로서 백두산에 대한 인식은 18세기 중반 뒤 알드의 지리서를 기원으로 한다. 뒤 알드의 백두산 서술은 「황여전람도」 제작을 위하여 동북지역을 측량했던 예수회 선교사 레지의 설명을 옮긴 것인데, 백두산 정상의 지형에 대한 설명과 더불어 정상의 호수가 쑹화강의 발원지라는 점에 부각되었다. 이후 19세기 중반에 『중국의 보고』에 실린 「만주의 장백산」을 통해서 백두산에 대한 구체적인 지리 정보가 알려졌다. 이 글에서는 유럽인으로서는 아무도 오른 적이 없는 백두산이 "조선의 국경 근처, 두만강과 압록강 사이의 북위 42도 동경 127.5도에 있을 가능성이 가장 높"다고 보았으며, 산이 빛나는 것은 모래 때문이 아니라 얼음으로 인한 것이라는 점을 언급하였다.[96]

이렇게 축적된 백두산에 대한 지식이란 유럽인에 의하여 축적된 지식만 의미하는 것이었다. 현지인의 혼란되고 모순된 지식이 부정되고 유럽인에 의한 직접적 관찰과 측정에서 나온 정보만 과학적 지식을 형성하는 것으로 인식되었다. 앞에서 살펴보았듯이 백두산의 신성함을 강조하는 우모네의 기록보다는 백두산의 지리적 측면을 묘사한 뒤 알드의 서술이 과학적인 지식으로 평가되었으며, 제임스 일행의 백두산 등정으로 백두산은 정확한 지리 정보와 더불어 새로운 과학적 대상으로 유럽인들에게 모습을 드러내었다.

---

96 "The Chang-peh Shan, or Long White Mountains of Manchuria", *Chinese Repository*, Vol. 20, No. 6, 1851, p. 296.

V. 맺음말

　1861년 만주 내륙으로의 길을 연 미치의 여행에서 1899년 압록강 무인지대를 조사한 털리의 여행까지 19세기 후반 왕립지리학회 기관지에 실린 7편의 만주 및 백두산 여행기는 만주에 대한 유럽(영국)의 인식이 형성되는 과정을 보여준다. 이들 여행기가 보여주는 만주의 모습은 유럽의 과학적 시선 아래 만주의 지형과 지리에 대한 세밀한 관찰과 정밀한 측정을 동반하였으며, 유럽적 지식에 의한 토착적 지식의 전유를 통하여 만주의 풍경을 재구성하는 과정이었다. 또한 이들이 만주 여행기를 남길 수 있었던 것은 제국주의 팽창정책을 수행하는 각종 제도와 시설 및 현지인의 실질적인 조력을 통해서였다. 특히 여행자들의 인식을 규정하는 과학적 인식과 결합된 인종주의적 인식이다. 유럽인에 의한 직접적 관찰과 현지인의 간접적 견문, 유럽인의 과학적 지식과 현지인의 혼란된 지식 사이의 구별은 과학적 인식의 우위를 표방하지만 유럽인(의 지식)과 현지인(의 지식)에 대한 차별을 기반으로 하는 것이다.
　이들 여행기는 만주와 백두산이 유럽인의 과학적 인식을 통하여 재구성됨을 보여준다. 19세기 들어 만주 지역 명칭인 'Manchuria' 표기가 사용되고 이와 더불어 중국 본토와 구별되면서도 동삼성을 포괄하는 만주의 영역에 대한 인식이 등장하는 과정은 중국과 상이한 만주의 정체성을 인식하는 과정이었다. 처음에는 퉁구스족을 기원으로 하는 만주족의 거주지이고 군사정권에 의하여 통치된다는 점에서 중국 본토와 구별되었으나, 점차 만주 지역의 독자성에 대한 인식으로 나아갔다. 이와 더불어 백두산도 과학적 탐구의 대상으로 유럽인에게 인식되었다.
　19세기 후반에 구성된 만주와 백두산에 대한 인식은 이후 동아시아에서 근대적 역사지리 인식의 기원이 되었다. 러일전쟁 이후 본격화되는 일본의 만주 역사지리 인식은 유럽의 근대적 만주 인식의 직접적인 영향력 아래 형성되었으며 20세기 한국과 중국의 만주 인식에 커다란 영향을 미쳤다. 이 글에서는 여행기에 기반한 단편적인 분석에 그쳤지만 정책자료를 포함한 여타 자료를 통하여 여행기가 가진 복합적 측면이 보완되어야 할 것이며, 만주와 백두산에 대한 근대적 담론 형성이 본격적으로 탐구되어야 할 것이다.

참고문헌

단행본

메리 루이스 프랫, 2015, 『제국의 시선』, 현실문화.
I. B. 비숍, 2000, 『조선과 그 이웃나라들』, 집문당.
헨리 에번 머치슨 제임스, 2011, 『백두산 등정기: 만주의 역사, 주민, 행정 그리고 종교에 관한 이야기』, 동북아역사재단.

Driver Felix, 2001, *Geographical Militant: Cultures of Expedition and Empire*, Blackwell.

논문

구범진, 2006, 「청대 만주지역 행정체제의 변화-주방체제에서 주현체제로-」, 『동북아역사논총』 14.
정혜중, 2006, 「광서연간(1875-1908)의 동북관리와 1907년 동삼성 설치」, 『중국학보』 54.
홍웅호, 2009, 「19세기말 러시아의 동아시아 정책-백두산 탐사를 중심으로-」, 『국제지역연구』 13(3).

Campbell Charles W., 1892, "A Journey through North Korrea to the Ch'ang-pai Shan", *Proceedings of the Royal Geographical Society and Monthly Record of Geography*, Vol. 14, No. 3.
Elliott Mark C., 2000, "The Limits of Tartary: Manchuria in Imperial and National Geographies", *The Journal of Asian Studies*, Vol. 59, No. 3.
James H. E. M., 1887, "A Journey in Manchuria", *Proceedings of the Royal Geographical Society and Monthly Record of Geography*, Vol. 9, No. 9.
Michie A., 1863, "Narrative of a Journey from Tiensin to Moukden in Manchuria in July, 1861", *The Journal of the Royal Geographical Society of London*, Vol. 33.
Turley Robert T., 1899, "Through the Hun Kiang Gorges; or, Notes of a Tour in "No Man's Land" Manchuria", *The Geographical Journal*, Vol. 14, No. 3.
Williamson Alexander, 1869, "Notes on Manchuria", *The Journal of the Royal*

Geographical Society of London, Vol. 39.

Wylie J. A., 1893, "Journey through Central Manchuria", *The Geographical Journal*, Vol. 2, No. 5.

2장

'제국' 변강(邊疆)과 '지식 정치(知識政治)':
근대 중일의 만몽논술

린츠훙(林志宏)
타이완 중앙연구원 근대사연구소 부연구원

I. 머리말

20세기 중국과 일본의 관계는 근대 동아시아사에서 가장 크게 주목 받는 부분이다. 양국이 교전국이 된 것은 주변의 각 민족 및 국가에 영향을 미쳤는데, 그중 '만몽(滿蒙)'과 연관된 논란은 중일 양측 간의 대립의 기원이자, 동아시아 문제에 결정적 변화를 가져오기도 하였다.

엄밀히 말하면, '만몽'을 둘러싼 논쟁은 하루 아침에 일어난 것이 아니다. '만몽'이라는 정치지리(Political geography)적 용어는 러일전쟁 발발 이후에 생겨난 결과물이라고 할 수 있다. 일본은 이 전쟁에서 승리를 거둠으로써 중국 동북 지역에 대한 각종 이권을 확보하였고, 뒤이어 한반도와 요동반도를 전진기지로 삼고 이른바 '대륙정책(大陸政策)'을 전개하였다. 일본은 적극적인 대외 팽창과 함께 제국 자체의 지리 환경과 세력 범위를 정비하였으며, 주변 지역을 획정하고 그 위에 일련의 인식과 '대외관(對外觀)'을 형성하였다. 이에 '만몽'은 곧 일본의 '대륙정책' 전개와 수반하여 특정한 시공간을 지칭하는 고유명사가 되었다고 할 수 있다.[1] 1915년 1월, 일본은 제1차 세계대전이 발발하자, 이를 틈타 중화민국 정부에 '21개조 요구'를 제출하고, '만몽'에 대한 이권을 더욱 강화하였다. 1920년대 후반에 이르기까지 '만몽'은 중일 양국의 논쟁 주제였다.

---

[1] 주셰(朱偰)에 의하면, "만몽문제란 학술적 용어가 아닌, 보통 관용적으로 쓰이는 용어이다. 엄격히 말해, 만몽문제는 실제로 만주문제이다." '만몽'이 처음에는 '남만주' 및 '동부 내몽골'을 가리키는 것이었으나, 1912년 7월의 '제3차 러일협약'에서 내몽골을 동서 두 부분으로 분할하였고, 이것이 이후 일본 외교문서에서도 계속 사용되면서, 이전에 불리던 '만주'를 대체하였다. 1915년 '21개조 요구' 체결과 제1차 세계대전 기간에 이 용어는 외교무대에서 더 흔히 보였다. 朱偰, 1930, 「所謂滿蒙問題」, 『日本侵略滿蒙之硏究』, 上海: 商務印書館, 1쪽; 鈴木仁麗, 2012, 『滿洲國と內モンゴル: 滿蒙政策から興安省統治へ』, 東京: 明石書店, 66~84쪽.

전후(戰後), '만몽'은 이미 지나간 역사의 한 부분이 되었음에도 불구하고, 여전히 학계의 주목을 받고 있다. 1960년대 쿠리하라 켄(栗原健)의 『만몽 정책사에 대한 일면(對滿蒙政策史の一面)』이 이와 관련한 종합적인 논저이다.[2] 하지만 안타깝게도 해당 논저는 다양한 정보 내용을 가지고 분석한 것이나, 일본정부의 동향만 다루었기 때문에 다른 자료들은 소홀히 했다는 맹점이 있다. 최근에는 나카미 다쓰오(中見立夫)가 개별적인 역사적 사실에 입각하여, '만몽'이 어떻게 지역 연구의 과제로 형성되었는지를 검토하였다.[3]

본문에서는 이 용어의 모든 변천 과정을 따져보지는 않겠으나 필자는 지식사의 관점에 입각하여, '변강(邊疆)'이라는 용어 속에 있는 정치적인 요소들을 밝혀보고자 한다. 또한 중국 측의 신문과 서적 등 매체 가운데 '만몽'과 유관한 논쟁을 통해 중일의 민족 통치 및 그 배후에 있는 '제국(empire)'적 사유를 규명하고자 한다. 다시 말해, 필자의 관점에서 '만몽' 논쟁은 곧 역사 이데올로기의 힘겨루기일 뿐만 아니라, 지식과 권력 간의 상호 경쟁의 각축장이기도 하다. 여기서 필자는 그 속에서의 지식의 '정치성'을 논해보고자 한다.

---

[2] 栗原健, 1966, 『對滿蒙政策史の一面: 日露戰後より大正期にいたる』, 東京: 原書房.
[3] 특히 '만주', '만몽', '몽강(蒙疆)', '동아시아'의 변천을 다루고 있다. 中見立夫, 2013, 『「滿蒙問題」の歷史的構圖』, 東京: 東京大學出版會, 15~18쪽 참고.

II. '변강'에 대한 중일의 다른 인식

1. 문화민족주의 vs 문화제국주의

'만몽'으로 인해 생겨난 개념 중 하나는 두 제국의 대외확장 및 변강에 대한 상이한 이해이다. 먼저 중국의 경우, 이 전통적인 제국은 20세기 민족국가를 형성할 무렵, 전통적인 '이하지변(夷夏之辨)'이란 관념을 새로이 정의하고, 민족의 조화와 이익분배를 유지할 필요가 있었다.[4] 그러나 다민족을 통치한 중국의 마지막 왕조 청(淸) 제국은 19세기 이래로 국제외교의 실패와 내부적으로는 민족 문제로부터의 도전으로 어려움을 겪었다. 특히 '이민족(異族)' 통치자인 만주족은 자국 내에서 피지배층이자 많은 수를 차지하고 있는 한족(漢族)을 회유했다고 말하기 어려웠다. 따라서 '문화민족주의(cultural nationalism)'를 빌미로 끊임없이 통치의 합법성을 내세웠다. 이와 관련한 가장 명백한 사례는 1850~1870년대 태평천국의 난과 양무운동이다. 내우외환의 상황 속에서 만주족은 비록 혈통상으로는 '이민족'일지라도, 정부 차원의 정책 강령의 선전·지도를 통해 전통적인 유교사상의 가치를 강조하였다. 문화상으로는 오히려 '한화(漢化)'에 가까워지면서, 이른바 '중흥(中興)'운동을 전개하였다.[5] 이 운동은 청나라를 쇠퇴 일로에서 구제하고, 이 정권을 20세기 초까지 지속될

---

4 松本ますみ, 1999, 『中國民族政策の硏究: 淸末から1945年での「民族論」を中心に』, 東京: 多賀出版; 王柯, 2006, 『20世紀中國の國家建設と「民族」』, 東京: 東京大學出版會.

5 Mary Clabaugh Wright, 1957, *The Last Stand of Chinese Conservatism: the T'ung-chih Restoration, 1862-1874*, Stanford, Calif.: Stanford University Press, pp. 52~53.

수 있게 해주었다. 청나라 황제의 퇴위와 중화민국이 건국된 이후에도 이 '문화민족주의'에 부합하는 원칙들은 정권을 뒤이어 사라지지 않았으며, 오히려 '오족공화(五族共和)'의 이상으로 계속 거론되었다. 민족 간의 화합을 도모하기 위해서, 중화민국 정부뿐만 아니라 중국공산당의 집권 이후에도 변함없이 다원적 문화를 골자로 하는 '중화민족'을 목표로서 추구하고 있다.[6]

중국이 민족 융합과 통일을 강조하는 것과는 달리, 일본은 '문화제국주의(cultural imperialism)'를 원칙으로 하여 '도덕'과 '공동 번영' 등의 구호를 내세워 선전하고, 동아시아 각 민족의 단결을 제창하였다. 아울러 '대아시아주의(Pan-Asianism)'에 입각하여 일본은 다른 약소 민족 또는 국가들의 연대를 외치며, 공동으로 서구 열강의 식민지배에 저항하고 서구 중심의 '근대'를 뛰어넘는 것을 목적으로 하였다. 이와 같은 이념은 근대 일본제국의 대외 팽창과 그 역사적 배경에서 다시 살펴봐야 한다. 1920년대 일본은 동아시아에 대한 자신의 팽창과 침략을 은폐하기 위해 대아시아주의의 원칙을 내세운 국제 외교를 진행시켰으며, 이른바 '민족제국(Nation-Empire)'의 길로 나아갔다.[7] 사실 일본만 이러한 사고방식을 가졌던 것은 아니다. 20세기 초 중국의 량치차오(梁啟超), 리다

---

6 Edward J. M. Rhoads, 2000, *Manchus and Han: Ethnic Relations and Political Power in Late Qing and Early Republican China*, 1861~1928 Seattle: University of Washington Press.

7 '민족제국'은 야마무로 신이치(山室信一)의 일본제국 통치 특색에 대한 관점이다. 그는 법률적 관점에서, 전쟁 이전에 일본이 국내(내지), 식민지 또는 점령 지역(외부)에 대해 어떻게 통치를 하였는지를 설명한다. 다시 말해, 해권국가(海權國家)의 근대 제국주의와는 달리, 일본제국의 발전목표는 야마토 민족 중심의 '동아시아 민족' 혹은 '대동아공영권'을 건설하는 것이다. 山室信一 著, 2009. 6,「國民帝國日本的異法域統合與差別」,『臺灣史研究』, 卷16期2, 1~22쪽 참조.

자오(李大釗), 쑨중산(孫中山) 등도 유사한 의향을 가지고 있었다.[8] 단 흥미로운 점은 이러한 '반제국'적 제국주의인 일본은 우회적 방식으로 그 목표를 달성하였다는 점이다. 즉, 동아시아 각국의 민족의식 혹은 탈민족화를 방편으로 하여 '동아시아 민족'의 건립이라는 이상을 실현시키고자 하였다. 좀 더 명확하게 말하자면, 이는 일본의 야심을 채워줄 '제국주의적 구상'이었다고 할 수 있을 것이다.

생존과 발전에 대한 중국과 일본의 사고방식에는 서로 차이가 있다. 이에 따라 '만몽'과 '변강'에 관한 인식도 달라졌다. 최소한 중국에서의 '만몽'은 통일의 틀 속에 민족의 차이를 뜻하는 정태적인 명사에 속했으나, 반면 일본은 이를 지리 및 역사적 의미를 부여하는 동사로 간주하였다. 따라서 1927년 난징국민정부 성립 후, 전쟁 전까지 10년 동안 중일 양측은 '만몽'의 정식 명칭을 둘러싸고 여러 차례 논쟁을 벌였다.

예를 들어, 다수의 중국 여론에서는 만주·몽골을 병기하는 문제에 대

---

[8] 최근 논의에 따르면, 일본의 '대아시아주의'는 1862년 가쓰 가이슈(勝海舟)가 인근 국가와 민족들을 연합하여 함께 서양문명과 열강의 위협에 저항하자고 주장한 것에서부터 나온 것이다. 뒤이어 논자의 입장과 국제정세의 변화에 따라, 내용에 변화가 있었다. 러일전쟁 후처럼, '대아시아주의'는 일본을 동아시아의 맹주로 하여 소위 '새로운 질서'를 구축하는 것이었다. 제1차 세계대전의 영향을 받아, 동아시아의 각국 및 민족들은 잇달아 '민족자결'을 제창하고, 식민통치에서 벗어나길 희망함에 따라, 일시에 '대아시아주의'의 구호가 거세게 일었다. 다만 다른 점은, 중국이 전개한 '대아시아주의'적 사고는 비록 인근의 약소민족을 연합하여 식민지 헤게모니에 대항하는 것에는 긍정적이었을지라도, 일본이 이 용어를 '중국주의를 삼켜버리는 은어'로 쓰는 것에 대해서는 비판적이었다는 것이다(리다자오, 李大釗). '대아시아주의'에 대한 연구는 대단히 많으나, 그중에서 다루고 있는 지역이 불일치하고, 내용 또한 복잡하여 여기서 모두 상술할 수 없으므로, 葛兆光의 「想像的和實際的: 誰認同'亞洲'?: 關於晚清至民初日本與中國的'亞洲主義'言說」가 수록되어 있는 葛兆光, 2011, 『宅玆中國: 重建有關「中國」的歷史論述』, 臺北: 聯經出版公司, 194~196쪽; 吉澤誠一郎의 「近代中國におけるアジア主義の諸相」가 수록되어 있는 松浦正孝 編, 2013, 『アジア主義は何を語るのか: 記憶·權力·價値』, 京都: ミネルヴァ書房, 294~314쪽을 참조하라.

해 특별히 주목하고 있었다. 이렇게 원래 중국의 지리지식과 범주를 임의로 분할해버리는 것이 참신한 형식이었기 때문이다. 여기서 논자들이 본 것처럼 '용어를 교묘히 사용하여, 기만의 수단으로 삼는 것'은 '침략 수단을 확실히 개조한 것'⁹과 다름없었다. 또 혹자는 다음과 같이 말하였다.

> 사람들이 이른바 남만주 혹은 동몽골이라 부르는 것 모두 중국 지리상의 고유한 용어가 아니다. 이러한 명칭은 통치자가 어떻게 부르는지에 따르기에, 통치자가 남만주라고 칭한다면 나도 남만주라고 칭하고, 통치자가 동몽골이라 칭한다면 나도 동몽골이라 칭할 뿐이다.¹⁰

1927년 6월 도쿄에서는 '동방회의(東方會議)'가 개최되었다. 여기서 일본의 다나카 기이치(田中義一) 총리는 「대지정책강령(對支政策綱領)」에서 '중국 본토와 만몽은 다르다'라는 것을 표명하였다. 이에 재일중국유학생들은 "동삼성(東三省)도 중국의 행정구역이며, 몽골 역시 중국의 영토이다"라며 공개적으로 반대를 표하였다. 유학생들은 일본의 이러한 수법이 조선을 합병한 만행을 그대로 답습하는 것이라고 명확히 밝혔다. 즉, 우선 '독립'의 명분을 내세우고, 이후 '합병'하려는 것이 본심이라는 것이다. 오늘날에도 고의로 변강과 중국 본토를 분리시키고 '만몽'이라 따로 부르려는 목적 또한 다음과 같다. "지금 다나카가 대중국 훈시에서 조금도 부끄러움 없이 중국 본토와 만몽을 나누어 둘로 하는 것은

---

9 君度, 1927. 12, 「日本侵略滿蒙史鳥瞰(續)」, 『燕大月刊』, 卷1期3, 1~3쪽.
10 搏沙, 1927. 12, 「國民擁護滿蒙國權大同盟宣言」, 『曉光週刊』, 滿蒙問題專號, 1쪽.

다나카가 이 지역을 우리나라가 소유한 것으로 인정하지 않기 때문이다!"[11]

일본은 중국 변강을 '탈민족화'시키고, 이로부터 그 침략의 정당성을 얻었다. 중국의 지식인들은 이를 일찍이 알고 경계하고 있었다. 이 때문에 어떤 이는 정부가 마땅히 주권을 중시하고, 효력이 있는 국가 통치의 개념을 통해 '만몽' 문제를 식별하자고 호소하는 글을 쓰기도 하였다. 이 중에는 "일본인들이 이러한 침략행위를 정당화하고 그 나라 일반 국민까지 합심하는 야심을 조성하는 데에는 더욱 중요한 이론적 근거가 있다. 이러한 이론의 근거는 무엇인가? 바로 중국의 변강 지역을 중화민국의 영토로 인정하지 않는 것이다"[12]라는 의견과 함께, 심지어 어떤 논저에서는 "이른바 남만주 및 내몽골 동부라는 것은 모두 우리나라가 고금을 통틀어 쓰던 지리 명칭이 아니다. 우리나라에서는 랴오닝(遼寧), 지린(吉林), 헤이룽장(黑龍江)으로만 알고 있었지, 만주라고는 알고 있지 않았다. 그리고 우리는 러허(熱河), 차하르, 오르도스, 간쑤(甘肅)로 알고 있었지, 내몽골이라고 알고 있지는 않았다"라고 성명을 내기도 하였다. 민국정부의 행정 지역 구획을 통해 중일 양국의 이 "변강"에 대한 인식과 그 차이를 분명히 하였다. 아울러 "일본인들이 이렇게 불확실한 명칭을 고의로 사용하여 혼란을 유도하려고 했으니 그 기만함이 이미 심함에 달했다! 그러므로 이른바 만몽문제라고 하는 것은 실제 정확하지 않은

11　中國留日學生協進會, 1927. 8,「爲日本田中內閣之新對滿蒙策泣告全國父老兄弟書」,『醒獅週報』, 期142-143, 12쪽.

12　鍾歷陽, 1928. 5,「日人侵略滿蒙之理論的根據與其謬誤」,『淸華週刊』, 卷29期13, 886쪽.

명사라고 할 수 있다"[13]라고 말하기도 하였다.

확실히 알 수 있는 것은 그들이 고의로 역사에 있었던 과거 명사를 원용하여, 우리 동북을 만몽이라고 부르고 세계 각국에서도 만몽이라고 부르게 함으로써 이에 우리 영토의 주권에 의문이 생기게 하려는 것이라고 할 수 있다.[14] 점점 중국 민중들에게 동북삼성에 대한 인식을 가질 수 있게 하면 곧 '국경의 동북'을 뜻하는 '동북'이라고 고쳐 부를 수 있을 것이고 이에 이 영토에 대한 인식을 강화시키자 하였다. 특히 상업의 영역에서 '동북'이라는 두 글자를 사용하여 명명하는 경우가 심히 많았다. 예를 들어, 랴오닝성(遼寧省)에 동북호텔, 동북은행, 동북대학 등이 있었는데, 이는 만주가 중국의 영토 밖으로 분류되어 사람들이 부화뇌동하고, 은연중에 그 영향을 받는 결과를 피하기 위함이다.[15]

2. '문화전쟁'과 '정명'운동

가장 잘 알려진 '만몽' 논쟁은, 야노 진이치(矢野仁一)가 '만몽장비지나론(滿蒙藏非支那論)'을 제시하고, 중국 학자들이 이에 반박한 것이다. 일본 교토제국대학 교수인 야노는 1920년 량치차오(梁啓超)가 논한 중국 영토주권 문제에서부터 '지나무국경론(支那無國境論)'을 끌어내어, 중국이 근대국가 관념이 결핍되어 있음을 비판한 바 있다. 그 후로도 야노는 계속 「支那は國に非る論(중국은 국가가 아니라는 것에 관한 이론)」, 「滿

---

13 朱偰, 1930, 「所謂滿蒙問題」, 『日本侵略滿蒙之研究』, 1~2쪽.
14 「研究東北(二)」, 『申報』, 1931년 7월 17일, 版8.
15 高崇民, 「東北魂」는 高崇民詩文選集編委會 編, 1991, 『高崇民詩文選集』, 瀋陽: 瀋陽出版社, 11쪽에 수록되어 있으며, 원문은 1934년 9월 28일에 게재되어 있다.

蒙藏は支那本來の領土に非る論(만주, 몽골, 신장은 본래 중국의 영토가 아닌 것에 관한 이론)」 등의 글을 발표하였다.[16] 그리고 공개적으로 '중국≠청나라', '중국=한족의 구역'이라고 지정하였으며, 변강의 민족들은 마땅히 독립적인 자치권을 유지해야 한다고 주장하였다. 이러한 견해는 '오족공화'를 부정하는 내용을 담고 있을 뿐만 아니라, 신해혁명으로 건립된 중화민국 정부의 주권을 간접적으로 부정하는 것이었다. 야노의 논점은 훗날 전해져 내려오는 '다나카 상주문(田中奏議)' 및 이시와라 간지(石原莞爾)의 '만몽영유론(滿蒙領有論)'에 인용되면서 널리 알려졌다. 이보다 더 상징적인 의의를 가지는 사례는, '9·18'사변 이듬해인 1932년 만주국이 건립되면서 야노의 이론이 정치적 실천으로까지 이어졌다는 점이다. 결과적으로, 국제연맹(League of Nations)이 리튼 조사단(The Lytton Commission)을 중국으로 파견하였으나, 일본이 '특수 지위'를 이유로 만주 및 동몽골에 대한 지배의 정당성을 강조하여[17] 양측의 논쟁은 끝나지 않았다.

물론 야노 진이치의 주장이 일본 학자들의 질의를 받지 않았던 것은 아니지만,[18] 이에 대한 중국의 반발은 더욱 거셌다. 만주국의 성립 이전,

---

16 예를 들어,「支那は國に非る論」과「滿蒙藏は支那本來の領土に非る論」 등은 모두 矢野仁一, 1923,『近代支那論』, 京都: 弘文堂書房에 수록되어 있다.

17 河西晃祐, 2006. 11,「「歷史」·「外交」·「主体: 滿洲」歸屬問題をめぐる日中歷史學論爭」,『東北學院大學東北文化研究所紀要』, 號38, 124~196쪽; 葉碧苓, 2007. 3,「九一八事變後中國史學界對日本「滿蒙論」之駁斥: 以『東北史綱』第一卷爲中心之探討」,『國史館學術集刊』, 期11, 120~121·127~129쪽 참고.

18 예를 들어, 시바 사쿠오(柴三九男)와 마쓰이(松井) 등이 있다. 清水美紀, 2003,「1930年代の「東北」地域概念の形成-日中歷史學者の論爭を中心として」,『日本植民地研究』, 號15, 45쪽; 井上直樹, 2013,『帝國日本と「滿鮮史」: 大陸政策と朝鮮·滿州認識』, 東京: 塙書房, 187·190쪽 참조.

푸쓰녠(傅斯年)을 필두로 학자들이 주도하여 『동북사강(東北史綱)』(사실상 제1권인 고대의 동북만 발행하였다. 이하 문장에서는 『사강(史綱)』이라 칭함)을 출판하고, 해당 지역은 예로부터 중국의 소유라고 항변하였다. 당시 중국 최고 학술 기관인 중앙연구원 역사언어연구소의 소장이었던 푸쓰녠은 민족 감정이 매우 짙은 역사가였다. 그는 일생 동안 연구는 '역사적 사실'과 '민족의 존엄성'을 함께 고려해야 한다는 점을 상당히 중시했기에, 여러 번 쉽지 않은 선택을 했다.[19] 실제 『사강』은 푸쓰녠이 일본이 중국 침략전쟁을 일으킨 일과 괴뢰정부를 일방적으로 지지한 것을 눈으로 본 후 그에 대한 반박을 서술한 것이다. 이 책은 팡좡유(方壯猷)·쉬종슈(徐中舒)·샤오이산(蕭一山)·장팅푸(蔣廷黻) 등 다른 젊은 학자들과 함께 집필한 것으로, '구국(救國)'을 한다는 동기에서 완성한 작품이다. 여론 등에 충분히 영향을 주기 위해, 책의 일부는 리지(李濟)에게 초역을 부탁해 영어로 발행하였으며, 국제연맹 조사단에 보내었다.[20]

전체적으로 말하자면, 『사강』은 국가 정부의 입장을 대표하여 목소리를 낸 것으로, 이른바 '문화 전쟁'을 이끌어낸 것으로 보는 편이 낫다.[21]

---

[19] 푸쓰녠은 결코 정치가 학문을 지배해서는 안 되지만, 어떠한 학술이 국가 민족에게 해를 끼친다면 정부는 이를 단속해야 한다고 생각하였다. 실제로 적지 않은 새로운 학파의 역사학자들이 비슷한 상황에 부딪혔으며, 푸쓰녠의 반대를 받기도 하였다. 傅樂成의「傅孟眞先生的民族思想」은 傅樂成, 1979, 『傅孟眞先生年譜』, 臺北: 傳記文學出版社, 125쪽에 수록되어 있다. 이와 유사한 토론은 王汎森, 2003, 「價值與事實的分離?-民國的新史學及其批評者」, 『中國近代思想與學術的系譜』, 臺北: 聯經出版公司, 439~441, 445~446쪽에서도 볼 수 있다.

[20] 「傅斯年致蔡元培楊銓(1932年2月6日)」은 王汎森·潘光哲·吳政上 編, 2011, 『傅斯年遺札』, 臺北: 中央研究院歷史語言研究所, 391쪽에 수록되어 있다. 관련된 토론은 清水美紀, 2003, 앞의 글, 45쪽; 葉碧苓, 2007. 3, 앞의 글, 120~121, 127~129쪽 참조.

[21] '문화 전쟁'이라는 말은 타오시성(陶希聖)의 견해에서 비롯된 것이며, 『사강』 또한 중국학계의 다른 목소리들을 불러일으켰다. Fan-sen Wang, 2000, *Fu Ssu-nien: A Life in Chinese History and Politics*, Cambridge: Cambridge University

푸쓰녠은 구웨이쥔(顧維鈞)에게 쓴 편지에서 다음과 같이 언급하였다.

> 이 책의 의의는 만주가 삼천 년간 거의 영원토록 중국의 영토였으며, 일본이 "만주는 역사상 지나(支那)의 영토가 아니다"라는 것은 사실상 망언임을 증명하는 데에 있다.[22]

동시에 또 오늘날 사람들이 말하듯, 이 책은 "중국 사학계에서 최초로 동북의 역사를 계획적으로 연구한 것이다."[23] 그리고 이 논저에는 언급할 만한 두 가지 특징이 있는데, 첫째는 고서 문헌들 가운데, 특히 명청(明淸)시대의 사료를 많이 인용하고 있다는 점이다. 첫 번째 권의 서론에서 밝힌 바 있듯이, "이 책에서 채용한 사료는 전대(前代)의 것으로 정사와 통감을 핵심으로 하고, 최근 우리나라 학자들이 편집한 것들도 널리 인용하였다. 명청 이 두 왕조에 관해 새로이 발견된 사료들이 상당하며, 이를 실증함에 마땅히 흥취를 가질 만했다." 해당 논저에서 분명히 볼 수 있는 중요한 의도는, 동북의 역사를 15세기까지로 거슬러 올라가 명청시대 전체를 포괄한 것으로, 시간의 차원에서 동북이 중국 영토임을 실증하는 것이었다. 둘째, 푸쓰녠이 일본인들의 표현과는 달리 서명(書名)에 '동북'을 사용하면서 만주를 사용하지 않는 이유는, 청대(淸代)의 공문에서 이 명칭을 사용한 것을 보지 못하였으며, 게다가 만주라는 표현을 통용시키는 것은 "중국을 침략하는 김에 '세력 확장'의 분위기를 조

    Press, pp. 149~152 참조.
22 「傅斯年致顧維鈞(1932年3月20日)」은 王汎森·潘光哲·吳政上 編, 2011, 앞의 책, 394쪽에 수록되어 있다.
23 葉碧苓, 2007. 3, 앞의 글, 122쪽.

성하고자 한 것"[24]이기 때문이다. 그러므로 상술한 두 가지 점으로부터 알 수 있듯이 『사강』이 정치와 현실의 조건하에서 나온 것이라는 데는 의심할 여지가 없다. 또한 '어지러운 마음'(푸쓰녠의 표현) 아래, 주관적 견해에 충실했던 저작이기도 하다.

중국과 일본의 학계에서도 '만몽'에 대한 해석을 두고 잇달아 논쟁이 일어났다. 일본의 경우, 『역사학 연구』에서 '만주사(史) 연구' 특집이 출간되었다. 여기서 미시마 하지메(三島一)는 만주국 대부분의 영토는 결코 명대(明代) 시기 중국에 귀속된 것이 아니므로, 억지로 만주를 '동북'에 부회하는 중국 역사가들은 분명한 모순과 사실 왜곡을 피할 수 없다는[25] 성명을 공개적으로 발표하였다. 반면 중국의 경우에는 많은 문화계 인사들이 『사강』의 견해에 호응하여 이를 지지한다는 입장을 표명하였다. 예를 들어, 샤오쉰정(邵循正), 정허성(鄭鶴聲) 등은 이 책에 대해 긍정적인 평가를 하는 글을 쓰기도 하였으며, 구제강(顧頡剛)이 창간한 격주간 잡지 『우공(禹貢)』(특히 제6권 제3·4합기)와 진위푸(金毓黻)의 『동북통사(東北通史)』에서는 『사강』의 논술을 잇는 글을 수록하면서, 순수 학술적 관점에서 일본 측의 '만몽' 연구의 현황을 탐구하기도 하였다.[26]

공공(公共)의 영역에서는 '변강 문제'를 다룬 특집호가 실린 간행물들이 여기저기 나왔다. 이 또한 일본인들이 '만몽'에 심혈을 기울이고 있는 것을 대중들도 크게 중시하였기 때문이다. 혹자는 '정명(正名)'을 내세우며 다음과 같이 주장하였다.

---

24 傅斯年, 1932, 「引語」, 『東北史綱』, 北平: 中央研究院歷史語言研究所, 2~3쪽.
25 三島一, 1935. 12, 「滿洲史研究序說」, 『歷史學研究』, 卷5號2, 3쪽.
26 淸水美紀, 2003, 앞의 글, 45~48쪽; 葉碧苓, 2007. 3, 앞의 글, 130~135쪽.

오늘날 우리나라 사람들이 부르는 '동북'은 실제 랴오닝(遼甯), 지린(吉林), 헤이룽장(黑龍江), 러허(熱河) 이 4성(省)을 포함하는 것으로 동북부에 위치하기에 '동북'이라고 칭한다. '만몽'과 '만주'는 우리 역사상의 이전 명칭으로 계속 사용되어서는 안 된다. 그러나 동북의 범위와 내몽골을 한 단어로 묶어 '만몽'이라 부르는 것은 그를 특수 구역으로 간주하는 것일 뿐 별다른 이유는 없다. "북만주(北滿)"라고 부르는 지역은 곧 우리 동북의 북부이며, "남만주(南滿)"는 곧 동북의 남부이다. "관동주(關東州)는 우리의 랴오닝 반도 및 그 전체 현(縣)들을 일컫는다. 또한 "부속된 땅(附屬地)"이라고 하는 것은 남만철도(南滿鐵道) 양측에 자리잡고 있는 "빌려준 땅(借用地)"을 말한다. 이러한 명사들은 겉으로 보면 비록 중요하지 않은 것 같지만, 계속 이를 답습한다면 잘못된 것들이 옳은 것으로 될 것이다. 수많은 전례(典例)가 그 연원을 잊게 되고 우리 사람들의 의식 중에 스며들어 "만몽"이 곧 우리의 랴오닝, 지린, 헤이룽장, 러허임을 잊고 그것들이 우리의 국토라는 것을 잊게 될 것이다. '만몽'은 그 땅이 엄연히 중국과는 구분된 독립적 특수 구역이라고 말하는 것이다. 일본인들의 의도는 국제 사회의 눈과 귀를 속여 동북을 '특권 지역(特權地)'으로 인정하게 하고, 중국인들의 의식을 모호하게 하여 무의식적으로 동북을 하나의 특수한 부락으로 인정하게 하는 것이다.

아울러 이 글의 결론에서는 다음과 같이 말하였다.

그 수십 년간 우리 동북을 "만몽"이라고 부른 것은 곧 오늘날에 기정사실이 되어버렸다. 일본인의 동북에 대한 계략은 일사천리로 진행되어 막힘이 없다. 그 행동과 언행 하나에도 심혈을 기울였으며 그 나라 사람들뿐만 아니라 세계의 인사들이 주목하게 되었다. 그러므로 앞으로 중국 사람들은 시급히 일본인들이 이른바 '만몽', '북만', '남만', '관동주', '부속지' 등으로 부르는 거짓 이름(僞名)을 혼용하는 것을 멈추고, 더 이상 사용하지 말아야 하며, 세계의 인식을 바르게 하고, 일본의 음모를 깨뜨려야 한다.[27]

중국 정부 측도 결국에는 "변강(邊疆)"이라는 표현으로 대응하면서 '만몽'이라는 단어의 사용을 근절하였다. 예컨대, '9·18'사변 후에 중국국민당 상하이시 집행위원회는 통지 서신을 부쳐 "만주, 만몽, 남만, 북만 등의 단어는 일본인이 우리 동부 성(省)에 대해 저의를 가지고 사용하는 명칭으로 우리 동북부와 중부 지역을 분단시키고, 오족(五族)의 단결 정신을 훼손하면서 대륙 진출의 정책을 달성하고자 하는 것이다"라는 점을 밝혔다. 그리고 민중의 단결의식을 고취시키기 위해, "이후부터 동삼성에 대해서는 랴오닝, 지린, 헤이룽장이라는 명칭을 일률적으로 사용하여, 사람들의 인식을 바로잡고 그들의 간계에 넘어가지 않도록 해야 한다"[28]고 주장하였다. 결론적으로, 이러한 논쟁은 중일 양국으로 하여금 지리적 강역(疆域)에 대해 완전히 새로운 인식을 갖게 하였다. 또한 그들은 각자의 입장에서 자기 민족과 국가의 위치를 다시 한번 검토하였다. 특히 이에 뒤따라 나온 화북 자치구 및 내몽골 독립 문제는 많은 이들에게 현실과 역사 사이의 문제를 눈여겨볼 수 있도록 해주었다. '만몽'에 대한 논쟁을 거치면서 중국의 '변강' 형성에 일본이 미친 영향과 의의를 알 수 있다. 다시 말하면, 근대 민족국가가 모습을 갖추는 시기에 국가

---

27 「「滿蒙」正名」, 『申報』, 1931年 10月 9日, 版8.
28 「日人分化我東北名稱, 國人應予糾正」, 『申報』, 1931年 11月 7日, 版14.

정체성은 자아공동체의 상상뿐만 아니라, '타자(他者)'의 지식 생산과 인식도 투과한 후에야 비로소 서서히 이루어지는 것이다.

III. 정치적 요소 속의 만몽 서술

1. '특수한 권익'을 실천하려는 전략

일본과 비교해보면, 중국이 일찍부터 '만몽' 문제에 주목한 것은 아니었다. 민국 초기의 혼란으로 인해 대다수 사회 여론의 초점은 동쪽 일본의 의도를 통찰하는 것까지 이르지 못하였다. 1920년대 중반에 이르러 일본을 배척하는 일련의 풍조가 일어난 이후, 외교와 주권 문제가 나날이 심각해짐에 따라, 중국 민중들은 '만몽'에 관심을 기울이기 시작하였다.[29] 그러나 일본은 이와 달리 '만몽'을 장악하는 것은 서양 열강과 중국의 경제 시장을 다투는 것임과 동시에, 동아시아 지역에서 일본 제국의 미래 및 발전의 청사진과 관련된 것이기도 하였다.

러일전쟁 이후, 미국 국무원에서는 '만주'에 대해 점점 주목하기 시작하였으며, 문호개방 원칙을 위반한 것을 인정한 일본을 비난하는 모양

---

29 「時局紛擾中之滿蒙觀」, 『學生』, 卷3號6, 1916年 6月, 32쪽. 필자가 상하이 도서관 상하이 과학기술정보 연구소 『전국 간행물 색인』전자 데이터베이스(전11집)를 이용해 '만몽' 두 글자를 제목으로 한 글을 검색해본 결과, 1833~1920년까지는 222건에 불과했으나, 1921~1949년까지는 1,652건으로, 비율이 현저히 차이나는 것을 발견하였다. 이는 '만몽'이라는 단어가 인위적으로 만들어진 영향을 많이 받는다는 것을 설명해주며, 다른 한편으로는 중국인들의 관심의 정도가 날로 커지고 있었음을 보여준다.

새가 점차 고조되고 있었다. 일본은 유리한 정세를 장악하기 위해 이 광대한 지역에 대한 '특수한 권리'를 갖추고 있음을 주장하였다.[30] 영국과 미국 등 각국이 '기회 균등'을 빌미로 중국을 '과분(瓜分)'하려고 했던 것과는 달랐다. 그러나 사실 당시 사람들의 눈에는 제각기 다른 속셈을 품고 있는 것에 불과한 것이었다. 어떤 이는 "열강의 목적은 만몽을 통해 (중국의) 문호를 개방하게 하는 것이었지만, 일본의 목적은 오히려 만몽을 특수한 지위로 하여 새로운 영토로 바꾸는 것이었다"고 말한 바 있다. 즉, 일본 측은 '만몽'을 독점함으로써 진정한 침략의 목표를 달성하고자 한 것이었다.[31] 일본은 '만몽'을 어떻게 운영하였을까? 아래에서 그 전략을 밝혀보고자 한다.

첫째, 기관 설치이다. 특히 남만주 철도 주식회사(이하 '만철')가 관건이 되는 역할을 하였으며, '만몽' 과업의 주된 '침략의 도구'였다. 만철은 식민지배를 위해 설치한 것으로, 이 조사기관의 연구가 최근 학계에서 많은 주목을 받은 바 있다.[32] 실제 1920년대부터 다방면에 걸쳐 있는 만철의 조사 보고와 그 내용은 근거로써 널리 인용되기도 하였으며, '만몽'과 관련한 토지와 인구에 대한 보고서들은 만철의 연구를 인용의 근거로 삼고 있다. 당시 만철의 지위는 영국 식민지 인도 시기 성립된 동인도회사와 맞먹는다고 할 수 있다. 「일본 만몽정책의 분석관(日本滿蒙政策之分析關)」이라는 글에서는 다음과 같이 설명하고 있다.

---

[30] '특수 권익'이라는 표현을 가장 구체화한 것은 『만몽 특수권익론(滿蒙特殊權益論)』일 것이다. 信夫淳平, 1932, 『滿蒙特殊權益論』(東京: 日本評論社), 152~154쪽.

[31] 王先強, 1928. 7, 「所謂特殊地位的滿蒙問題」, 『新生命』, 卷1號7, 3쪽.

[32] 전면적인 토론은 末廣昭의 「アジア調査の系譜: 滿鐵調査部からアジア經濟研究所へ」가 수록된 末廣昭 編, 2006, 『『帝國』日本の學知: 地域研究としてのアジア』, 東京: 岩波書店, 22~66쪽 참고 바람.

이른바 만몽에 대한 일본의 이권 행사는 이미 일사천리로 진행되어 막힘이 없다. 대략 그 계획을 잘 알고 하나하나 진행된다면, 곧 만몽의 앞길은 참으로 상상조차 할 수 없는 일이 될 것이다. 우리나라 국민들이 동인도회사의 실패를 교훈 삼아 어떻게 해나갈 것인지는 오늘날의 실로 큰 문제이다.[33]

그래서 만철은 동인도회사와 비견되며, 그물의 모양처럼 사방으로 갈래를 만들어 침략을 행하는 것이다. 그래서 만철에 대해 일본은 인도에서의 영국과 같으며, 그 우열을 가릴 수 없을 정도이다.[34] 량자빈(梁嘉彬)은 만철을 일본 침략의 원흉으로 직접 언급하였다.

만주를 투자의 장으로 여기는 자는, 남만 철로 공사이다. 만주를 시장으로 여기는 자는, 남만 철로 공사이다. 만주를 원료·노동력의 공급지로 여기는 자는, 남만 철로 공사이다. 만주를 식민지로 여기는 자는, 남만 철로 공사이다. 우리는 남만 철로 공사를 적으로 여겨서는 안 된다. 하지만 우리가 일본에 반대하는 것은, 남만 철로 공사를 반대하는 것만 못하므로, 남만 철로 공사에 반대하는 것이 일리가 없는 것은 아니다.[35]

둘째, 전쟁 이전 일본 기관의 조직 개혁이 '만몽'을 '식민개척'의 장소

33　靜如, 1927. 9,「日本滿蒙政策之分析觀」,『銀行週報』, 卷11號35, 13쪽.
34　郭昌錦, 1922. 6,「日帝國主義下之滿蒙」,『現代中國雜誌』, 卷1期4, 57쪽; 政均, 1925. 9,「日俄「侵略滿蒙」設施的點滴」,『京報副刊』, 期261, 43쪽.
35　梁嘉彬, 1928. 12,「日本滿洲兩路侵略主義及應付方略之研究」,『國聞週報』, 卷6期1, 5쪽.

로 묘사한 것에 유의해볼 필요가 있다. 1929년, '외지'의 확장과 이민사업의 수요로 인해, 일본 제국 정부는 특별히 척무성(拓務省)을 신설하여, 전문적으로 식민지 경영과 점령지에 관한 모든 사업을 전담하게 하게 하고, 동시에 만철 등과 같은 상관 기구의 감독과 지휘를 맡겼다.[36] 식민지 개척 정책은 일본의 식민 사업과 밀접한 상관이 있을 뿐 아니라, 현실적인 조건과 그 요소에도 부합하는 것이었다. 중국 동북에 대해 말해보자면, 원래 일본은 이민이라는 방식을 통해 매년 80만 명의 인구를 '만몽'에 유입시키기를 희망하였지만, 20년이 지난 후에도 그 성과는 뚜렷하게 드러나지 않았다. 통계에 따르면, 유입된 총수는 약 20만 명 정도에 불과하며, 그 지역에서 차지하는 비율은 극히 미미하였다. 이러한 상황은 허베이(河北)와 산동(山東) 일대의 사람들이 생계를 위해 '촹관둥(闖關東: 관동(關東)지역으로 몰려드는 것)'한 사례와 비교해보면,[37] 큰 의미가 없는 숫자였다. 따라서 일본제국은 '이민을 통한 식민(移殖)'의 이상을 '개척을 통한 식민(拓殖)'이라는 목표로 바꾸고, 국내 거대 자본을 가진 재단이 마음껏 투자와 개발을 진행하도록 하였으며, 노동력은 현지에서 직접 모집하도록 하였다. 그리고 일본 국내에서 다수 무산계층이 내세우는 반대의 목소리를 잠재우고, 이민정책의 부실을 감추기 위해,

---

36 山崎丹照, 1943, 『外地統治機構の硏究』, 東京: 高山書院, 24~40쪽.

37 '촹관둥(闖關東)'의 연구의 중요성은 趙中孚, 1974. 12, 「近代東三省移民問題之硏究」, 『中央硏究院近代史硏究所集刊』, 期4, 613~664쪽; 林建發, 1998, 「苦力: 季節性移民與中國東北社會變遷(1860-1940s)」, 臺北: 國立臺灣師範大學歷史硏究所 博士論文, 未刊稿; Thomas R. Gottschang and Diana Lary, 2000, *Swallows and Settlers: The Great Migration from North China to Manchuria*, Ann Arbor: Center for Chinese Studies, The University of Michigan; 高樂才, 2010, 『近代中國東北移民硏究』, 北京: 商務印書館에서 볼 수 있다.

'식민개척'이 '초(超)당파적'인 행동임을 선전하였다.[38]

'식민개척'의 배후에 숨겨진 식민적 사유는 결코 사라지지 않아서 일본 제국이 거행한 박람회에서 그 실체를 드러냈으며, 또한 중국의 항의를 불렀다. 박람회는 현대국가가 보여주는 문화적인 표본이며, 그 속에는 정치적 함의가 담겨 있거니와 제국주의, 소비사회, 대중오락 등의 요소를 융합하고 있다. 뿐만 아니라 '제국'이 내포하고 있는 다른 문화의 복합적인 부분에 대한 이해와 그 국력을 펼쳐 보이는 장이라고 할 수 있다.[39] 1928년 9월, 일본 나고야의 쓰루마이 궁(鶴舞宮)에서 개최한 박람회에는 전국의 38개 부현(府縣)을 비롯하여 홋카이도청·타이완·조선 등의 전람관이 있었다. 이 밖에 '만몽관'을 세우면서 일본의 속지에 배치하였다. 이러한 사례는 정치적인 함의가 다분한 것이어서 특히 주일중국공사 왕롱바오(汪榮寶)는 이를 엄중하게 항의하였다.[40] 사실, 이러한 일이 처음은 아니지만,[41] 이와 관련한 평론에 유의해볼 가치가 있는 듯하다. 「일본이 만몽을 식민지로 삼다(日本把滿蒙當殖民地)」라는 제목의 글에서는, "여순과 대련 한 구석에 있는 조차지를 살펴보라. 일본은 특히 새로운 이름을 씌워놓고 이를 관동주(關東州)로 만들어놓았다. 그 땅이 다시는 중국의 영토로 보이지 않는다는 것은 이미 명약관화한 일이 되

---

38 郭昌錦, 1922. 6, 앞의 글, 63쪽; 純, 1928. 9, 「日本把滿蒙當殖民地」, 『現代評論』, 卷8期199, 2쪽; 「日人謀我東北益急, 超黨派的滿蒙經營, 大財閥爲背景」, 『申報』, 1931年 4月 23日, 版9.
39 吉見俊哉 著, 蘇碩斌等 譯, 2010, 『博覽會的政治學』, 臺北: 群學出版有限公司, 15~22쪽. 일본제국의 예는 松田京子, 2003, 『帝國の視線: 博覽會と異文化表象』, 東京: 吉川弘文館, 특히 166~179쪽 참고 바람.
40 「日本視滿蒙如殖民地之可惡」, 『銀行月刊』, 卷8號9, 1928年 9月, 2~3쪽.
41 吉見俊哉 著, 蘇碩斌等 譯, 2010, 앞의 책, 215쪽.

어버렸다. 만몽에 대한 일본인의 심리는 분명하다. 만몽문제는 앞으로 중국민족의 대외 문제에서 가장 중대하고 곤란한 문제 중 하나임을 알게 되었다. 일본의 박람회에서 만몽을 식민지로 분류한 것은, 일본의 전통적인 만몽정책의 표현에 불과한데, 단지 그 형식적인 항의가 무슨 소용이 있는가?'"[42]

민족국가 통일에 대한 민중들의 요구를 배경으로, 중국의 지식인과 남경정부 역시 다방면에서 교섭 방법을 모색하여 '만몽'문제의 해결을 시도하였다. 비교적 많은 방안은 주권에 호소하여 일본의 동북 철도 건설을 저지하고, 나아가 자국민을 변경으로 이민시키는 것(移民實邊)이었다.[43] 전자(前者)와 관련해서, 국민정부는 '국권 회수'를 이유로, 항행권 및 철로 부설권을 회복하고, 펑톈(奉天)-하이룽(海龍)선, 하이룽-지린(吉林)선, 지미(齊密)-하얼커산(哈爾克山)선, 후란(呼蘭)-하이룬(海倫)선, 다후산(打虎山)-퉁랴오(通遼)선 등의 철로 건설에 힘을 쏟았으며, 또한 수송 네트워크를 구축하여, 잉커우(營口)나 후루다오(葫蘆島)를 항구로 삼고 일본 측과 경쟁하였다.[44] 이에 대해 일본 외무성은 '압박'정책으로 대응하여, '신(新)만몽정책'을 제시하는 한편, '공존공영(共存共榮)'을 강조하면서, 다른 한편으로는 군대를 증파하여 중국이 물러서길 요구하였다.[45]

---

42 純, 1928. 9, 앞의 글, 2쪽.

43 예를 들면, '일본의 침략을 저지하여 만몽을 구제하는 책략은, 표본과 근본의 문제 모두를 해결하는 방법밖에 없다. 표본적 해결 방법은 일본의 도로정비를 저지하는 것이다. … 근본적 해결 방법은 이민을 실행하는 것이다.' 喬明齋, 1927. 12, 「滿蒙交涉與東亞和平之影響」, 『曉光週刊』, 滿蒙問題專號, 21쪽.

44 張斌煒, 1927. 12, 「滿蒙交涉中之鐵路問題」, 『國聞週報』, 卷4期47, 1~6쪽; 章眞利, 1986, 「東北交通委員會與鐵路建設(1924-1931)」, 臺北: 國立臺灣師範大學歷史硏究所碩士論文, 未刊稿, 264~267쪽.

45 「日本之新滿蒙政策」, 『申報』, 1930年 12月 12日, 版5; 「日人蓄意阻我開發滿蒙, 以

'9·18'사변 이후, '만몽' 논술은 다나카 기이치가 제창한 「중국에 관한 정책강령(對支政策綱領)」과 선동하에 중국 민족의식을 응집시키는 훌륭한 도구가 되었다. 한 예로, 중국국민당 상하이시 당국은 일본의 동북 침략의 경과를 책으로 펴내 선전하였다. 여기에는 "일본이 우리 동북을 습격하여 저지른 만행의 진상과 동북의 독립을 부추기려는 음모, 국제연맹이 동북사안을 처리한 경위 및 조사 사이의 여론 등"의 내용을 담고 있다. 언론 매체에서는 열람을 원하는 자는 우표만 동봉하여 보내면 바로 이 책을 받아 볼 수 있음을 알리기도 하였다.[46] 항간에서는 신성(新聲)통신사가 인쇄 제작한 『일본 다나카 내각의 적극적 만몽 침략정책(日本田中內閣積極侵略滿蒙政策)』이 잇따라 세 차례 재판되었다. 이 책은 총 26장으로 구성되어 있으며, "정치·군사·문화·교통 각 방면에서의 침략정책"을 밝히고 있다. 이 책은 전후로 세 차례 재판되었으며, 충분히 "국민들의 관심을 끌어내었다"고 할 수 있다. 또한 신문에 게재된 지 두 달 만에 20만 권이 인쇄되었다.[47] 심지어 찍어낼 종이가 부족할 지경에 이르게 되어 발행이 중지되기도 하였으며 여론에서는 "다른 지역에서 인쇄를 위탁받겠다는 자가 잇따르고 있으니 민심이 아직 죽지 않았음을 충분히 목도할 수 있었다"고 선전하기도 하였다.

그 밖에도 '변강'을 주제로 하여 '동북', '만몽', '몽골'을 살펴보는 간행물들을 흔히 찾아볼 수 있다. 상하이의 『동방잡지(東方雜誌)』의 경우, 제

共存共榮爲主眼, 將與我方進行交涉」, 『申報』, 1930年 12月 13日, 版6; 「日人之統一滿蒙與滿鮮策」, 『申報』, 1931年 6月 21日, 版7.
46 「市黨部贈送暴日入寇東北實錄」, 『申報』, 1931年 12月 26日, 版10.
47 인용문 전체는 「田中侵略滿蒙政策再版, 如須定印速往接洽」, 『申報』, 1931年 9月 8日, 版15; 「田中政策三次續印」, 『申報』, 1931年 10月 26日, 版10에서 볼 수 있다.

28권 제19호부터 '9·18'사변의 여론을 대대적으로 보도하였다. 또 베이핑(北平)중화도서관협회에서 출판한 『국학 논문 색인(國學論文索引)』 제3권의 '사학(史學)' 항목에 특별히 '동북사건'을 추가해 넣으면서 만주에 대한 관심을 드러내고, 관련 연구 및 토론을 학술의 영역을 뛰어 넘어 진전시키고자 하였다.[48] 1930년대 이후, 이와 관련된 작품들이 우후죽순처럼 출간되면서 그중 어떤 이들은 '전문가'라는 칭호를 얻기도 하였다. 예컨대, 화치윈(華企雲)의 『만주문제(滿洲問題)』 및 『만몽문제(滿蒙問題)』, 왕윈우(王雲五)와 리성우(李聖五)가 공동 집필한 『몽골과 신6성(蒙古與新六省)』, 루팅린(陸亭林)의 『서북에 대한 실제 개발의 첫걸음(實際開發西北之初步)』, 황펀성(黃奮生)의 『내몽골 맹기 자치운동의 현장기록(內蒙盟旗自治運動紀實)』, 치나이시(祁乃溪)의 『만철문제(滿鐵問題)』, 팡러톈(方樂天)의 『동북문제(東北問題)』 등이 있다.[49] 또한 변강의 과제는 정부의 관심까지 끌어, 이와 관련하여 장제스(蔣介石)와 접견하기도 하였다.[50]

2. 중·일 간 '만몽' 논저의 차이

필자는 아래에서, 1930년대 전후의 '만몽'을 주제로 한 몇 종의 저술

---

48 鈴木俊, 1935. 12, 「滿洲事件と支那人の滿洲研究」, 『歷史學研究』, 卷5號2, 300~302·308쪽.
49 趙中孚, 1984, 『近代東北區域研究資料目錄』, 臺北: 漢學研究資料及服務中心. 中央研究院近代史研究所; 劉朝輝 編著, 2010, 『民國史料叢刊總目題要』, 鄭州: 大象出版社. 이 두 권의 책 속에서 1930년대 서적에 관한 나열을 참고.
50 장제스를 접견한 자는 『국풍일보(國風日報)』 편집을 담당했던 구이저우(貴州)인 리종공(李仲公)이었다. 李芳, 2009. 4, 「李仲公與『日本帝國主義的滿蒙觀與我們的駁議』譯著出版前後」, 『貴州文史叢刊』, 62~65쪽.

을 통해 중국과 일본의 관련 서술의 차이를 설명하고자 한다. 이 방면에 관련된 책이 매우 많아 제한된 시간 내에 다 언급할 수는 없으므로, 이 글에서는 역사와 지리에 관한 보편적인 '문류(文類, genre)'를 포괄하고 있는 대표작들을 열거해보고자 한다. 또한 저서들 대부분의 내용 가운데 중복되는 부분이 많은 것으로 보아, 각 저서가 서로 발췌·인용하면서 완성되었을 가능성이 높다. 게다가 어떤 것들은 원래 단편 형식으로 출판된 것이거나,[51] 혹은 요약을 거친 후 출간된 것이다.[52] 안타까운 점은 필자가 결국 이 전모를 모두 밝히기는 어려웠다는 것이며, 이 작업은 후일을 기약할 수밖에 없을 듯하다.

중국의 입장에서 목소리를 내는 이러한 서적들은 주로 '만몽'정책이 어떠한 변천 과정을 거쳤는지 설명하고 있으며, "미래를 준비하고, 엄정하게 대응하는 방책"으로써 민중들에게 깊이 있고 절박한 인식을 가질 것을 호소하고 있다. 장푸성(張復生)은 『'국난' 속의 만몽문제(「國難」中之滿蒙問題)』에서 '국난'이라는 구호를 국가 민족 미래의 운명과 연결하였다.[53] 왕위친(王堉勤)의 『만주문제(滿洲問題)』는 상무인서관(商務印書館)의 '만유문고(萬有文庫)' 계열의 '새 시대 역사와 지리의 총서(新時代史地叢書)' 속에 수록되어 있다. 이 책은 만주문제를 거론하면서 두 가지 측면을 언급하였다. 첫째, 현지(동북)의 정치·경제는 외국인의 입김에 의존하지 않는 것이 없는데, 특히 일본과 러시아가 그러하다. 둘째, 외국인들

---

51 張旭光, 1929. 12,「俄日侵略滿蒙史」,『淸華週刊』, 卷32期11-12, 23~40쪽과 같다.
52 예컨대, 필자는 정치학자 란윈오(藍孕歐)가 쓴 『만몽문제 담화(滿蒙問題講話)』를 본 적이 없고, 단지 이 책의 일부분을 잘 알고 있을 뿐이다. 藍孕歐 著, 1930. 3, 楊幼炯 摘錄,「滿蒙鐵路之歷史的觀察」,『社會科學雜誌』, 卷2期1, 1~29쪽.
53 張復生, 1929,『「國難」中之滿蒙問題』, 瀋陽: 東北文化社, 11~12쪽.

이 섞여 살고 있는 경우가 많다. 도처에 일본인·조선인뿐만 아니라 백러시아인·적러시아인도 적지 않게 활동하고 있다. 왕위친은 이러한 문제에 대해 국가가 나서서 이권을 되찾고, 동시에 계획적인 이민으로 변방을 강화해야 한다고 생각하였다.[54] 더욱이 일본의 침략 정황에 대해 그는 특히 일본인들이 전적으로 "점(點)·선(線)·면(面)"에 의해 진출하고 있는 것을 묘사하였다. 그럼 무엇이 "점·선·면"인가? 즉 랴오둥반도의 여순과 대련을 두고 일본이 이 지역을 침략의 기점으로 삼았으며, 이는 곧 만주문제의 "점"이라고 할 수 있다. 그리고 남만철도는 교통 수송의 노선으로 이는 곧 "선"이 된다. 그리고 이민을 통해 사회에 들어와 섞여 사는 것은 곧 "면"이 된다고 할 수 있다. 다른 한편으로 천징(陳經)의 『일본 세력하의 20년간의 만몽(日本勢力下二十年之滿蒙)』은 연감과 통계 보고서를 광범위하게 사용하여, 식민정치·경제약탈·교통독점·문화 교육 등의 측면에서 일본의 다양한 활동을 상세히 설명하고 있다.[55]

그중에서도 주셰(朱偰)가 쓴 『일본의 만몽 침략에 관한 연구(日本侵略滿蒙之硏究)』는 관련 저작들 가운데 가장 대표적인 작품이라고 할 수 있다. 이 책은 1930년에 출판되었는데, 1년도 채 지나지 않아 '9·18'사변이 일어났다. 주셰는 베이징대학 사학과 교수였던 주시주(朱希祖)의 아들로, 저명한 재경 전문가이자 문화재 보존을 주장한 학자이기도 하다. 그는 1927년 장쭤린(張作霖)이 베이징의 통치자가 되면서 학교가 많은 영향을 받자, 집에서 독학을 하였다고 말한 바 있다. 당시 만주문제가 나날이 심각해지는 것을 목도하고는, 베이징도서관에서 동북문제 자료

54　王堉勤, 1930, 『滿洲問題』, 上海: 商務印書館, 92쪽.
55　陳經, 1931, 『日本勢力下二十年來的滿蒙』, 上海: 華通書局, 92쪽.

들을 광범위하게 수집하였으며, 『일본의 만몽 침략에 관한 연구』를 상무인서관(商務印書館)을 통해 출간하였다. 또한 화베이(華北)의 각종 신문에 논문을 자주 발표하며, 당국에 이 문제를 경고하면서 동시에 민중들에게도 경각심을 심어주고자 하였다. 지금에 와서 이 일을 되짚어보면, 주세가 글을 쓴 것은 분명히 우연이 아닌, 시대적 자극에 의한 것임을 알 수 있다. 그리고 당시에 동북을 연구한 사람은 많았으나, 전문 서적이라고 할 수 있는 것은 많지 않았다. 이에 그는 상당한 긍지를 가지고 있었고 "이는 사실상 동북문제에 관한 첫번째 전문 서적"이라고 말하기도 하였다.[56] 이 책의 구조는 크게 '역사', '분석', '종합' 등 세 가지로 분류할 수 있다. '역사'는 시간을 기준으로 분기를 나누어 일본의 만몽 침략의 과정·단계를 설명하고 있다. '분석'은 철로, 항구 건설, 상권 및 무선전신 등의 각 부문을 다루고, '종합'은 국제 외교상에서의 러시아, 영국, 미국 등의 동북 지역에 대한 쟁탈과 일본의 간계를 다루었다. 단, 이 책이 순조롭게 출간될 수 있었던 것이 그의 부친 주시주의 인맥과 연관 있음은 부정할 수 없을 것이다. 주세가 장위안지(張元濟)에게 보낸 서신 속에서는 부탁의 여지가 담겨 있는데, 이것으로 "일본인의 야심을 드러내고, 헛된 꿈을 가진 매국노에게 경고를 하여", 국민들의 인식에 영향을 주고자 했던 그의 생각을 털어놓았다.[57]

중국에 반해, 일본에서 '만몽'은 가벼운 주제였다. 특별 간행물에 수록된 짧은 글이 아니라면 관련 서적 중에서 그 종류는 다양하지 않다. 다만 오랜 기간 동안, 일본의 '대륙정책(大陸政策)'이 수립됨에 따라 다양한 공

---

56 朱偰, 2009, 『天風海濤樓札記』, 北京: 中華書局, 6쪽.
57 「朱希祖致張元濟(1928年4月14日)」는 朱希祖 著, 朱元曙 整理, 『朱希祖書信集. 酈亭詩稿』, 北京: 中華書局, 2012, 120쪽에 수록되어 있다.

식 문서, 관광 안내 및 홍보물들이 연이어 출간된 바 있다. 특히 '9·18'사변 이후, 동북 여행 견문 및 '만몽'의 경관을 묘사한 책이 이루 헤아릴 수 없을 만큼 많다.『보물이 가득한 만몽으로의 초대(寶庫滿蒙は招く)』 같은 경우, 관동군과 만철의 '통치 업적'을 선양하면서 한편으로는 '만몽'은 본래 특수한 것으로 한족의 생활 형태와는 차이가 있으므로 이는 자고로 이 지역을 중국이라고 할 수 없다는 점을 강조하고 있다. 이 밖에도 '공존공영의 낙원'을 위해서 만주의 건국은 필요한 것이었으며, 아울러 일본 국민들의 만주 방문을 장려하는 것까지 이르고 있다.[58] 다나카 히데(田中秀)가 쓴『신만주국지지(新滿洲國地誌)』에서는 자연과 인문 환경의 관점에서 '만몽'과 그 환경을 살피고 있다. 그는 만주가 본래 중국과는 다르고, 제1차 세계대전 이후의 '민족자결'의 이념에 따라 반드시 중화민국과 직접적으로 분리되어야 하며, 또한 이 낙원을 건설한 후에는 일본과 협력해야 함을 주장하였다.[59]

이 밖에 만주국 정부에서 펴낸 '만몽' 서술도 이와 마찬가지로, 만주가 중국 밖으로 독립해야 한다는 논점으로 귀결되고 있다. 첫번째 책으로, 신징(新京)특별시 시장 진비동(金璧東)이 집필한『만몽의 지식(滿蒙的知識)』을 들 수 있다. 진비동은 숙친왕 산치(善耆)의 일곱 번째 아들로, 본명은 시엔쿠이(憲奎)이며, 민국 초기 일본에서 유학을 한 바 있다.[60] 이 책은 일본 비범각(非凡閣)의 '만유지식문고(萬有知識文庫)'에 수록되어 있으며, 일반 대중을 대상으로 한 보급과 열람에 목적을 두고 있는 것으

---

58 川島富丸, 1932,『寶庫滿蒙は招く』, 東京: 帝國文化協會, 5·21~22·313~331쪽.
59 田中秀 作, 1932,『新滿洲國地誌』序, 東京: 古今書院, 1~4쪽.
60 內尾直昌 編, 1934,『康德元年版滿洲國名士錄』, 東京: 人事興信所, 65쪽.

로 보인다. 이 책의 내용에는 만주국 초기 각 부문에 대한 정부의 공식 문서와 통계 자료 이외에도 앞부분에서는 만주의 역사 변천에 대한 서술이 있으며, 여기서는 저자 개인이 가지고 있는 생각을 설명하고 있다. 주의 깊게 봐야 할 부분은, 여기서 진비동은 특히 신석기 시대 이후 '지나 문화'를 대표하는 중심지 두 곳, 즉 하나는 중앙아시아로 통하는 간쑤(甘肅)이며, 다른 하나는 해양으로 연결되는 만주를 언급하고 있다는 점이다. 산시(陝西)·간쑤 지역이 중국 고대 문명의 발상지임은 두말할 필요가 없지만, 만주가 중국의 또 다른 문화적 상징 역할을 한다고 보는 것은 상당히 의미심장하여 되새겨볼 만하다. 만주국 시기에 자라이눠얼(札賚諾爾)에서 이루어진 고고학적 발굴로 '만주원인(滿洲原人)' 화석이 발견되면서 현지의 역사적 기원이 강화되었으며, 게다가 고대 유적지들이 잇따라 발굴되면서 근대 이전의 만주에 대한 기록이 전혀 없는 것이 아님을 주장하였다.[61] 이러한 결론을 통해 진비동은 만주가 고대 동북아 각국의 상호 교류에 중요한 지역이었으며, 심지어 일본과의 관계에서도 지정학적 요소를 가지고 있어 고구려와 발해의 역사까지 거슬러 올라갈 수 있다고 보았다. 동시에 진비동 자신도 만주족의 신분으로 한인의 지배에 굴하고 싶지 않음을 강조하면서 독립적인 사업을 추구하고 있으며, 왕도정치를 실현할 수 있는 새로운 나라를 설립하고자 하는 의도를 밝히기도 하였다.[62]

다음으로는, 1937년 '일만(日滿)문화협회'에서 펴낸 『신만주풍토기(新滿洲風土記)』로, 이 책의 저자는 후지야마 가즈오(藤山一雄)이다. 후지야

61　林志宏, 2015. 3,「殖民知識的生産與再建構: 滿洲國時期的古物調査工作」, 『中央研究院近代史研究所集刊』, 期87, 26~30쪽.
62　金璧東, 1934, 『滿蒙の知識』, 東京: 非凡閣, 4~10쪽.

마는 야마구치현(山口縣) 사람으로, 1916년 도쿄제국대학교 법과대학 경제학부를 졸업했으며, 1925년에는 다롄(大連)만철 본사의 자회사인 '복창화공(福昌華工)주식회사'로 가서 근무하면서 본토에서 만주로 대량 이주한 중국인 노동자(苦力) 사무를 담당하여 처리하고 있었다. '9·18' 사변 이후, 후지야마 가즈오는 관동군의 「만주국 독립선언」 초안 작성에 참여하였으며, 그 후 만주국 국무원 실업부(實業部) 총무국장, 감찰원 총무처장, 국무원 은상(恩賞)국장과 국립중앙박물관 부관장 등을 역임하였다.[63] 『신만주풍토기』는 중국어와 일본어 두 가지 판으로 발행되었으며 '동방국민문고(東方國民文庫)'에 수록되어 있다. 저자는 머리말에서 다음과 같이 밝혔다.

> 저자는 본래 지리학 전문가가 아니며, 그러한 자질이 전혀 없다고 생각한다. 하지만 어려서부터 지리학에 대해 상당히 흥미를 느꼈고, 여행을 매우 좋아하여 만주의 땅에 발자취가 안 닿은 곳이 거의 없어 이 글을 막힘없이 써낼 수 있었다. … 이 책은 만주국 청년들에게 읽기 쉬운 지침서를 제공하기 위한 것으로, 국민문고(國民文庫)의 제1편으로 간행되었다. 촉박한 와중에 펜을 놀려 이 책을 쓰게 되었다. 만주의 자연환경을 말하자면, 만주는 특수한 환경을 갖춘 지리 구역의 하나이다. 지리라는 것은 환경의 지배에 순응하거나, 혹은 이러한 지역을 이용하여 장차 인류가 가진 일체의 문화현상을 모아 통일하고, 이를 하나의 지리적 단위로 결집하기 위해 노력해야 한다.[64]

63　內尾直昌 編, 1934, 앞의 책, 168쪽.
64　藤山一雄 著, 杉村勇造 譯, 1937, 『新滿洲風土記』 序, 新京: 滿日文化協會, 1쪽.

특히 후지야마 가즈오는 만주의 '인문'이 여러 번의 노력 끝에 이루어진 것이며, 자연환경처럼 그리 쉬운 것이 아님을 강조하였다. 또한 "중국은 지형상의 통일성을 갖추고는 있지만 기후상에서는 실제 각각 차이가 많은 경우가 많다. 완전히 긴밀성을 갖춘 통일국가가 되기는 어렵다. 그러나 전체가 분리되어 각기 독립국가로 세상에 병존하는 것 또한 불가능하다. 이로 인해 '수수께끼의 나라'라고 부를 만한 요소들이 존재한다"고 말한 바 있다. 이러한 점에서 보면, 만주국의 지리는 독립적일 뿐만 아니라 지형과 기후 모두 다른 지역과 구분되는 공통 조건 위에 있는 것이다. 따라서 저자는 "만주국의 등장은 인문의 측면에서는 논할 필요가 없으며, 지리와 인문 환경 또한 하늘의 뜻에 의해 생긴 것이다"라고 밝혔다.[65] 이 책의 결론에서 후지야마는 특히 "만주는 고유한 민족과 역사를 가지고 있으며 그 국토는 꼭 자연의 요새와 같다. 사방은 산맥으로 둘러싸여 있으며, 남쪽으로는 해안선이 있고 광대한 충적토의 평야가 조성되어 있다. 지극히 단순한 지평선을 가진 지형으로 인해 분열과 대치하는 조건이 없는 나라가 될 수 있도록 하며, 일원적인 국가가 될 수 있도록 하고 있다. 인문과 지형 조건 모두 발전할 수밖에 없게 만드는 운명을 가지고 있다"고 역설하였다.[66]

상술한 논저에서 언급된 '만몽'에 관한 차이를 통해, 중국과 일본의 인식이 다르며, 사고의 초점 또한 상당히 편차가 있다는 것을 알 수 있다. 일본은 '만몽'이 중국에서 벗어나 독립하도록 부추기기 위해, 지방의

---

65 藤山一雄 著, 杉村勇造 譯, 1937, 위의 책, 16쪽.
66 藤山一雄 著, 杉村勇造 譯, 1937, 위의 책, 135쪽.

실세들에게 적극적으로 독립할 것을 장려하였다. 이는 장쬐빈(蔣作賓)이 논한 만주 건국의 수단, 즉 "항상 동삼성(東三省)의 일을 지방의 일로 만들고자 하며, 중앙과는 교섭하지 않는다"[67]는 의향이 바로 그것이다. 이에 따라 1936년 쉬용창(徐永昌)은 국민당이 한족을 본위로 추켜세운 결과, "만몽 동포들은 상심하여 국민당을 떠났으며" 이렇듯 어떠한 성과도 없는 상황 아래, "만몽이 스스로 떠나도록 내버려두는 편이 낫다"고 탄식하였다.[68] 이와 같은 정황 속에서 바로 일본의 선전포고와 전면적인 중일전쟁의 발발 전후에 이르기까지, '변강 개발'은 점차 사회적 공감을 얻게 되었다. 변강 문제 연구와 관련한 간행물들이 세상에 쏟아져 나왔고,[69] 이러한 시대적 요구에 부응하여 민족 단결의 촉진을 구호로 내세운 각종 조직이 생겨났으며,[70] 민족 내부의 단결과 통일을 내건 슬로건들이 쏟아져 나왔다. 만몽문제가 새로운 단계에 접어들게 된 것이다.

1939년, 국민정부는 '적극적인 신(新)중국 수립'을 목표로, '변강부(邊疆部)'를 설치하였으며, 간쑤, 신장(新疆), 칭하이(青海), 시캉(西康) 각 성

---

67 이는 장쮜빈과 도코나미 다케지로(床次竹二郎)의 담화내용에서 인용해온 것이다. 北京師範大學·上海市檔案館 編, 1990, 『蔣作賓日記』, 南京: 江蘇古籍出版社, 461~462쪽, 1932年 8月 10日條.

68 徐永昌 撰, 中央硏究院近代史硏究所 編, 1990, 『徐永昌日記』 冊3, 臺北: 中央硏究院近代史硏究所, 251~252쪽, 1935年 4月 2日條.

69 馬大正·劉逖, 1997, 『二十世紀中國邊疆硏究: 一門發展中的邊緣學科的演進歷程』, 哈爾濱: 黑龍江敎育出版社, 78~79쪽.

70 예를 들어, 노구교사변(蘆溝橋事變) 직전에, 까오위주(高玉柱)가 사전 기획한 '서남변강개발협회(西南邊疆開發協會)'가 명백한 그 예이다. 이 단체가 공언하기를, "최근 6년 동안 외족이 우리에게 준 교훈은, 우리 민족 내부의 단결과 통일을 촉진시키기에 충분하였다. … 바로 '서남변강개발협회'라는 조직이 있다." 「泯滅漢苗界限, 謀組西南邊疆協會, 擬定組織緣起及組織原則, 高玉柱謝絕酬應積極籌備」, 『申報』, 1937年 5月 8日, 版12 참고.

의 국방 군사 및 경제 교통을 관리할 계획이었다. 당시 보도에 따르면, 이 부서는 장차 '국내 각 민족 일률평등'의 민족정책을 중점적으로 실시하고[71] 일본군에 함락된 지역의 항일 활동을 장려하는 것에 힘쓸 것임을 밝히고 있다. 더 나아가 민중들을 동원하기 위해서, 리안짜이(李安宅) 등의 인류학자들은 변강 교육과 이 활동의 실무를 담당하는 조직 및 학생 여름 봉사단을 시캉, 칭하이, 시장(西藏) 지구로 보내는 일을 더욱 추진하였다.[72] 국가 건설에 주안점을 두면서 정부의 통일 원칙에도 부합하기 위함이었다. 1940년대에 국민정부가 대후방(大後方: 중일 전쟁 시기에 국민당 통치하에 있던 시난·시베이 지역)에서 변강에 대한 민족정책을 실시한 것은 '만몽'의 역사적 경험과 무관하지 않다. 따라서 우리는 '만몽'의 민족·풍속·종교 및 문화 등에 관한 전략을 서술한 것을 통해 장기적인 역사적 발전의 분석에 주목해야 할 뿐만 아니라, 그중에서 정치적 요소들이 침투할 수 있었던 힘을 간과해서는 안 된다.

IV. '공간' 지식과 권력의 경쟁

'만몽'은 전쟁 이전에 중일 간의 논쟁점이 존재하고 있었을 뿐만 아니라, 새로운 학문 분야와 상호 연결되어 '공간'을 이해하는 지식 콘텐츠

---

71 「創設「邊疆部」」, 『申報』, 1939年 1月 27日, 版4. '변강부'는 이후 공식적인 행정부서가 되지는 않았지만, 이 대목에서 당시 변강부서의 업무가 갖고 있던 정치적 관계를 잘 볼 수 있다.

72 Andres Rodriguez, 2011. 3, "Building the Nation, Serving the Frontier: Mobilizing and Reconstructing China's Borderlands during the War of Resistance(1937-1945)," *Modern Asian Studies*, 45:2, pp. 345~376.

가 되기도 하였다.

1930년대 과학 부문에 대한 조사 및 연구가 세계적인 현상이었다는 점은 반박의 여지가 없으며 또한 유럽과 미국 등 공업선진국에서도 있었던 현상이다. 특히 중국의 경우에는 조사기관이 사회 과학을 매개로 하여 초문화(跨文化)적이고 국제적인 상호 교류(international bargaining)를 추진하였다. 이는 학문적 연구 방법과 연구 진행 과정을 포함하여, 중국의 관련 학과와 연구 방식에도 영향을 미쳤으며, 학술 공동체의 형성을 촉진하기도 하였다.[73] 이에 사람들은 잇따라 '학술을 명목으로' 각 분야에서 조사를 전개하였다. 이 지식과 이성은 식민 정책에도 이용된 바 있지만 사람들에게 가져온 유산과 발전은 절대 침략이라는 두 글자만으로 간단하게 설명할 수 있거나 대체될 수 있는 것은 아니었다.

1. 개발 및 '동북 연구'의 목소리

앞서 언급한 바와 같이 일본이 '만몽'에 대한 침략정책을 서서히 확립해갈 무렵, 사업가 및 재단들은 '개발 투자'를 이유로 여러 차례 만주와 내몽골 각지에 사람을 파견하여 조사를 진행하였다. 이러한 움직임은 당시 사람들의 주의를 끌었으며, 국민정부의 공개적인 항의를 불러 왔다.[74] 뿐만 아니라 동일한 조선총독부 조차도 식민개척과 관련된 식민지

---

[73] Yung-chen Chiang, 2001, *Social Engineering and the Social Sciences in China*, 1919-1949, Cambridge: Cambridge University Press; 중국 동북 혹은 만주국의 경험은 杜博思(Thomas David DuBois), 2011, 「思想之帝國: 滿洲民俗學與亞洲社會科學的長期變遷」, 『民俗研究』, 第2期, 72~92쪽 참고.
[74] 「日本派員調查滿蒙」, 『申報』, 1930年 3月 10日, 版4.

학교를 설립하고, 전문 인재를 육성하고자 하였다. '만몽'을 학술적으로 연구하는 것 이외에도, 현지조사를 더욱 강화하면서 "매년 봄과 여름 두 계절마다 만몽 각지로 파견을 보내어 그 곳의 풍토와 인정(人情)을 익히 게 하였다."[75] 동일한 상황은 동북지역에 장기간 거주했던 일본 교민에 서도 논할 수 있다. 진위푸(金毓黻)의 일기에도 기록된 바 있듯이, 안산 중학교(鞍山中學)의 교장을 맡았던 호리코시 요시히로(堀越喜博)는 1922년 우연히 옛 무덤 한 곳을 처음으로 발견한 이후 골동품과 유물 을 수집하는 작업을 시작하였다. 또한 다른 곳에서 출토된 고대 화상석 을 발굴하여 여러 탁본을 만들었으며, 그의 수집품 목록에 따르면 1,500여 종이 있었다고 한다. 이와 같은 조사의 관습은 수없이 많다.

실제, 난징 국민정부가 '북벌'을 완수하고 통일을 이룬 이후, 혹자는 일본의 잇따른 '만몽' 조사에 대해 해결 방법을 제시해야 한다고 일찍이 경고한 바 있다. 예컨대, 학자들에게 '만몽정책의 원인, 목표, 절차, 방법 및 그 정책이 만몽에서 차지하는 힘과 만몽의 풍속과 인정 등'을 연구하 고, 여러 의견을 두루 모으기를 제안하였다.[76] 난카이(南開)대학교 총장 장보링(張伯苓)이 '만몽문제 조사회'를 조직한 것과 베이징의 한 동아리 가 여름방학을 이용해 현지조사를 한 것[77]도 그에 부합하는 활동이라고 할 수 있다.

수많은 사람의 경고 가운데, 천빈허(陳彬龢)의 「동북 연구」가 상하이

---

75 「日人侵略滿蒙野心, 在韓設立國境大學, 養成開發滿蒙人才」, 『申報』, 1930年 12月 31日, 版10.
76 馮肇樑, 1927. 12,「論日本急極之滿蒙政策」,『錢業月報』, 卷7號9, 20쪽.
77 直忱, 1927. 12,「最近滿蒙交涉之情形與應付之方法」,『曉光週刊』, 滿蒙問題專號, 8쪽.

『신보(申報)』의 평론에 연재되면서 각계의 주목을 받았다. 천빈허는 난카이대학교의 총사무장으로, 훗날 쑤저우(蘇州) 루즈진(甪直鎭)에 있는 보성사(保聖寺)의 당대(唐代)에 만들어진 소상(塑像)을 시찰하고자, 일본 학자 오무라 세이가이(大村西崖)를 초청하여 감정하게 한 것으로 유명해졌다.[78] 1928년, 그는 주(駐)상하이 일본 영사였던 이와이 에이이치(岩井英一)와 교류하였으며, 그다음 해에 『일본 연구(日本硏究)』를 출판하며 '일본통'을 자처한 바 있다. 이후에는 『신보』의 사설 주필도 맡게 되었다.[79] 그러나 전쟁 전에 여러 차례 일본의 폭력을 규탄하는 글을 쓴 천빈허는 이후 1940년대 왕징웨이 정권하에서 문화 매국노가 되었으며, 일본 괴뢰정권을 대신하여 신문 선전을 담당하였다. 이 장문의 글에서 천빈허는 일본과 러시아는 만몽에 대해 장기적 조사를 하는 데 반해 중국은 "달콤한 꿈에서 나뒹굴며, 임의대로 해부하고, 임의대로 화학 실험을 하고 있었음을 조금도 자각하지 못하였다"고 말하였다. 그리고 그는 다음과 같이 역설하였다.

> 동북의 위험은 오늘날 시작된 것이 아닌, 민중들이 예로부터 동북에 대한 지식을 탐구하지 않은 것에서부터 시작된 것이다. 일본인들의 중국 동북 침략도 오늘날 시작된 것이 아닌, 이전의 연구와 조사에서부터 시작된 것이다.

---

78 俞誠之 編, 1968, 『葉遐菴先生年譜』, 臺北: 文海出版社, 據1946年稿本重印, 308~309쪽, 1929年條; 大村西崖, 1926, 『塑壁殘影』, 東京: 作者刊本, 1쪽.

79 전쟁 이전에 일본군의 만행을 비난하는 글을 여러 차례 썼던 천빈허는 1940년대에 도리어 왕징웨이(汪精衛) 정권하에 '문화 매국노'가 되어 선전을 담당하였다. 佚名 編, 1998, 『汪僞政府所屬各機關部隊學校團體重要人員名錄』, 臺北: 學海出版社影印, 66, 110, 125, 143, 145~146쪽; 胡山源, 1985, 「我所知道的陳彬龢」, 『人物』, 5期, 132~137쪽.

… 민중들이 동북을 연구하지 않는다면, 또 언제까지 기다려야 하는가?[80]

중국인들이 오랫동안 동북을 등한시하는 정황에 대해 천빈허는 두 가지 비유를 들고 있다. 첫 번째 사례는, 한 물건 주인이 상자를 잃어버렸는데, 한 순경이 그것을 찾았다. 순경이 상자 안에 어떤 물건을 넣어두었는지 따져 묻자, 주인은 눈을 휘둥그레 뜨고는 대답을 하지 못하였다. 그 결과, 한 이웃이 자신이야말로 상자의 주인이라고 주장하며, 넣어둔 물건들을 훤히 꿰뚫고 있는 듯 상세히 나열하였다. 두번째 사례는, 부덕한 한 부잣집 자제의 이야기이다. 이 부잣집 아들은 본래가 일자무식하여, 거금을 내고 산 서양 책을 집의 책상에 넣어두고는 뽐내기만 하고 책 속의 내용이 무엇인지에 대해서는 여태껏 훑어본 적이 없었다. 이에 반해 가난하지만 배우기를 좋아하는 청년이 있었는데, 그는 안간힘을 다해 지식을 탐구하고자 했지만, 애석하게도 책을 살 돈이 부족하였다. 그래서 틈을 타 부잣집 아들의 방에 숨어 들어가 남몰래 그 책을 훑어보았는데, 책을 잠시도 손에서 내려놓지 않았고, 그렇게 책 속의 정수에 대해 모두 통찰하게 되었다. 이 두 가지 예시에서 상자 속에 넣어둔 물건과 진귀한 양서는 '만몽' 지역을 묘사한 것이며, 물건 주인과 부잣집 아들은 중국 정부의 어리숙한 태도를 말하는 것이다. 그리고 일본은 이웃과 배우기를 좋아하는 청년이며, 순경은 중재자를 대표하는 국제연맹이라고 할 수 있다.[81]

오늘날 자료의 부족으로 천빈허가 당시 어느 정도의 반향을 일으켰

---

80 「研究東北」, 『申報』, 1931年 7月 16日, 版8.
81 「研究東北(二)」, 『申報』, 1931年 7月 17日, 版8.

는지는 알기 어렵다. 다만 『신보』에서 그를 "그가 말하는 매 문장이 엄중하여, 이를 듣는 청중들도 몹시 감동하였다. 그가 기가 막히게 든 두 가지 예시는 매우 합당하여, 민중들에게 경각심을 주기에 충분하였다"[82]라고 묘사하였다. 그리고 천빈허는 도처에서 연설하며 적에 대한 경계심을 늦추지 않도록 전력을 다해야 한다고 주장하였다.[83] 그중 한 차례의 강연은 동북 역사가인 진위푸(金毓黻)도 직접 현장에 나가 들었으며, 사후(事後)에 천빈허의 논지를 집록하였는데, 그 논지가 매우 독특하고 그 의의도 컸다.

> 일본의 조선 합병도 무력을 선봉으로 삼은 것이 아닌, 학자를 선봉으로 삼은 것이다. 그 기세는 더딘 듯하지만, 그 힘은 매우 크다. 오늘날의 만주 경영 또한 이 방법을 사용하고 있다. 그 나라의 학자는 역사적으로도 지리적으로도 여러 가지를 증명하였는데, 동북의 삼성이 중국의 옛 땅이 아니라고 하는 의미는 동북과 중국을 둘로 나누려 하는 것이기에 동북이라 부르지 않고, 만몽이라 부른 것이다. 연구 방법을 합병의 첫 걸음으로 삼는 것에 각별히 신경을 쓰고, 또한 학자를 선봉으로 삼게 하였다.[84]

학자를 선봉 삼아 무력 침공을 달성했다고 한 것은 진위푸 등 몇 명뿐만이 아니었다. 한 미술 전문가도 선양(瀋陽)을 살피고 이에 놀라움과 감탄을 보냈다. 그가 만철의 펑티엔(奉天) 도서관에서 열린 한 전람회를 참

82　煙雨, 「國難聲中之妙喻」, 『申報』, 1931年 9月 28日, 版13.
83　陳彬龢, 1931. 12, 「東北問題」, 『松江女中校刊』, 期26, 4~7쪽과 같다.
84　金毓黻 著, 1993, 『金毓黻文集』編輯整理組校點, 『靜晤室日記』, 瀋陽: 遼瀋書社, 총 2572~2573쪽, 1931年 3月 8日條.

관한 후 말하기를, "지난날 곳곳에서 이러한 탁본을 물어 찾았으나 찾지를 못하였는데, 뜻밖에도 일본인의 도서관에서 볼 수 있었다." 그리고 "이 전람회에는 독일에서 출판된 만몽문 비석의 영인본과 라마교 사원의 비석(北平雍和宮中漢滿蒙藏四體文大碑) 탁본도 다양하게 갖추고 있어 심히 정묘하다고 할 수 있으며, 외국인들도 우리 국사에 대해 잘 연구하고 있는 것을 알 수 있었다"라고 하였다. 이 학자는 마지막 결론에서 "일본인의 만몽 경영은 흥미로우며, 그 사상적인 구상이 있고, 또한 과학적 방법이 있으니 감탄할 만하지 않는가!"[85]라고 밝히기도 하였다.

물론 이처럼 놀라움과 증오의 어조가 함께 들어 있는 말들은 '9·18' 사변 이후의 여론에 따라 여기저기서 끊임없이 드러난다. 외교적 난국을 돌파하기 위해 혹자는 "동북 문제의 해결 방법은 우선 민중이 반드시 힘을 합하여야 하며, 절실하게 항일운동을 다시 일으키는 것이다. 동시에 특히 동북의 모든 문화와 물질에 대한 내용을 확실히 이해해야 하는데 이는 향후의 동북 개발을 위한 준비이다"라고 호소하였다. 이에 따라 국민당 내의 CC파에서 일으킨 '동북협회'가 출범했는데,[86] 이 협회는 동북 난민을 구제하고 현지의 반일 조직을 이끌며, 랴오닝·지린·헤이룽 각 성의 의용군 후원을 목적으로 하고 있다. 동북협회는 상하이의 당정(黨政) 명사(名士)들을 모아,[87] 대회를 소집한 당일 회의장에 일본인의 동북

---

85 인용문 전체는 劉穗九, 「東北考察隨筆(二)」, 『申報』, 1931年 8月 26日, 版11; 劉穗九, 「東北考察隨筆(五)」, 『申報』, 1931年 8月 29日, 版15에서 볼 수 있다.

86 穗, 「東北協會成立」, 『申報』, 1933年 2月 4日, 版11.

87 동북협회는 우톄청(吳鐵城)이 의장을 맡았으며, 장공췐(張公權)·차이웬페이(蔡元培)·쉬스잉(許世英)·왕이팅(王一亭)·추푸청(褚輔成)·장스짜오(章士釗)·린캉휘(林康侯)·스량차이(史量才)·위차잉(虞洽卿)·천빈허(陳彬龢)·장치팡(臧啟芳)·치스잉(齊世英)·무우추(穆藕初)·두종웬(杜重遠) 등이 이사로 있었다. 이 협회의 공

서적 다수와 더 나아가 만주국의 일본어 교과서 등을 진열하여 대중들이 볼 수 있도록 제공하였다.

2. '만몽 학술 조사 연구단'

만주국 건국 이후, '만몽'은 곧바로 일본인의 '사회 실험실(social laboratory)'이 되었다.[88] 일본은 아무 거리낌 없이 만몽을 드나들며 농업·임업·광업 자원 탐사를 이유로 각지를 시찰하였다. 신문에 따르면, 불과 3개월 동안 이미 만몽을 방문하는 사람들의 발길이 끊이지를 않았으며, "많게는 45개 단체에 총 단원 수가 1,043명에 이르렀다."[89] 1933년 2월 말, 관동군과 만주국 군대가 합동으로 러허에서 전투를 벌여, 3월 4일에 청더(承德)를 점령하면서 러허는 만주국이 지배하게 되었으며, 5월 3일에 러허성(省) 관공서가 설치되었다.[90] 일본의 입장에서는 러허의 '군사적 승리'가 알게 모르게 많은 '편리'를 가져다주었기 때문에 일을

문서와 도서는 1949년 국민정부가 대만으로 이주할 때, 덩롄시(鄧蓮溪)가 태평륜(太平輪)을 타고 호송한 것으로 알려져 있으나, 불행히 항해 중에 재난을 당해 침몰하였다. 李雲漢·林泉 訪問·林泉 紀錄, 李雲漢 校閱, 1992, 『栗直先生訪問紀錄』, 臺北: 近代中國出版社, 55~58쪽.

[88] '사회 실험실'은 린둥(林東)의 표현을 차용한 것이다. 간단히 말해서, 조사 기능은 민족과 국가를 묘사해내는 정치 도구이며, 이러한 사실과 진상(fact and truth)을 어떻게 생산하는지를 이해하려면 실험실로부터 정보를 얻어야 한다. '만몽'은 일본의 신천지이자, 일본이 국내 시정을 되돌아보는 데 쓰인 참조 대상이었다. Tong Lam, 2011, *A Passion for Facts: Social Surveys and the Construction of the Chinese Nation-State, 1900-1949*, Berkeley: University of California Press 참고.

[89] K, 「東北之謎」, 『申報』, 1932年 6月 16日, 版7. 필자는 비록 이 숫자에 의문을 품고 있지만, 기본적으로 당시 열기를 띠었던 상황에는 동의한다.

[90] 滿洲國史編纂刊行會 編, 1970, 『滿洲國史. 總論』(東京: 滿蒙同胞援護會), 444쪽.

보다 순조롭게 진행할 수 있었다. 이후 만주국은 유적지·유물에 관련한 보호조치를 제정하여,[91] 일본인이 침탈의 정당성을 갖출 수 있게 만들었다. 1933년 7월 24일, 와세다 대학교의 도쿠나가 시게야스(德永重康)가 이끈 '만주 학술 조사 연구단'(이하 약칭 '조사단')은 도쿄에서 출발해 이른바 '학술적인 탐험'을 시작하였다. 이는 만주국이 「고적보존법(古蹟保存法)」을 반포한 이후, 일본 학자에 의해 처음으로 진행된 대규모 현지 조사였다.

조사단의 목적은 만몽의 자원을 정밀 관찰하는 데 있었으며, 『오사카 아사히 신문(大阪朝日新聞)』은 원료 제공을 위해서라고 밝히기도 하였다.

일본에 있어 만몽 자원의 중요성은 더 이상 말할 필요가 없다. 현재 우리나라는 농본주의에서 공업국으로 방향이 바뀌었다. 일본의 공업화에 기술과 자산은 오늘날 더 이상 문제가 되지 않으나, 유일한 장애물은 원자재의 부족이다. 일본에서 생산되는 중요 공업 원료 중에 생사(生絲)를 제외하고는 모두 부족하다고 느껴진다. 지금 원료를 공급받을 수 있는 안전지대는 아시아 대륙에 전부 의존하고 있으며, 그중 만몽은 우리나라의 생명선이라고 할 수 있다. 국방의 측면에서도 황도(皇道)를 선양할 수 있는 요충지이자, 평소에 국내 문제를 해결하기 위한 지역이기도 하다. 그것은 인구식량 문제, 공업원료 문제, 공업시장 문제 등 경제 문제와 같이 일본의 존망이 여기에 관련이 있다. 다시 말하면 평상시에는 국내 문제를 해결하는 지역이자, 전시(戰時)에는 자원이 부족한 제국에 자원을 공급하는 지역이기도 한 것이다. 따라서 이번 과학 조사단의 파견은 우리나라 사명의

91　林志宏, 2015. 3, 앞의 글, 5~10쪽.

중대함을 증명하기에 충분할 따름이다.[92]

일본의 언론 매체에서 '만몽'을 생명선과 같이 보고 있다는 것을 알 수 있다. 매우 흥미로운 점은 원래 학자·측량팀·영화반·재향군인·뉴스통신원 등의 참여를 유도하려 했다는 것으로부터[93] 이 활동이 전적으로 정치·군사적 단일 성질이 아닌, 학술 연구 및 선전 기능도 포함하고 있음을 알 수 있다.

우선 정치성에 대해 말하자면, 조사단의 활동은 일본 국내의 대대적인 선전이었을 뿐 아니라, 만주국의 '정부의 특허'를 받은 것이기도 했다. 그들은 고베(神戶)에서 배를 타고 다롄(大連)으로 건너가, 먼저 신징(新京)에 도착해 만주국을 '집권하고 있던' 아이신지로우 푸이(愛新覺羅·溥儀)를 알현한 후에 조사 작업을 진행한 것은 이 작업이 만주국의 승낙을 받았음을 보여준다.[94] 이 밖에 정샤오쉬(鄭孝胥)가 러허의 최고봉인 평정산(平頂山)을 서륵봉(書勒峰嶺)으로 개명한 것을 기념하였으며, 이에 만주국도 국기를 선사하여 그를 환영하였다. 이것들은 합법적으로 권한을 확고하게 부여하였다는 의의가 있다.[95] 조사단은 총 80일을 들여 베이퍄오(北票)에서부터 링위안(凌源)·롼핑(灤平)·츠펑(赤峰)·젠핑

---

92 「滿蒙學術大探險記(三)」, 『申報』, 1933년 7월 30일, 版9를 번역.

93 「日本大學調查滿蒙資源, 測量隊·在鄉軍人前往」, 『申報』, 1933년 1월 27일, 版2.

94 「滿蒙學術調查團七月杪來滿調查」, 『盛京時報』, 1933년 6월 25일, 版1; 「新京神社の神前で 嚴肅な結團式-滿蒙學術調查團」, 『東京朝日新聞』, 1933년 8월 3일, 3쪽.

95 정샤오쉬(鄭孝胥)는 만주국 국무원 총리를 맡았으며, 그가 훗날 '천도봉(天都峰)'이라는 세 글자를 썼다. 中國國家博物館 編, 勞祖德 整理, 1993, 『鄭孝胥日記』, 北京: 中華書局, 총2474쪽, 1933년 8월 2日條; 藤木九三, 「天都峰の秀逸 白爆溪と仙人塔 滿蒙學術調查團に從ひ興隆にて」, 『東京朝日新聞』, 1933년 9월 28일, 7쪽.

(建平) · 자오양(朝陽) 등의 지역을 거쳐 최종적으로 베이핑(北平)에 도착했다. 신문에 "토비(土匪)가 상당히 많아 매우 위험하므로 육군 장교와 재향군인 등 40명이 경호를 맡았다"⁹⁶고 게재되어 있는 것으로 보아, 본래의 자원 조사 목적과 동시에 군사적인 소탕도 실시했음을 충분히 알 수 있다. 따라서 이 활동은 정치 · 군사 · 문화를 삼위일체로 실시한 작업이라 말할 수 있다.

다음으로 학술적인 측면에서 보면, 조사단은 인문학자뿐만 아니라 동물 · 식물 · 생물 · 지질 등 각 영역의 전문가들을 포함하여 동원하였다. 이전에 러허와 관련된 문헌은 18세기 조선의 박지원이 쓴 『연행록(燕行錄)』과 서양의 건축학자 및 탐험가의 저서에서 러허가 약간 언급된 것을 제외한[97] 부분은 상당히 제한적으로 알려져 있었다. 그러나 조사단원들은 '과학 전사(戰士)'의 태도로 임하여 군부, 외무성, 척무성, 관동군 등의 지원을 받아 신비한 '만몽'의 베일을 벗기고자 하였다. 조사 결과, 어패류(魚介類)의 화석층, 고대 청동기(古銅器)의 유물(珍品), 새로운 동식물 및 희귀한 새와 물고기의 품종, 석탄 원료 중간층 등을 발견할 수 있었다.[98] 특히 청나라 궁중의 유적지는 만주국에서도 상당한 상징성을 가지

---

96 「滿蒙學術調查團七月抄來滿調查」, 『盛京時報』, 1933年 6月 25日, 版1.

97 예컨대, 조지 매카트니 백작(Lord George Macartney)을 따라 중국으로 파견된 조지 스타운턴 경(Sir George Staunton)이 *McCartney's Embassy to China*를 썼으며, 독일 건축가 어네스트 보어슈만(Ernest Boerschmann)의 *Chinese Architecture* 및 스벤 안데르스 헤딘(Sven Anders Hedin)의 *Jehol, City of Emperors* 등의 책이 있다.

98 「滿蒙學術調查團七月抄來滿調查」, 『盛京時報』, 1933年 6月 25日, 版1; 「我等の科學戰士 愈々熱河の秘境へ 滿蒙學術調查團新京を出發」, 『東京朝日新聞』, 1933年 8月 4日, 2쪽; 「朝陽の近くで 夾炭層發見 植物班も 多數新種を發見 無電で各班間の連絡」, 『東京朝日新聞』, 1933年 8月 11日, 2쪽; 「魚介類の化石層 朝陽城外で發見 學術調查團の大收獲」, 『東京朝日新聞』, 1933年 8月 13日, 2쪽; 藤木九三, 「滿

는 지표이다. 그리고 청대(清代)의 이궁(離宮) 및 그 유물뿐 아니라, 요(遼)와 금(金) 시대의 중심부까지도 모두 조사단과 밀접한 관련이 있는 것들이었다. 이처럼 정복 왕조의 역사를 정리하는 것은 그 역시 자신들의 통치 정당성을 강화하기 위함이었다.

마지막으로, 선전의 측면에서 조사 활동은 일본 세력이 '만몽'에 깊이 침투하였으며, 학술을 제국의 위풍과 연결했다는 점을 의미하기도 하였다. 가장 명확한 사례는, 일본 언론계가 앞다투어 조사단의 '특약 통신'을 전하고자 했던 것에서 찾을 수 있다. 처음에 『오사카 아사히 신문(大阪朝日新聞)』은 군부로부터 독점보도권의 승낙을 받았으나 이내 다른 신문사들의 반발을 샀으며, 그들 모두 특정기관이 독점해서는 안 된다는 것을 주장하였다. 도쿄의 『시사신보(時事新報)』가 특히 심하게 반대하였으나, 막바지에는 흐지부지하게 되면서 정부 측도 이를 비준해주지 않게 되었다. 이러한 사안들이 더 큰 논쟁으로 번지지는 않았지만, '학술 탐험'이 사회적으로 지대한 관심을 끌고 있다는 점은 확실히 알 수 있다. 예컨대, 조사단에 함께 따른 기자는 다음과 같이 말하였다.

무릇 일국 문화의 건설은 과학적 조사연구의 결과를 그 바탕으로 한다. 그러므로 이 조사단의 파견은 만몽 개발의 전망과 매우 관계가 깊다고 할 수 있다. 고고학적 측면에서, 만몽의 인문과 자연 지리는 원래 일본 문화와 밀접한 관계가 있다. 그러나 오늘날까지도 과학적 한계로 인해 여전히 해결할 수 없는 많은 문제가 있으며, 특히 러허(熱河)와 싱안링(興安

蒙學術探檢本記(3) 銅器の珍品發見 朔北熱河を探る」, 『東京朝日新聞』, 1933年 8月 15日, 2쪽; 藤木九三, 「水生植物の一奇跡 滿蒙學術調査團だより 承德にて」, 『東京朝日新聞』, 1933年 8月 31日, 2쪽.

嶺)의 인산(陰山)산맥은 고비사막의 일부분을 차지하는 지역은 이른바 동몽골의 영역으로, 오랜 시간 학술상 도달하지 못한 비경(秘境)이기 때문에, 이 지역에서의 과학적 조사연구는 반드시 '만주국'의 문화적 공헌을 통해서만 귀중한 자료를 얻을 수 있을 것이다. 동시에 극동이라는 이 학술적 공백 지역에 대한 탐험의 성공은 반드시 세계를 놀라게 할 것이며, 따라서 이 조사단의 사명은 인류문화사에서 성대한 금자탑을 쌓을 것으로 예상된다.[99]

이후 조사단은 4권의 보고서를 출판하여, 만몽의 문물조사에 대한 열띤 분위기를 만들고, 하나의 표준 양식을 수립하였다. 이번 '학술탐험'의 성과에 대해서 일본 언론계는 매우 큰 자긍심을 느끼며, "이러한 종합적인 탐험은 이번이 처음이었으며, 앞으로 매년 계속 거행될 것이다"[100]라고 말한 것으로부터 분명 그들이 대단히 들떠 있었음을 알 수 있었다. 그 뒤로도 만주국의 묵인하에 다양한 연구와 조사가 연속해서 전개되었다.

요컨대, 1930년대 중국의 민족의식이 고조됨에 따라 '만몽'은 점차 '동북 연구'의 길로 나아갔다. 동시에 일본은 군사적 점령을 시작한 이후 인류학·고고학·건축학·지리학·식물학·동물학·지질학 등의 각 학과를 통해 '만몽'을 '공간'으로 이해하려는 지식으로 한층 더 전환시켰다. '만몽'이 인문 연구에서 이데올로기 형성을 위해 쓰이든 자연과학적인 조사의 '발견'이든 상관없이 이 모든 활동은 '만몽'이 역사적 지식의 경쟁 밖에서 오히려 권력 경쟁의 장으로 존재하였음을 보여준다.

---

99 「滿蒙學術大探險記(一)」, 『申報』, 1933年 7月 28日, 版11.
100 「日人調査滿蒙完畢, 熱河富藏已非吾有」, 『申報』, 1933年 10月 20日, 版6.

V. 맺음말

근대 중일의 관계 속에서 '만몽'은 주목할 가치가 있는 주제이다. 이 용어는 전쟁의 그림자에 드리워져, 전후(戰後)에 사람들로부터 등한시되었으며 충분한 인식을 얻지 못했다. 따라서 이 글에서는 최대한 후견지명(後見之明)식의 사고방식에 의해 좌우되는 것을 피하고, 몇 가지 관련 언론 및 '만몽'을 주제로 한 서적들에서 논쟁의 문제점과 사상적 조건을 개관해보고자 하였다. 근대의 '만몽'에 대한 논쟁을 검증해보면 대략 두 가지로 귀납될 수 있다.

우선, '만몽'이란 용어는 정치 지리적인 명사이지만, 그 존재에 대해 생각해보려면 근대 민족국가가 형성되는 과정 속에서 이를 볼 필요가 있다. 본문의 첫 부분에서 언급한 것과 같이, 중국은 전통적인 제국의 자세로 각종 도전에 직면한 반면, 일본은 서양 열강이 식민 제국이 되어가는 과정을 배우고 익혔다. 따라서 자신들의 지위 정립과 아울러 변경 지역에 대한 중일 양측의 이해는 결코 일치하지 않을 수밖에 없다. 그러나 오히려 민족 감정에 기초한 이 논쟁은, '만몽'을 정의할 때 모든 '사실'을 '제국주의를 명분으로' 하는 '가치' 위에 두고,[101] '각자 다른 말을 하는'

---

101 각종 자료를 볼 때, 우리는 이와 유사한 느낌을 받을 수밖에 없다. 예를 들면, 일본에서 유학한 창런샤(常任俠)도 일본 '만몽' 활동의 지나친 정치적 영향을 질책하지 않을 수 없었지만, 오히려 학술적이고 객관적인 면을 간과한 채 일기에서 말하길, "잠자리에 들 때, 요사노 히로시(與謝野寬)·요사노 아키코(與謝野晶子)가 공동 집필한 『만몽유기(滿蒙遊記)』를 읽는데, 이는 한시(漢詩)와 같이 많은 것이 표현되어 있고, 그 속에 기록되어 있는 여관주인, 회사직원 등의 인물은 대체로 중국 침략의 의무를 지고 있다. 그들은 중국 침략을 위해 온갖 궁리를 다하였으며, 매 부분에 심혈을 기울였다. 야노 진이치(矢野仁一) 등처럼, '만몽'의 지리를 연구하는 것도 실은 침략의 도구인 것이다. '만몽' 연구를 위해 그곳의 지리를 잘 파악하고 있는 것과 같은 부분으로 인해, 그가 비록 순수한 학자일지라도, 종종 제국주의자의 이용을 당하기도 하

국면을 조성하게 하였다. 다른 관점에서 보면, 만약 민족 관계를 민족국가 건립 구성의 일환으로 본다면, 중일 양국의 '만몽'에 대한 이해는 학술적인 담론과 정책적인 진술을 통해 각자의 이익과 사고를 내보이는 것에 불과하다. 그리고 그 가운데에는 전통적인 제국, 식민 제국을 막론한 '제국'의 상상도 포함되어 있다.

다음으로, '만몽'에 대한 서술에 주목하였다. '변강'의 관점에서 근대 중일 양국의 발전을 고려해보고, 그 안에서의 실천적 차원의 변화와 공개된 저술들 간의 차이에도 유념해야 한다. '만몽'의 해석에 대한 우월한 지위를 얻고자 양국은 각종 여행기록, 관행적 조사, 더 나아가 신문 기사 등을 불문하고 각각 첨단의 학과 및 연구 방법으로 이 '공간'을 채우고자 하였다. 서로 다른 민족과 입장으로부터 생겨난 이러한 '저작'들은 과거 인적이 드물었던 자연환경의 모습을 들춰내는 것에만 그치지 않았으며, 많은 인문지리적 차원을 그 위에 더하였다. 현실적인 정세의 요구 아래, 현지조사 활동은 점차 이 지역 민족·기후·산물 등에 대한 이해를 심화시켰으며, 또한 지식의 재생산을 진행하였다. 후세 사람들이 다시 이것들을 읽고, 논점을 '재구성'하고자 하는 어떠한 목적을 가질 때,[102] 우리는 이것이 끊임없이 뒤얽혀 상호작용하고 파생되어 나온 결과라는

기 때문이다." 常任俠 著, 郭淑芬 整理, 沈寧 編注, 2012, 『常任俠日記集: 戰雲紀事(1937-1945)』, 冊上, 臺北: 秀威資訊科技公司, 107쪽, 1937年 9月 9日條.

[102] 만주국 건립 이후, 일부 중국 독자들은 "일본이 중국 동북3성과 국제연맹 회의를 점거한 이래로, 모든 사전을 재편해야 한다"며 멋쩍은 자기 변명을 하였고, 또한 일본인의 '개조' 능력이 '모방 능력에 견주어 전혀 손색이 없다'는 것은, '역사를 뒤집거나 골동품을 찾는 것에 능하며, 대학교수가 심한 허풍을 떨며 '만몽은 중국의 영토가 아니다'라고 말하는 것"등의 논점을 포함한다. 그러나 이른바 '개조'는 '창조'의 의미가 있을 뿐만 아니라, 터무니없이 고의적으로 날조되었다는 의미를 내포하기도 한다. 天方, 「叛逆新解」, 『申報』, 1933年 2月 25日, 版21.

것을 확실하게 인식해야 한다. 물론 지식의 '정치성'은 불가피하게 '가치'가 '사실'에 앞서기도 하지만, 분석 속에서 지식이 만들어낸 객관적 기초가 어쩌면 지식 자체의 존재의 의미를 이해하는 데 도움이 될지도 모르는 일이다.

참고문헌

자료

『東京朝日新聞』, 1933年 8~9月.
『盛京時報』, 1933年 6月.
『申報』, 1930年 12月~1939年 1月 27日.
「時局紛擾中之滿蒙觀」, 『學生』, 卷3號6(1916年 6月), 32쪽.
「日本視滿蒙如殖民地之可惡」, 『銀行月刊』卷8號9(1928年 9月), 2~3쪽.

藤山一雄 著, 杉村勇造 譯, 1937, 『新滿洲風土記』, 新京: 滿日文化協會.
傅斯年, 1932, 『東北史綱』, 北平: 中央研究院歷史語言研究所.
傅樂成, 1979, 『傅孟眞先生年譜』, 臺北: 傳記文學出版社.
北京師範大學·上海市檔案館 編, 1990, 『蔣作賓日記』, 南京: 江蘇古籍出版社.
常任俠 著, 郭淑芬 整理, 沈寧編 注, 2012, 『常任俠日記集: 戰雲紀事(1937-1945)』 冊 上, 臺北: 秀威資訊科技公司.
徐永昌 撰, 中央研究院近代史研究所 編, 1990, 『徐永昌日記』 冊3, 臺北: 中央研究院 近代史研究所.
王埥勤, 1930, 『滿洲問題』, 上海: 商務印書館.
劉朝輝 編著, 2010, 『民國史料叢刊總目題要』, 鄭州: 大象出版社.
俞誠之 編, 1968, 『葉遐菴先生年譜』, 臺北: 文海出版社, 據1946年稿本重印.
張復生, 1929, 『"國難"中之滿蒙問題』, 瀋陽: 東北文化社.
趙中孚, 1984, 『近代東北區域研究資料目錄』, 臺北: 漢學研究資料及服務中心·中央研究院近代史研究所.
朱偰, 1930, 『日本侵略滿蒙之研究』, 上海: 商務印書館.
朱偰, 2009, 『天風海濤樓札記』, 北京: 中華書局.
朱希祖 著, 朱元曙整理, 2012, 『朱希祖書信集·酈亭詩稿』, 北京: 中華書局.
中國國家博物館 編, 勞祖德 整理, 1993, 『鄭孝胥日記』, 北京: 中華書局.
陳經, 1931, 『日本勢力下二十年來的滿蒙』, 上海: 華通書局.

金璧東, 1934, 『滿蒙の知識』, 東京: 非凡閣.
內尾直昌 編, 1934, 『康德元年版滿洲國名士錄』, 東京: 人事興信所.

大村西崖, 1926, 『塑壁殘影』, 東京: 作者刊本.
滿洲國史編纂刊行會 編, 1970, 『滿洲國史・總論』, 東京: 滿蒙同胞援護會.
山崎丹照, 1943, 『外地統治機構の研究』, 東京: 高山書院.
矢野仁一, 1923, 『近代支那論』, 京都: 弘文堂書房.

단행본

葛兆光, 2011, 『宅茲中國: 重建有關「中國」的歷史論述』, 臺北: 聯經出版公司.
高崇民詩文選集編委會 編, 1991, 『高崇民詩文選集』, 瀋陽: 瀋陽出版社.
高樂才, 2010, 『近代中國東北移民研究』, 北京: 商務印書館.
吉見俊哉 著, 蘇碩斌等 譯, 2010, 『博覽會的政治學』, 臺北: 群學出版有限公司.
馬大正・劉逖, 1997, 『二十世紀中國邊疆研究: 一門發展中的邊緣學科的演進歷程』, 哈爾濱: 黑龍江教育出 版社.
王汎森, 2003, 『中國近代思想與學術的系譜』, 臺北: 聯經出版公司.
栗原健, 1966, 『對滿蒙政策史の一面: 日露戰後より大正期にいたる』, 東京: 原書房. 王汎森・潘光哲・吳政上 編, 2011, 『傅斯年遺札』, 臺北: 中央研究院歷史語言研究所.

末廣昭 編, 2006, 『「帝國」日本の學知: 地域研究としてのアジア』, 東京: 岩波書店.
松本ますみ, 1999, 『中國民族政策の研究: 清末から1945年での「民族論」を中心に』, 東京: 多賀出版.
松田京子, 2003, 『帝國の視線: 博覽會と異文化表象』, 東京: 吉川弘文館.
松浦正孝 編, 2013, 『アジア主義は何を語るのか: 記憶・權力・價値』, 京都: ミネルヴァ書房.
信夫淳平, 1932, 『滿蒙特殊權益論』, 東京: 日本評論社.
鈴木仁麗, 2012, 『滿洲國と內モンゴル: 滿蒙政策から興安省統治へ』, 東京: 明石書店.
王柯, 2006, 『20世紀中國の國家建設と「民族」』, 東京: 東京大學出版會.
田中秀作, 1932, 『新滿洲國地誌』, 東京: 古今書院.
井上直樹, 2013, 『帝國日本と「滿鮮史」: 大陸政策と朝鮮・滿州認識』, 東京: 塙書房.
中見立夫, 2013, 『「滿蒙問題」の歷史的構圖』, 東京: 東京大學出版會.
川島富丸, 1932, 『寶庫滿蒙は招く』, 東京: 帝國文化協會.

Chiang, Yung-chen. 2001, *Social Engineering and the Social Sciences in China, 1919-1949*, Cambridge: Cambridge University Press.

Gottschang, Thomas R. and Lary, Diana. 2000, *Swallows and Settlers: The Great Migration from North China to Manchuria*, Ann Arbor: Center for Chinese Studies, The University of Michigan.

Lam, Tong. 2011, *A Passion for Facts: Social Surveys and the Construction of the Chinese Nation-State, 1900-1949*, Berkeley: University of California Press.

Rhoads, Edward J. M., 2000, *Manchus and Han: Ethnic Relations and Political Power in Late Qing and Early Republican China, 1861-1928*, Seattle: University of Washington Press.

Wang, Fan-sen, 2000, *Fu Ssu-nien: A Life in Chinese History and Politics*, Cambridge: Cambridge University Press.

Wright, Mary Clabaugh, 1957, *The Last Stand of Chinese Conservatism: the T'ung-chih Restoration, 1862-1874*, Stanford, Calif.: Stanford University Press.

논문

郭昌錦, 1922. 6, 「日帝國主義下之滿蒙」, 『現代中國雜誌』, 卷1期4.

喬明齋, 1927. 12, 「滿蒙交涉與東亞和平之影響」, 『曉光週刊』, 滿蒙問題專號.

君度, 1927. 12, 「日本侵略滿蒙史鳥瞰(續)」, 『燕大月刊』, 卷1期3.

藍孕歐 著, 楊幼炯 摘錄, 1930. 3, 「滿蒙鐵路之歷史的觀察」, 『社會科學雜誌』, 卷2期1.

搏沙, 1927. 12, 「國民擁護滿蒙國權大同盟宣言」, 『曉光週刊』, 滿蒙問題專號.

杜博思(Thomas David DuBois), 2011, 「思想之帝國: 滿洲民俗學與亞洲社會科學的長期變遷」, 『民俗研究』, 第2期.

山室信一 著, 2009. 6, 「國民帝國日本的異法域統合與差別」, 『臺灣史研究』, 卷16期2.

三島一, 1935. 12, 「滿洲史研究序說」, 『歷史學研究』, 卷5號2.

純, 1928. 9, 「日本把滿蒙當殖民地」, 『現代評論』, 卷8期199.

梁嘉彬, 1928. 12, 「日本滿洲兩路侵略主義及應付方略之研究」, 『國聞週報』, 卷6期1.

葉碧苓, 2007. 3, 「九一八事變後中國史學界對日本「滿蒙論」之駁斥-以『東北史綱』第一卷爲中心之探討」, 『國史館學術集刊』, 期11.

王先強, 1928. 7, 「所謂特殊地位的滿蒙問題」, 『新生命』, 卷1號7.

李芳, 2009, 「李仲公與『日本帝國主義的滿蒙觀與我們的駁議』譯著出版前後」, 『貴州文史叢刊』, 4期.

林建發, 1998, 「苦力: 季節性移民與中國東北社會變遷(1860-1940s)」, 臺北: 國立臺灣

師範大學歷史研究 所 博士論文, 未刊稿.

林志宏, 2015. 3, 「殖民知識的生產與再建構: 滿洲國時期的古物調査工作」, 『中央研究院近代史研究所集 刊』, 期87.

張斌煒, 1927. 12, 「滿蒙交涉中之鐵路問題」, 『國聞週報』, 卷4期47.

張旭光, 1929. 12, 「俄日侵略滿蒙史」, 『清華週刊』, 卷32期11~12.

章眞利, 1986, 「東北交通委員會與鐵路建設(1924-1931)」, 臺北: 國立臺灣師範大學歷史研究所碩士論文, 未刊稿.

政均, 1925. 9, 「日俄「侵略滿蒙」設施的點滴」, 『京報副刊』, 期261.

靜如, 1927. 9, 「日本滿蒙政策之分析觀」, 『銀行週報』, 卷11號35.

趙中孚, 1974. 12, 「近代東三省移民問題之研究」, 『中央研究院近代史研究所集刊』, 期4.

鍾歷陽, 1928. 5, 「日人侵略滿蒙之理論的根據與其謬誤」, 『清華週刊』, 卷29期13.

中國留日學生協進會, 1927. 8, 「爲日本田中內閣之新對滿蒙策泣告全國父老兄弟書」, 『醒獅週報』, 期 142-143.

直忱, 1927. 12, 「最近滿蒙交涉之情形與應付之方法」, 『曉光週刊』, 滿蒙問題專號.

陳彬龢, 1931. 12, 「東北問題」, 『松江女中校刊』, 期26.

馮肇樑, 1927. 10, 「論日本急極之滿蒙政策」, 『錢業月報』, 卷7號9.

胡山源, 1985, 「我所知道的陳彬龢」, 『人物』, 5期.

鈴木俊, 1935. 12, 「滿洲事件と支那人の滿洲硏究」, 『歷史學硏究』, 卷5號2.

清水美紀, 2003, 「1930年代の「東北」地域概念の形成-日中歷史學者の論爭を中心として」, 『日本植民地硏 究』, 號15.

河西晃祐, 2006. 11, 「「歷史」・「外交」・「主体」: 「滿洲」歸屬問題をめぐる日中歷史學論爭」, 『東北學院大學 東北文化研究所紀要』, 號38.

Rodriguez, Andres, 2011. 3, "Building the Nation, Serving the Frontier: Mobilizing and Reconstructing China's Borderlands during the War of Resistance(1937-1945)", Modern Asian Studies, 45:2.

3장

동경제국대학 동양사학과의 만주사 및 조선사, 만선사 연구:
시라토리 구라키치·이케우치 히로시 관계 문서를 중심으로

이노우에 나오키(井上直樹)
교토부립대학 교수

I. 머리말

전전(戰前) 일본의 동양사학에 대한 비판적 성찰이 이뤄진 지 오래다. 이는 동양사학의 기존 연구 방식을 재검증하고 이 분야가 앞으로 나아가야 할 방향을 검토하기 위해서 필수 불가결한 작업이다. 이와 관련해서는 지금까지 전전 일본의 동양사학에 관한 비판적 연구를 토대로 기존 연구의 문제점을 밝히고, 이를 발판으로 연구가 진행되어왔다고 할 수 있다.[1]

한편, 이 작업을 하기 위해서 먼저 전전 일본의 연구자들이 당시 어떤 인식을 근거로 어떠한 연구를 해왔는지 밝힐 필요가 있다. 이러한 관점에서 지금까지 동양사학자들의 사료 조사나 유적 답사에 관한 부분들이 해명되어왔다.[2] 필자 또한 이들 연구에 영향을 받아 지금까지 만선사(滿鮮史) 및 조선 고대사를 중심으로 전전 및 전후 일본의 조선사학, 만선사학의 실태에 관해 고찰해왔다.[3]

그러나 지금까지의 연구는 세키노 다다시(關野貞)나 도리이 류조(鳥居龍藏) 등과 같은 전전의 고고학자나 인류학자들의 답사나 연구 동향이

---

1 旗田巍, 1966, 「日本における東洋史學の傳統」幼方直吉・遠山茂樹・田中正俊 編, 『歷史像構成の課題 歷史學の方法とアジア』, 御茶の水書房(원재 『歷史學研究』, 270, 1962년); 五井直弘, 1976, 『近代日本と東洋史學』, 青木書店.

2 旗田巍, 1966, 위의 글; 中見立夫, 1992, 「日本の東洋史黎明期における史料への探究」, 神田信夫先生古稀記念論集編纂委員會 編, 『神田信夫先生古稀記念論集 淸朝と東アジア』, 山川出版社; 酒寄雅志, 2001, 「渤海史研究と近代日本」, 『渤海と古代の日本』, 校倉書房; 塚瀨進, 2011, 「戰前, 戰後におけるマンチュリア史研究の成果と問題点」, 『長野大學紀要』32권 3호.

3 井上直樹, 2010, 「戰後日本の朝鮮古代史研究と末松保和・旗田巍」, 『朝鮮史研究會論文集』48; 井上直樹, 2013, 『帝國日本と〈滿鮮史〉』, 塙書房.

밝혀진 것에 비해서⁴ 극히 제한적이다.⁵ 이와 같은 정황을 바탕으로 필자는 지금까지 거의 언급되지 않은, 국립 공문서 아시아 역사자료센터(이하, '아시아 역사자료센터')에 남아 있는 문서 등을 단서로 도쿄제국대학의 시라토리 구라키치(白鳥庫吉) 및 교토제국대학의 하네다 도오루(羽田亨) 등의 만주 답사 및 그들의 연구 방식을 해명해왔다.⁶ 필자는 이 과정에서 시라토리 및 도쿄제국대학의 교수였던 이케우치 히로시(池內宏)의 만주 답사와 조선사 연구 관련 문서를 확인할 수 있었다. 최근에는 아시아 역사자료센터의 문서를 이용한 연구가 나와 있으나,⁷ 확인한 것에 한하면 이 외에 아시아 역사자료센터 관계 문서나 시라토리의 연구를 언급하고 있는『고토 신페이 문서(後藤新平文書)』를 적극적으로 활용하면서 시라토리 및 이케우치의 만주사 및 조선사, 만선사 연구를 해명한 연구는 아직 없다. 그들이 소속되어 있던 도쿄제대의 동양사, 그중에서도

---

4 세키노 다다시의 조사에 관해서는 교토 목요일 클럽(京都木曜クラブ, 2001,『考古學史硏究』9)이, 도리이 류조에 관해서는 도쿠시마 현립 도리이 류조 기념관(德島縣立鳥居龍藏記念館, 2013・2015・2017,『德島縣立鳥居龍藏記念館硏究報告』1・2・3) 등이 그들 연구의 사학사적 의의 등에 관한 논고를 싣고 있다.

5 확인한 것에 의하면 시라토리가 20세기 초반에 조선에서 행한 사료 수집 과정의 단면을 언급한 나카미(中見立夫, 1992, 앞의 글)가 전부이다.

6 井上直樹, 2017a,「戰前日本の滿州史硏究-國立公文書館アジア歷史資料センタ-所藏文書の分析を中心に-」,『滿洲歷史地理硏究と白頭山』(2017年6月23日 於韓國ソウル市・東北亞歷史財團報告原稿).

7 岡村敬二, 1999,「日滿文化協會-その創設までの道のり-」,『京都文化短期大學紀要』30; 岡村敬二, 2000a,「內藤湖南と日滿文化協會―外務省文化事業部宛內藤書簡を中心に-」,『京都學園大學人間文化硏究』3; 岡村敬二, 2000b,「「對滿文化事業審査委員會」の創設事情」,『京都學園大學人間文化硏究』4; 岡村敬二, 2001,「羅振玉と日滿文化協會-人事問題をめぐって」,『京都學園大學人間文化硏究』5; 古松崇志, 2005,「東モンゴリア遼代契丹遺跡調査の歷史-1945年滿洲國解體まで-」,『遼文化・慶陵一体調査報告』, 京都大學大學院文學硏究科.

만주사 및 조선사, 만선사 연구는 전전 일본의 동양사학을 이끌어왔다.[8] 그러므로 그들 연구는 전전 일본의 동양사학을 이해하기 위해서 매우 중요하다.

이 글에서는 지금껏 거의 언급되지 않은 아시아 역사자료센터 소장, 시라토리·이케우치 관계문서 및 『고토 신페이 문서』를 단서로 시라토리 및 이케우치의 만주사 및 조선사, 만선사 연구의 실상을 구체적으로 밝히고, 전전 일본의 동양사 연구를 비판적으로 고찰하기 위한 단서를 제시하고자 한다.

II. 동경제국대학 동양사학과 성립

전전 일본의 만주사 및 조선사 연구의 중심을 담당한 도쿄제국대학 동양사학과 교수, 시라토리 구라키치 및 이케우치 히로시의 연구동향을 밝히기 전에 먼저, 그 역사적 전제가 되는 도쿄제국대학 동양사학과의 성립 과정에 관하여 살펴두자.[9]

동경대학[10]은 1877년에 동경 가이세학교(東京開成學校)와 동경의학교가 합병하는 형태로 성립되었다. 당시 동경대학은 4개 학부(법·리·문·의학부)로 이루어져 있었으며, 문학부에는 사학, 철학 및 정치학과와 화

---

8 井上直樹, 2013, 『帝國日本と〈滿鮮史〉』, 塙書房.
9 東京帝國大學, 1942, 『東京帝國大學學術大觀 総説·文學部』, 東京帝國大學; 中見立夫, 2006, 「日本的「東洋學」の形成と構圖」(『岩波講座「帝國」日本の學知 第3卷 東洋學の磁場』).
10 (역주) 이 글에서의 東京大學은 오늘날의 도쿄대학과 구분하기 위해 이하 "동경대학"으로 번역한다.

한문학과(和漢文學科)가 설치되어 있었다. 그러나 이 사학과는 메이지 12년(1879)에 "사학과는 교수를 구할 수가 없다"는 이유로 폐지된다.

그 후 메이지 19년(1886)에 제국대학령이 발포되고 동경대학은 제국대학이 된다. 이듬해인 메이지 20년(1887) 9월에는 독일인 루트비히 리스(Ludwing Riess)가 초빙되면서 사학과가 부활한다. 이 시기의 사학과에는 일본을 중심으로 한 동서교섭사(東西交涉史)를 강의하도록 되어 있었으나, 실제로는 서양사가 중시되었다고 한다. 이 글에서 논하는 시라토리는 이 사학과 1기생으로 "지나(支那)사와 동양사는 모두 조금도 배우지 않았고", "서양사 중에서 근대를 제외한 개설을 아주 조금 배우고 나서, 사학을 전수한 당당한 학사로서 사회에 내보내졌다"고 당시 상황을 술회하고 있다.[11]

이러한 가운데 서양사와 함께 "국사도 같은 사학으로 강의해야 하며 대학에 국사과가 설치되지 않는 것은 큰 결함이다"라고 하며 메이지 21년(1888)에 사학과 수업이 개정되면서 일본역사 과목이 추가되고 다음 해인 메이지 22년(1889)에는 국사학과가 설치되었다.

한편 중국사는, 한문학의 한 종류로서 문학부 부설로 있던 고전과(古典科), 즉 갑부(甲部)(도서)와 을부(乙部)(한서)의 형태로 강의가 행해진 바, 처음으로 본과에서 강의가 이루어진 것은 메이지 19년(1886), 문학부가 문과대학으로 개칭되고 일문학과와 한문학과에 「화한 고대 법제(和漢古代法制)」와 「지나역사(支那歷史)」가 생긴 후부터였다. 단, 최초의 중국사는 어디까지나 국사학과, 국문학과, 한학과, 사학과의 '보조적 과목'으로 인식되었다.

---

11 白鳥庫吉, 1928, 「學習院に於ける史學科の沿革」, 『學習院輔仁會雜誌』 134.

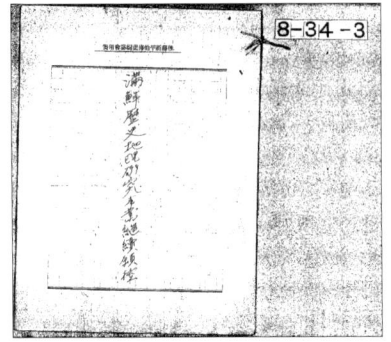 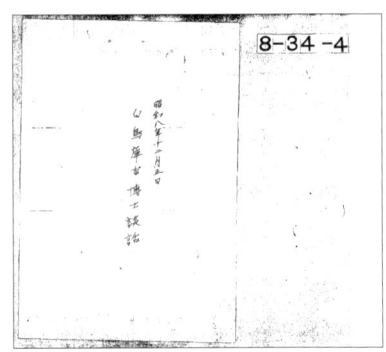

〈그림 1〉 만선역사지리 연구사업 계속원제   〈그림 2〉 시라토리 박사 담화

또한 '지나사를 전공하는 학생'이 출현한 것은 메이지 30년(1897)에 한학과가 경사부(經史部)로 분리된 이후부터였다. 메이지 37년(1904)의 학과 개편에 의해서 한학과는 '지나철학과', '지나사학과', '지나문학과'가 되었고 이전까지 한학과의 일부였던 중국사 전공부문이 이때 처음으로 독립하여 메이지 42년(1909)에는 '지나사학과'가 '동양사학과'로 변경되었다. 이에 도쿄제대 동양사학과가 성립하게 된 것이다.

그러나 동양사학과는 도쿄제대보다 교토제대가 먼저 성립되었다. 교토제대는 러일전쟁 후, "국민의 관심이 아시아 전체로 돌려진" 배경 속에서 "본학 창립은 동양학의 발전에 중심을 두겠다는 의견"을 토대로 메이지 40년(1907)에 성립되었으며, 당초부터 동양사학 강좌가 세 강좌로 설치되었다.[12] 러일전쟁 후 아시아에 대한 관심이 높아지던 상황에서 도쿄 및 교토 양 제국대학에 동양사학과가 설치되었으며 그 속에서 동양사 연구가 진행되었다.

---

12 京都大學文學部, 1956,『京都大學文學部五十年史』, 京都大學文學部.

III. 시라토리 구라키치의 만주사 및 조선사, 만선사 연구: 만선 역사 조사부 및 도쿄제국대학에서의 활동

이러한 가운데 만주사 및 조선사, 만선사 연구를 적극적으로 행한 이가 도쿄제대의 시라토리 구라키치였다. 그간의 경위에 관해서는 시라토리 자신의 회고에 기록되어 있으나[13] 『고토 신페이 문서』에도 시라토리가 쇼와 8년(1933)에 만철(滿鐵)에 제출한 「만선 역사 지리 연구 사업 계속원제(滿鮮歷史地理研究事業係屬願控)」(이하 「계속원」), 같은 해 8월에 당시를 술회한 「시라토리 구라키치 박사 담화(白鳥庫吉博士談話)」(이하 「담화」, 모두 『고토 신페이 문서』 R-38-34-4)가 기록되어 있다(그림 1, 그림 2). 시라토리의 회고는 그 자신이 오해한 바도 있어서 신뢰도가 낮은 반면,[14] 『고토 신페이 문서』가 당시 상황을 말해주는 데 중요한 자료로 주목된다. 그러므로 여기서는 이들 문서를 단서로 그간의 경위와 동향을 밝혀보겠다.

「계속원」에 의하면 시라토리는 러일전쟁 후에 "아시아 연구의 필요성을 주장하면서 학자들의 학사를 설립하도록 도모"했으며 "거의 3년에 걸쳐서 정치가와 실업가들을 쫓아다니며 찬조를 구했"으나, 많은 이들은 이를 "학자들의 쓸데없는 사업"으로 간주했다고 한다. 또한 시라토리

13　白鳥庫吉, 1971, 「滿鮮史研究の三十年」, 『白鳥庫吉全集』 10, 岩波書店.

14　시라토리가 고토와 면담하여 연구의 중요성을 설명한 기술에서는 1년의 시차 오류가 보인다. 이와 관련해서는 井上, 2013, 앞의 글을 참조.

의 의견에 대해 "귀 기울일 것이 없다"(「계속원」)고, "모두 바보로 여기며" "아시아 따위를 문제삼고 있다니" … (「담화」)라고 말하는 상황이었다고 한다. 이러한 상황에서 시라토리는 당시 문부차관이자 시라토리와 대학 시절부터 지인이었던 사와야나기 마사타로(沢柳政太郎)에게 이야기하여 그에게 의견을 구했다. 그 결과 사와야나기는 "그 남작(고토 신페: 저자 주)이라면 해결해줄 것이다"라며 시라토리에게 고토를 소개해주었다. 이렇게 시라토리는 "이전까지는 알지 못했던" 고토를 방문하게 된다(「담화」).

그 후 시라토리는 고토에게 만주사 연구의 중요성을 호소했고 고토는 "원조를 제공하도록 흔쾌히 승낙했다."(「계속원」) 이렇게 메이지 41년(1908) 1월, 시라토리를 주임으로 만선도쿄지사 가설 사무소[구 가와무라 스미요시(川村純義) 집의 일부]에 만철 역사조사부가 설립되었으며, 만주사 및 조선사, 만선사 연구가 시작되었다.[15]

시라토리는 같은 부원이었던 이나바 이와키치(稲葉岩吉), 마쓰이 히토시(松井等), 야나이 와타리(箭内亙), 그리고 뒤에 들어온 이케우치 히로시, 쓰다 소키치(津田左右吉), 세노 우마쿠마(瀬野馬熊) 등과 함께 문헌 사료 고증을 바탕으로 『만주역사지리(상·하)』, 『조선역사지리』를 간행하는 등, 연구를 진전시켜갔다.[16]

그러나 이와 같은 일련의 연구는 러일전쟁 후에 대두된 일본의 만주 경영이라는 현실적 과제를 전제로 하는 것이었으며, 시라토리의 만주사 및 조선사, 만선사 연구에 대한 열의와 만철 총재였던 고토의 만주 경영

---

15 시라토리가 고토에게 만주사 연구의 중요성을 역설한 일, 만철에 역사조사부가 설립된 경위에 관해서는 井上, 2013, 위의 글을 참조.
16 白鳥庫吉 監修, 1913, 『滿洲歷史地理』, 南滿洲鐵道株式會社; 白鳥庫吉 監修, 1913, 『朝鮮歷史地理』, 南滿洲鐵道株式會社.

책-과학적 연구를 바탕으로 한 경영책-이 합치한 결과였다. 즉, 어디까지나 만철 총재였던 고토의 개인적 지원에 의거하는 부분이 컸다. 그러므로 고토나 고토에게 배운 경영자가 만철을 떠난 후에 "고토 계열이 아닌 전혀 다른 사람"인 노무라 류타로(野村龍太郎)가 만철의 총재가 되었을 때 역사조사부는 더 이상 원조를 받을 수 없게 되었다. 부총재 이토 다이하치(伊藤大八)는 "이익을 목적으로 하는 회사에 그런 연구소는 필요 없으니 폐지하라"고 주장했고 이렇게 다이쇼 4년(1915) 1월, 만철 도쿄지사에 설치되어 있던 역사조사부는 폐지된다.[17]

그러나 시라토리 입장에서 보면 "일은 이제 시작"이었다. 지금까지의 연구 상황은 "역사, 지리를 토대로" 한 것으로, "지금부터 진짜 일을 시작하려고 한 시기"였다. 그러므로 지금 폐지되면 여태껏 해온 일들이 "헛일이 되어"버리기 때문에 "꼭 계속하겠다"고 이론(異論)을 제기한 것이 시라토리였다. 이런 그에 대해 만철도 사업을 계속 진행하는 것은 곤란하다며 거부했다. 이렇게 시라토리는 도쿄제대에서 연구를 계속하기로 하고, 이에 필요한 금전적 지원을 만철에게 요청했다. 만철은 연 3,000엔을 지급하도록 제안했고 시라토리도 "폐지하는 것보다 좋겠다"는 식으로 이를 받아들이게 되었다(「담화」).

덧붙이자면, 이때 연구 사업이 도쿄제대로 넘어가게 되면서 이전까지 시라토리가 만철의 지원을 받아서 구입한 서적도 시라토리 등이 "모조리 가져오게" 되었으며 도쿄제대가 소장하게 되었다(「담화」).

이렇듯 만철의 역사조사부는 폐지되고 만주사 및 조선사, 만선사 연구 사업은 도쿄제대로 넘어가게 된다. 그리고 역사조사부의 부원이었던

---

17 白鳥庫吉, 1971, 「滿鮮史硏究の三十年」, 『白鳥庫吉全集』 10, 岩波書店.

이나바와 마츠이, 세노 등 세 명 또한 조사부를 떠나게 된다. 연구 사업은 도쿄제대 문학부에서 진행하게 되었으나 도쿄제대가 기존의 인원까지 수용한 것은 아니었기 때문이다. 게다가 도쿄제대의 교수였던 야나이 와타리(箭內亙)가 다이쇼 8년(1919)에 사망하면서 와다 기요시(和田淸)가 이 사업에 동참하게 된다. 이렇게 시라토리와 이케우치, 그리고 와다가 중심이 되어서 연구가 계속 진행되었다.

또한 앞서 설명한 바와 같이 만철은 도쿄제대 측에 매년 연구비로 3,000엔을 지급하기로 했으나 시라토리에 의하면 그 후 5,000엔으로 증가했으며 때로는 7,000엔 혹은 8,000엔이 되기도 했다고 한다(「담화」). 단, 이 만철의 원조는 기한이 있었으며 원칙적으로는 5년에 한 번씩 새롭게 신청이 이루어져서 이것이 인정되면 다시 5년으로 연장되는 형식이었던 듯하다. 그 근거로 시라토리는 「담화」에서 "매년 오천 엔. 이것이 5년이기 때문에 이만 오천 엔을 보내오는 거예요"라고 했다(「담화」). 이는 시라토리가 쇼와 8년(1933)에 「계속원」을 제출한 것을 보아도 알 수 있다. 게다가 앞서 언급했듯이, 예산이 3,000엔이나 7,000엔, 8,000엔으로 바뀌고 있는 것도 시라토리가 여러 번 신청했다는 사실을 반영한다고 할 수 있다. 예산액의 변화는 시라토리의 연구 신청을 받아들인 것으로 추측할 수 있기 때문이다.

이처럼 시라토리는 5년에 한 번씩 「계속원」을 만철에 제출했으며 만철도 이를 받아서 지원금을 결정했다고 볼 수 있다. 또한 「계속원」을 통해서 시라토리가 쇼와 8년(1933)에 "연구계속"을 신청하고 있음을 알 수 있는데, 만약 다이쇼 4년(1915)부터 5년씩 갱신을 했다고 한다면 쇼와 8년(1933)은 연구수료 연도나 신청 연도가 될 수 없다. 여기서 새로이 주목해야 하는 것이 역사조사부가 연구 7년째에 폐지되었다는 사실이

〈표 1〉 추정역사조사부 · 도쿄제국대학 연구 연도

【歷史調査部】

[①期]

서기	원호	년	연구 연도
1908	明治	41	1
1909		42	2
1910		43	3
1911		44	4
1912		45	5

[②期]

서기	원호	년	연구 연도
1913	大正	2	1
1914		3	2

【東京帝國大學】

[②期] [1期]

서기	원호	년	연구 연도
1915	大正	4	1
1916		5	2
1917		6	3

※[②期]の續き3年

[③期] [2期]

서기	원호	년	연구 연도
1918	大正	7	1
1919		8	2
1920		9	3
1921		10	4
1922		11	5

[④期] [3期]

서기	원호	년	연구 연도
1923		12	1
1924		13	2
1925		14	3
1926		15	4
1927	昭和	2	5

[⑤期] [4期]

서기	원호	년	연구 연도
1928		3	1
1929		4	2
1930		5	3
1931		6	4
1932		7	5

[⑥期] [5期]

서기	원호	년	연구 연도
1933		8	1
1934		9	2
1935		10	3
1936		11	4
1937		12	5

[⑦期] [6期]

서기	원호	년	연구 연도
1938		13	1
1939		14	2
1940		15	3
1941		16	4
1942		17	5

다. 즉, 시라토리의 연구는 2기가 되던 2년째에 종료한 것이 된다. 추측하건대 도쿄제대에 연구가 의탁된 기간은 그로부터 지속되는 3년이었을 것이다. 이렇게 이해해도 큰 오류가 없다면, 다음 연구는 다이쇼 7년(1918)부터 5년이 되므로 쇼와 8년(1933)은 역사조사부가 시작된 이후 6기째의 연구에 해당된다. 이를 집계한 것이 〈표 1〉이다. 사료가 거의 없어 추측에 의거해야 하는 부분도 있으나 쇼와 8년(1933)을 "연구 계속

신청 연도"라 하면 위와 같이 해석해야 정합적으로 이해가 가능하므로 현재로서는 이렇게 파악해두고자 한다.

이처럼 시라토리는 5년에 한 번씩 신청하면서 연구를 지속해왔으나, 이들 신청이 구체적으로 어떤 내용이었는가는 알 수 없다. 다행히도 이미 상기한 「계속원」에는 쇼와 8년(1933) 당시의 "계속 이유"가 적혀 있다. 아래에서는 이를 근거로 시라토리가 연구를 계속하고자 한 이유를 확인하고 시라토리 등이 도쿄제대가 행한 연구 상황의 단면을 밝혀보고자 한다.

「계속원」에는 시라토리가 왜 이 연구를 시작했는지, 기존 연구 사업의 경위가 어떠한지가 적혀 있다. 그리고 마지막에는 이 연구를 지속하고자 하는 이유가 기록되어 있다. 그 내용을 보면 시라토리는 만철의 지원을 받아가면서 이미 13권의 보고서를 제출했는데, 그 연구 성과는 만주국 건국을 계기로 만주사에 대한 관심이 높아짐에 따라 "수요가 일시에 증가하여 오늘날에는 가령 수백만을 투자한다 하더라도 전부를 구입할 수 없는" 상황이라는 것이다. 이렇듯 시라토리는 지금까지의 연구가 매우 높은 평가를 받고 있음을 강조하면서 당해 연구의 사회적 의의를 강조하고 지금까지 "만선사의 전 영역 중에 상대 시기부터 명조 중엽까지 중요한 문제는 연구를 거쳤기에" "향후 필요한 연구는 명조 말기부터 청조 전체"라며 상황을 설명하고 만철에 연구 지속을 지원해 달라고 요청하는 것이었다.

만철은 위와 같은 시라토리의 주장을 그대로 인정했다. 그리하여 역사조사부가 결성된 후 6기째이며 도쿄제대로 넘어간 지 5기째 연구에 해당하는 5년간의 연구가 쇼와 8년(1933)부터 쇼와 12년(1937)까지 행해졌다(〈표 1〉 참고). 이와 같이 도쿄제대에서 이뤄진 연구성과를 정리한

〈표 2〉『만선지리역사연구보고』 수록논문 목록

권	저자	수록논문	연대
1	津田左右吉	勿吉考, 室韋考, 安東都護府考, 渤海考	1915
	松井等	契丹勃興史, 契丹可敦城考	
2	津田左右吉	遼代烏古敵烈考, 達盧古考	1916
	箭内亙	金の兵制に關する硏究	
	池内宏	鮮初の東北境と女眞との關係1	
3	池内宏	鉄利考	1916
	津田左右吉	遼の遼東經略	
	松井等	五代の世に於ける契丹上, 遼代紀年考	
	箭内亙	元代社會の三階級	
4	松井等	契丹の國軍編制及び戰術,宋對契丹の戰略地理	1918
	津田左右吉	金代北辺考	
	箭内亙	蒙古の高麗經略	
	池内宏	鮮初の東北境と女眞との關係2	
5	池内宏	高麗成宗朝に於ける女眞及び契丹との關係	1918
	箭内亙	韃靼考	
	松井等	北宋の對契丹防備と茶の利用	
	津田左右吉	遼の制度の二重体系	
	池内宏	鮮初の東北境と女眞との關係3	
6	津田左右吉	上代支那人の宗教思想	1920
	箭内亙	元代の東蒙古	
7	池内宏	高麗太祖の經略	1920
	松井等	契丹に對する北宋の配兵要領	
	池内宏	高麗顯宗朝に於ける契丹の侵入, 鮮初の東北境と女眞との關係4	
8	津田左右吉	百濟に關する日本書紀の記載	1921
	松井等	契丹人の信仰	
	池内宏	朝鮮高麗朝に於ける女眞の海寇	
	箭内亙	元代の官制と兵制	
9	津田左右吉	三國史記高句麗紀の批判	1922
	松井等	契丹人の衣食住	
	池内宏	完顔氏の曷懶甸經略と尹瓘の九城の役	
	箭内亙	元朝牌符考	

권	저자	수록논문	연대
10	池内宏	金末の滿洲, 蒙古の高麗征伐	1924
	津田左右吉	神僊思想に關する二三の考察	
11	津田左右吉	漢代政治思想の一面	1926
	池内宏	金史世紀の硏究	
12	池内宏	曹魏の東方經略, 高句麗滅亡後の遺民の叛乱及び唐と新羅との關係	1930
	和田淸	兀良哈三衛に關する硏究1	
	津田左右吉	前漢の儒教と陰陽説	
13	池内宏	肅慎考, 夫余考	1932
	和田淸	明初の蒙古經略, 兀良哈三衛に關する硏究2	
	津田左右吉	儒教の實踐道徳	
14	池内宏	百濟滅亡後の動乱及び唐・羅・日三國の關係	1934
	和田淸	明初の滿洲經略上	
15	池内宏	勿吉考	1937
	和田淸	明初の滿洲經略下	
	津田左右吉	「周官」の硏究	
16	池内宏	樂浪郡考	1941
	池内宏	高句麗討滅の役に於ける唐軍の行動	

것이 〈표 2〉이다. 보고서는 1915년부터 1941까지 모두 16권이 간행되었다. 이들은 "우리나라의 동양학회가 세계에 자랑할 만한 일대 업적"[18]으로 높이 평가되었다.

이처럼 도쿄제대에서는 시라토리를 중심으로 만철의 지원을 통해 "만철 지리 역사 연구"가 행해졌다. 그러나 실은 이와 동시에 도쿄제대 교수였던 이케우치 히로시도 만주사변 및 만주국 건국을 계기로, 외부성 문화 사업부의 지원을 받아 만주사 및 조선사, 만선사 연구를 진행하고

---

18 和田淸, 1932, 「滿洲蒙古史」, 『歷史敎育 臨時增刊號 明治以後に於ける歷史學の發達』 7-9.

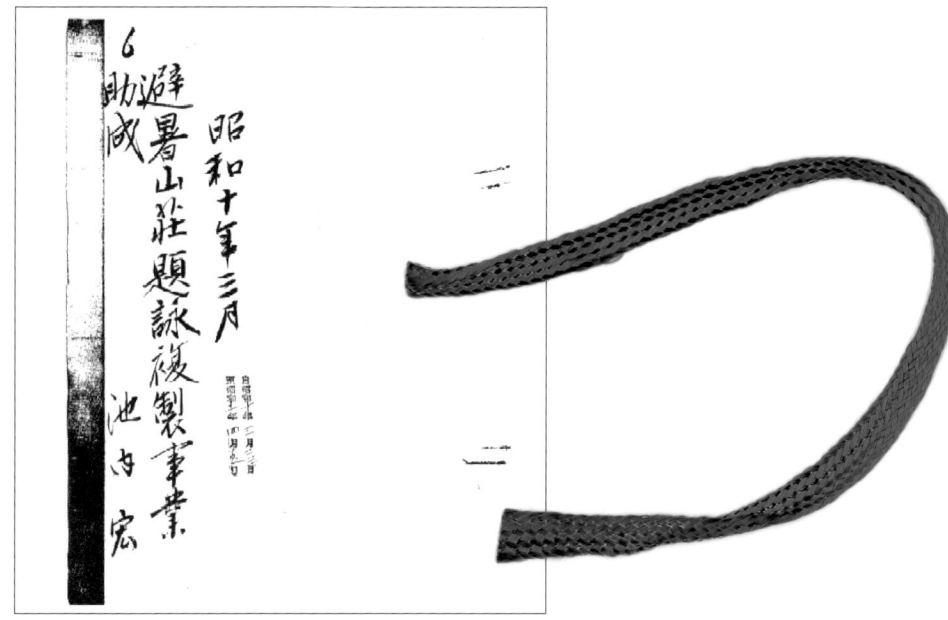

〈그림 3〉「피서 산장 제영 복제 사업 조성」

있었다. 이들 연구의 일부에 관해서는 이미 논한 바 있으나[19] 이 외에도 이케우치가 진행한 연구에 관한 문서가 아시아 역사자료센터에 남아 있다. 그러므로 아래에서는 만주사변 및 만주국 건국을 계기로 진행된 이케우치의 연구 내용 중 그 일부를 아시아 역사자료센터 소장문서를 통해 밝혀보겠다.

---

19 井上直樹・井上直樹, 2017b,「白鳥庫吉の滿洲調査-國立公文書館アジア歷史資料所藏文書の分析を中心に-」.

IV. 이케우치 히로시의 만주사 및 조선사, 만선사 연구

1. 열하(熱河) 산장의 강희제 제영(題詠) 복제 사업과 『청조실록』 간행사업

시라토리가 만철 연구 지속을 신청한 쇼와 8년(1933) 10월에는 시라토리 등 일본 측 연구자와 만주국 연구자로 구성된 일만문화협회가 설립되었다[아시아 역사자료센터, 「日滿文化協會成立の件」, C04011714900(레퍼런스 코드, 이하 생략); 「對滿文化事業」, B13081271200). 주로 처리 國立公文書館アジア歷史資料センタ, 「日滿文化協會成立の件」, C04011714900(레퍼런스 코드, 이하 생략); 「對滿文化事業」, B13081271200]. 이렇게 일본과 만주국 연구자가 적극적으로 만주사 연구에 몰입했다.

한편, 일본의 외무성 문화 사업부에서도 「대만 문화 사업(對滿文化事業)」을 안건으로 세웠다. 여기서는 동방문화학원 도쿄연구소 및 교토연구소에 만몽 인문 과학 연구를 명목으로 연구비 4만 엔을 지급했다.[20]

또한 이 시기에 앞서서 외무성 문화 사업부는 동방문화학원 도쿄연구소장 핫토리 우노키치에게 만몽문화연구에 관한 인사건 및 연구 내용의 초안을 의뢰했으며, 이를 토대로 거란 및 여진 등 만주사에 관한 연구 사업이 채택되었다.[21] 그런데 이케우치 히로시는 그와 별도로 연구를

---

20 國立公文書館アジア歷史資料センタ, 「對滿文化事業日滿當事者懇談會ニ關スル件」, 1932. 11, B05015212100.
21 이들 연구에 관해서는 井上直樹, 2007, 앞의 글.

진행하고 있었다. 이를 보여주는 자료가 아시아 역사자료센터 소장,「피서산장 제영 복제 사업 조성(避暑山莊題詠複製事業助成) 이케우치 히로시, 1935. 3.」(B05015882100)이다. 이에 관해서는 이제까지 언급된 적이 없으나 이 또한 당시 이케우치의 연구를 고찰하는 데 중요하다.

상기 문서에 의하면 강희제가 신하들에게 그리도록 해서 열하이궁(熱河離宮)에 남긴「36경(三十六景)」 및 "어제(御製) 시에 제목을 붙여서 출판"한 것은 "열하에 남아 있는 가장 오래된 문헌"인 바, 간행 수가 매우 적어서 세상에 거의 알려지지 못한" 상태였다. 다행히 나진옥(羅振玉)이 그 일부를 소장하고 있었기에 이케우치는 이를 복제하기 위해서 쇼와 10년(1935) 3월부터 11년(1936) 4월까지 사업 조성을 신청한 것이었다.

이케우치가 이 사업을 신청한 첫 번째 이유는 일본 방문이 예정된 "강덕황제(康德皇帝) 폐하(만주국 황제 푸이)"에게 복제한 어제(御製)를 헌상하기 위해서였다. 두 번째 이유는 이를 일본 및 만주, 중국 학계에 유포하기 위해서였다. 또한 이는 이케우치가 소속되어 있었던 일만문화협회의 취지, 즉 "해당 지역의 고문화를 보존하고 발양(発揚)하도록, 그 취지를 천하에 알리기 위해서"이기도 했다. 이케우치는 열하 지방에 남아 있는 강희제의 어제를 복제하고 분포하는 일을 통해 일만문화협회 활동의 의의를 일본뿐만 아니라 만주국, 나아가서 중국에까지 알리고자 했다.

이케우치는 먼저 복제품 500부 중에서 350부를 상기한 삼국의 주요 대학 도서관 및 공사립 도서관, 만주국 정부의 주요 인물들, "한문화를 전공하는 본회의 평의회(일만문화협회 회원: 저자 주) 등에게 송부하도록 계획했으며, 남은 150부는 보존하여 장래에 열하 문화를 연구하는 연구자에게 분포하고 "그 효과를 발휘하도록 할" 예정이었다.

이렇듯 이케우치가 계획한 강희제 제영 복제 사업은 외무성 문화 사업부의 인정을 받아 편찬 작업에 들어갔다. 복제품은 쇼와 천황, 황후, 황태자, 지치부노미야(秩父宮), 다카마쓰노미야(高松宮), 만주국 황제의 푸이, 그리고 일본 및 만주 양국의 관계자에게 분포되었으며 "많은 감명을 얻게" 되었다. 그러나 애초에 예정되었던 중화민국의 각 대학, 도서관, 주요 인물들에게 분포하고자 한 계획은 "아직 좋은 시기를 맞지" 못한 상황이었다. 만주국 건국 후, 중일 관계가 악화된 상황을 고려하면 그 실현은 상당히 곤란했을 것이다.

이처럼 이케우치가 계획한 열하 산장 제영 복제 사업은 중화민국의 여러 대학 및 도서관에 배포되지는 못했으나 "많은 감명을 얻"을 수 있었으며, "동방의 고문화 보존 및 발양에 이바지"하겠다는 소기의 목적을 어느 정도 달성할 수 있었다.

한편, 앞서 서술했듯이 만주국 건국을 계기로 도쿄제대에서는 이케우치를 지도 교원으로, 미카미 즈기오(三上次男)가 요대 여진족(遼代女眞族) 연구를, 하타다 다카시(旗田巍)가 『조선왕조실록(朝鮮王朝實錄)』 중에서도 만몽사 관계 기사의 초록 작성을 진행했다.[22] 그러나 이케우치의 연구 사업은 그뿐만이 아니었다. 아시아 역사자료센터에 소장된 「청조실록 출판(淸朝實錄出版), 이케우치 히로시, 1934. 9.」(B05015881900) 및 「만일문화협회 기요(滿日文化協會紀要)」(B05016057100)에 의하면 만주국 정부가 「대청 역조실록 복간 사업(大淸歷朝實錄復刻の事業)」을 일만문화협회에 위탁했으며, 일만문화협회는 즉시 실록위원회를 조직하여 이케우치는 나진옥, 영후(榮厚), 하네다 도오루(羽田亨)와 함께 실록 업무 위원으로 감수를 맡았다. 「만일문화협회 기요」(B05016057100)에 의하면 이 작업은 건

22　井上直樹, 2017, 앞의 책.

덕 2년(1935) 1월부터 개시되었으며 이듬해인 건덕 3년(1936) 12월 15일에 납입되었다.

이처럼 이케우치는 만주사 연구에 온 힘을 쏟았다. 그중에서도 간과할 수 없는 것은 이케우치 자신이 실제로 행한 만주국 유적 답사였다. 아래에서는 이 점에 관해 고찰하도록 하겠다.

2. 이케우치 히로시의 만주국 고구려 유적 조사

이케우치의 고구려 유적 조사에 관해서는 그 자신이 남긴 조사보고서에 상세히 기록되어 있다.[23] 이에 의하면 이케우치가 고구려 유적 조사를 행하게 된 계기는 만주국 안동성 시학관이었던 이토 이하치(伊藤伊八)가 쇼와 10년(1935) 5월에 지안(集安)에서 2기(二基)의 벽화고분을 발견하여 많은 연구자들의 이목을 모으게 된 일이다. 이를 계기로 만주국 문교부에서는 같은 해 가을에 벽화를 촬영하기로 결정하였으며 이에 맞춰서 조사할 예정이었던 세키노 다다시(關野貞)가 그해 6월에 도쿄제대의 이케우치를 방문하여 동행을 요청했다. 그러나 이케우치는 "나서서 가겠다고 대답하지는 않았다"고 한다. 이는 이케우치가 열하 지방을 답사하고 귀국한 지 얼마 되지 않았기에 "가을이라고는 해도 여행을 계속하기에는 뭔가 내키지 않았기" 때문이었다. 이케우치의 열하 답사에 대한 구체적인 정황은 알 수 없으나, 상기했듯이 이케우치는 쇼와 10년(1935) 3월부터 열하의 피서산장에 남겨진 강희제의 제영을 복제하는 사업에

---

23 池內宏, 1936, 『滿洲國安東省輯安縣高句麗遺蹟』, 滿日文化協會; 池內宏, 1938, 『通溝 滿州國通化省輯安縣高句麗遺跡』 上卷, 日滿文化協會.

착수하고 있었던 바, 이와 관련하여 직접 열하를 방문하고 있었을 것이다. 같은 해 7월에는 이케우치와 교토제대의 하마다 고사쿠(濱田耕作)가 세키노의 조사에 동행한다는 사실이 보도되었으나 이케우치는 이때에도 "여행할 의지는 여전히 없었다"고 한다.[24]

그러나 사태는 급진전한다. 세키노가 같은 해 7월 29일에 갑자기 죽었기 때문이다. 이케우치는 이 보도를 가루이자와의 집에서 접하고 서둘러 상경했다. 고별식에서는 "고 박사의 영령을 위로했으며" 지안의 답사에 참가하기로 결정했다.[25]

한편, 함께 조사를 가게 된 하마다는 같은 해 9월 23일에 경성에서 열린 제2회 조선총독부 보물 고적 명승 천연 기념물 보존회위원회에 참가하는데, 이케우치는 이를 통해 지안 조사에 동행하게 된다. 이케우치 일행은 다음 날인 24일에 경성을 출발했다. 도중에 평양에서 유적 발굴 상황을 견학했으며 그곳에서 경성제대의 후지타 료사쿠(藤田亮策), 우메하라 스에지(梅原末治), 조선총독부 촉탁 오바 즈네키치(小場恒吉)와 합류하여 열차로 희천까지 가서 1박한 뒤 그곳에서 자동차로 갈아타고 강계로 향했다. 강계에서 하루 묵은 뒤 9월 28일에는 압록강 연안의 만포진에 도착했으며, 오후에 압록강을 건너서 지안으로 들어갔다. 같은 날, 벽화 고적을 새로이 발견한 이토 이하치와 사진 촬영으로 온 자우호(座右寶)의 사이토 기쿠타로(齋藤菊太郎)와도 합류하여 이틀 반에 걸쳐서 조사를 실시했다(그림 4 참조).

이 조사의 경위에 관해서는 아시아 역사자료센터 소장, 「고구려 시대 및

---

24 池內宏, 1936, 앞의 책.
25 池內宏, 1936, 앞의 책.

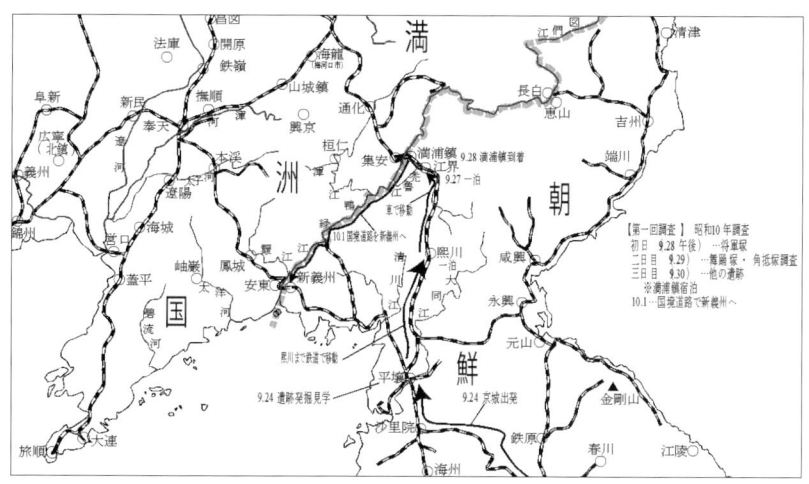

〈그림 4〉 이케우치 일행의 고구려 유적 조사도

요시대 동릉 벽화 출판 사업 조성(高句麗時代及遼時代東陵壁畫出版事業助成)」이케우치 히로시, 1935~1939」(분할 1·2, B05015892300·B05015892400)에도 전해진다(그림 5). 상기했듯이 문교부가 지안의 벽화고분 촬영에 대하여 약 3,400엔의 보조금을 지불했음을 이를 통해 알 수 있다. 또한 상기한 사이토 기쿠타로에 대해서도, 그가 문교부의 원조를 받고 경릉(慶陵) 촬영에 참가한 후에 9월에는 문교부 위촉을 받고 지안으로 출장을 떠났다는 사실을 같은 문서를 통해 알 수 있다.

한편, 사이토와 함께 촬영에 종사한 자우호 간행회의 동향에 관해서는 동 문서관 소장, 「요의 동릉벽화 촬영 여행 일지(遼の東陵壁畫撮影旅行日誌)」에 다음과 같이 기록되어 있다. 그들은 경릉 촬영을 마치고 9월 22일(사이토만 다음 날인 23일)에 봉천으로 돌아와서는 곧바로 신징(新京)으로 가서 만일문화협회에 사업 경과를 보고했으며, 10월 5일까지 봉천에 머물면서 사진을 현상하고 짐 정리를 했다고 한다. 또한 강덕 2년(1935) 10월 6일에 만일문화협회의 상임이사인 영후가 오카다 문화 사업부장

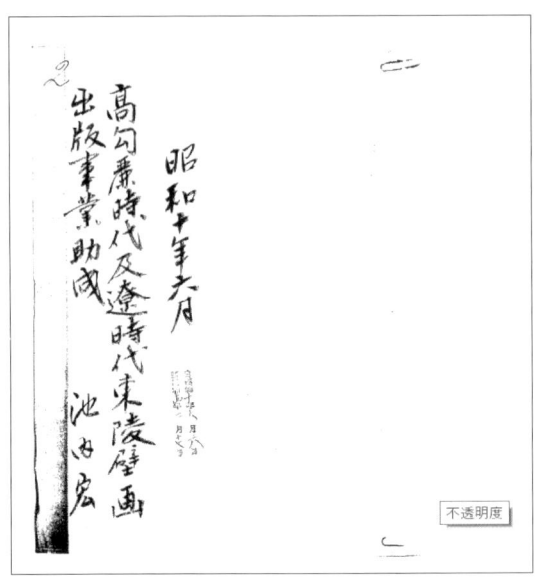

〈그림 5〉 고구려시대 및 요시대 벽화 출판 사업 조성

에게 보낸 「능벽화 사진 촬영에 관한 건(陵壁畫寫眞撮影ニ關スル件)」에 "… 금일(10월 5일: 저자 주), 문교부 원조를 얻어서 안동성 지안현(輯安縣)에 있는 고구려시대의 벽화를 촬영하기 위해 출발하였으며 도쿄에는 이달 말에 돌아올 것이다. …"라고 기록되어 있는 것으로 보아, 자우호간행회의 사진반 중에서 사이토만 이케우치의 지안 조사에 맞춰서 먼저 지안으로 갔으며 나머지 두 명은 벽화 고분을 촬영하기 위해서 10월 5일에 지안으로 갔을 것으로 추측된다.

이렇듯 일행들은 지안의 국내성 및 고분, 그리고 이토 이하치가 새로 발견하여 이케우치 등이 「각저총(角抵塚)」, 「무용총(舞踊塚)」이라 이름을 붙인 고분들을 조사했다. 이때 이토는 양어두묘구(羊魚頭墓区)에 묵서(墨書)가 포함된 고분[모두루총(牟頭婁塚)]이 있음을 듣고 이케우치 일행을 안내했다(그림 6-1). 이케우치 일행은 아쉽게도 묘실이 잠겨 있어서

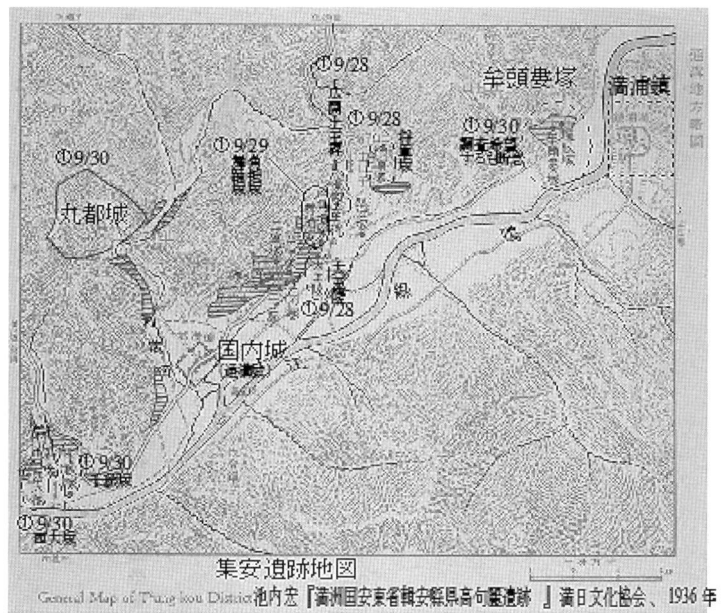

〈그림 6-1〉 이케우치, 만주국 안동성 집안현 고구려 유적도(일만협회, 1936)

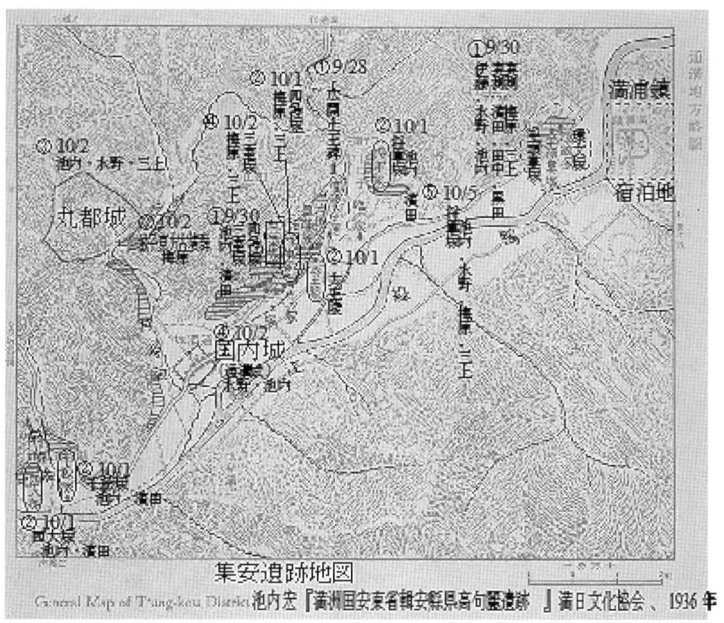

〈그림 6-2〉 이케우치, 만주국 안동성 집안현 고구려 유적도(일만협회, 1936)

3장 동경제국대학 동양사학과의 만주사 및 조선사, 만선사 연구 | 133

내부까지 들어갈 수 없었다. 그러나 귀국 후에 이케우치는 자우호 간행회의 사이토 등을 통해 묘실 내부에 묵서명(墨書銘)이 있음을 듣고 "이는 광개토대왕비에 이은 귀중한 사료로, 학계가 매우 기뻐할 것"이라며 그 중요성을 지적했다.[26] 그러나 이케우치는 사이토가 돌아올 때 "가져온 완전한 사진"을 실제로 보게 된 바, "판독할 수 있는 부분이 생각보다 적어서 귀한 사료를 통해 새로운 사실(史實)을 도출해낼 수 없음을 알고는 매우 실망스러웠다"며 "보충 기록"에서 낙담을 토로하고 있다.

그러나 쇼와 10년(1935)의 조사에서는 모두루총 근처에서 새로운 벽화 고분(환문총)이 발견되었으며, 문교부로부터 파견된 김육불(金毓黻)도 오회분(五盔墳) 북쪽에서 사신총(四神塚)을 발견하는 등, 귀중한 성과를 올렸다.[27] 이케우치가 지안의 벽화 고분 등을 포함해서 지안 지방에 있는 고구려 유적의 중요성을 충분히 인식했음은 분명하다. 그러했기에 이케우치 일행은 이듬해인 쇼와 11년(1936) 9월 30일부터 10월 4일에 걸쳐서 지안을 다시 답사하게 되었다(그림 6-2). 그 성과는 이케우치의 『통구(通溝)』 상·하(일만문화협회, 1938, 1940)로 그 결실을 맺었다.

이 『통구』의 구체적인 내용에 관해서는 이미 학계에 알려져 있으나 이 책의 출판에 관한 상세한 기록이 상기한 아시아 역사자료센터 소장, 「고구려시대 및 요대 동릉 벽화 출판 사업 조성, 이케우치 히로시, 1935년~1939년」에 남아 있다(이하, 동 문서의 인용은 출전을 생략한다). 아래에서는 이케우치의 연구 내용을 이해할 목적에서 이 문서를 통해 『통구』 작성에 관한 제반 사정을 밝혀보겠다.

---

26 池內宏, 1936, 앞의 책.
27 池內宏, 1938, 앞의 책.

3. 이케우치 히로시와 『통구』 출판 사업

상기한 문서에 따르면 이케우치는 지안 고구려 벽화와 관련된 출판 사업 및 「흥안서성 「와르 인 만하(War-in-mńha)」[28]의 요시대 동릉 벽화 출판 사업」으로 『통구』 간행을 신청한 것이었다. 이케우치는 전자에 관하여 "동방 학술 상 희귀한 발견", 후자에 관하여 "요시대(약 900년 전)의 문화를 알 수 있는 유일한 사료로 세계 저명한 유적"이라고 설명했다(池內宏, 「滿洲國安東省輯安縣ニ於ケル高句麗時代壁畫及興安西省「ワーリーマンハ」ニ於ケル遼時代東陵壁畫出版費用補助願」). 또한 이들 고구려 및 요 능 벽화[경릉(慶陵)을 말하므로 이하 "경릉"으로 인용]는 "일본의 호류사(法隆寺), 지나 대륙의 서역 고창 유적 등, 불교 예술 유적에서 볼 수 있는 매우 중요한 사료"이며(滿文第78號 「安東省輯安縣高句麗時代古墳壁畫及興安西省「ワーリーマンハ」遼陵壁畫出版ニ關スル件」), "만주의 문화 및 역사 상 중요한 자료로서 역사적 재료가 별로 남아 있지 않은 고구려 민족과 요 민족의 역사 문화를 밝힐 수 있는 유일한 자료"로, "동방 문화의 기원과 그 민족 생활을 역사적으로 밝히고" "만주국의 역사적 특수성을 세계에 널리 선양"할 수 있다고 강조했다(日滿文化協會·榮厚, 「遼の皇陵及高句麗墳墓の壁畫出版助成」).

그러므로 이 출판 신청에 관해서는 재 만주국 특명 전권대사였던 미나미 지로(南次郞)가 "본 조성은 평의하여 결정하고자(助成方御詮議相成度此段申進ス)" 진언을 외무대신 히로타 고키(廣田弘毅)에게 제출했다(1936. 2.

---

[28] "기와가 많은 모래산"이라는 뜻으로, 중국 랴오닝성 파림좌기(巴林左旗) 백탑자의 북서쪽에 위치한다.

25. 「遼ノ皇陵及高句麗墳墓ノ壁畫出版助成方ノ件」). 이는 미나미 외에도 재만주국 특명 전권대사였던 우에다 겐키치(植田謙吉)를 통해서도 제출된 바(1936. 6. 10. 「遼皇陵及高句麗古墳壁畫出版助成方ノ件」), 학자뿐만 아니라 정치가이자 군인이었던 전 조선총독 미나미, 전 관동군사령관이었던 우에다가 출판의 중요성을 지적한 것이었다. 이는 본 사업이 만주국의 역사적 기반과 밀접한 관련이 있었기 때문이라고 추측할 수 있다. 즉, 이케우치 등의 연구 및 출판 사업이 지닌 정치적 성격을 지적할 수 있겠다.

이렇게 이케우치는 쇼와 11년(1936) 5월 2일에 「만주국 안동성 지안현, 고구려시대 벽화 및 흥안서성 「와르 인 만하」의 요시대 동릉 벽화 출판 비용 보조원(滿洲國安東省輯安縣ニ於ケル高句麗時代壁畫及興安西省「ワーリーマンハ」ニ於ケル遼時代東陵壁畫出版費用補助願)」을 신청했다. 이는 "정계, 학술상 중요한 자료를 제공하는 것으로, 학계 및 그 외의 이익이 매우 커 문화 사업으로서의 의의를 인정"받아, 쇼와 11년(1936)부터 3년간 1년에 1만 엔씩 총 3만 엔이 출판조성금으로 결정되었으며, 1936년 5월 14일에 쇼와 11년도 보조금으로서 금 1만 엔이 교부되었다(지령서 제49호).

이케우치는 3년의 계획 중에서 초년도인 1936년에는 「원색판 사진제판(原色版写眞ノ製版)」, 「고구려 벽화에 관한 편찬 및 해설, 번역(한문 및 영어)」을 완성하고, 2년째(1937)에는 전년도에 편찬하고 번역한 해설을 인쇄해서 제본한 것을 각 방면에 배포하고, 마지막 3년째에는 전년도부터 진행한 작업인 경릉에 관한 원고, 사진 등을 인쇄, 제본하여 각 관계 방면에 배포하는 것으로 사업을 완성 짓고자 했다.

그러나 사업은 이케우치가 계획한 대로 진행되지 않았다. 그 이유 중 하나가 경비 삭감이었다. 이케우치는 애초에 초년도부터 3년째까지의 예산을 매년 1만 엔으로 했으며, 상기했듯이 외무성 문화 사업부도 이를 인

정한 것이었다. 보조금 신청에 대해 이의를 제기했던 재 만주국 특명 전권대사였던 우에다에 대해서도, 아리다 외무대신 이름으로 1936년 5월 30일 날짜로 3년간 매년 1만 엔씩 총 3만 엔을 조성금으로 지불하도록 결정하라는 취지가 전달된 바 있었다(昭和11年6月1日「遼ノ皇陵及高句麗墳墓壁畫出版方助成ニ關スル件」). 이를 전제로 이케우치도 1937년 7월에 쇼와 12년(1937)도 조성원을 제출하여, 외무성 문화 사업부는 지령 제78호(7월 10일)를 통해 1만 엔을 세 번에 걸쳐서 교부하도록 전했다.

그러나 쇼와 12년(1937)도 사업 경과보고(1938. 9. 25.)에 의하면 1937년도에 이케우치가 받은 돈은 애초에 예정되었던 1만 엔 중에서 6,500엔뿐이었다. 이케우치는 당초 계획대로 '쇼와 12년도 7월 초에 기고(起稿), 동년 10월 7일에 완성(擱筆)'하여 바로 조판하도록 넘겼으며 한문 및 영어 번역 작업도 완료한 상태였다. 또한 상권에 사용할 종이도 구입해서 인쇄소에 넘길 예정이었으나 1937년에는 '진행하지 못하고 1938년도에 완료하도록' 결정할 수밖에 없었다. 상기했듯이 교부된 예산이 애초보다 3분의 2 정도로 줄었기 때문이다.

이러한 경비 삭감은 1937년도만이 아니었다. 최종 연도인 쇼와 13년도(1938)도 그러했다. 이케우치는 쇼와 13년도의 예산 신청을 하던 당시, 특히 외무대신 지령을 통해 조성금 1만 엔을 지급받기로 했음에도 6,500엔밖에 수령할 수 없었다. 그는 쇼와 13년도의 예산을 청구할 때 잔금 3,500엔을 가산하여 청구했다(1938. 4. 27.). 그러나 이에 대하여 외무성 문화 사업부는 "본 연도는 시국과 관련하여 여러 경비를 절약할 필요가 절박하여 각종 국책에 관계없이 순학문적 연구 조성은 중지하거나 연장하기로 한다. 특히 본 사업도 일부를 연장하도록 한다"(「遼代壁畫出版助成ニ關スル件」, 1938. 7. 6.)고 하였다. 그리고 7월 16일에 "금반 시국을 돌아보니, 쇼와 13년도는 경비를 극도로 절감해야 할 형편이다. 본 사업 또한 감액할 수밖에 없게 되었다"며 1938년도에는 외무성 문화 사업부로부터 조성금 6,500엔이 이케우치에게 전달되었다(「遼時代東陵壁畫出版事業助成ニ關スル件」).

전년도인 1937년 7월에 발생한 루거우차오 사건(盧溝橋事件)을 계기로 일본과 중국의 대립은 전면 전쟁으로 발전했다. 또한 출판 사업 3년째인 1938년 5월에는 국가 총동원법이 실시되었다. 외무성 문화 사업부가 말하는 "시국"이란 이런 사태를 가리키는 것이었다. 이러한 와중에 이케우치가 진행했던 고구려 및 경릉 간행 사업은 "국책에 관계없는 순학문적 연구"로 인식되어 경비 절감을 피할 수 없게 되었던 것이다. 외무성 문화 사업부도 이러한 시국에서는 간행 사업이 불가능할 것이라고 판단하여 "경비 부족에 의한 미완성 사업은 이듬해로 미루도록" 했다(「壁畫出版助成ニ關スル件」, 1938. 7. 6.). 이와 같이, 만주국의 존립 기반이기도 했던 "만주사"의 중요한 일부이자 동시에 "만주국의 역사적 특수성을 세계에 널리 선양"하기 위한 사업은, 중일전쟁과 이에 대처하기 위한 국가총동원법 실시라는 거국일치체제 속에서 "국책에 관계없는 순학문적 연구"로 인식되어버렸다.

그러나 이러한 힘든 정황 속에서도 『통구』 상권이 간행되어(1938) 관계자들에게 배부되었다. 이케우치는 「쇼와 13년도 사업 경과보고서(쇼와 14년 6월)」에서 이 책을 1938년 10월 10일에 천황과 황후, 그리고 지치부노미야와 다카마쓰노미야에게 헌상했음을, 그리고 내지 및 유럽의 대학과 주요 도서관에 기증함으로써, "만주의 고문화를 널리 내외에 선양할 수 있었다"고 적고 있다. 또한 해외의 대학으로부터 "간절한 감사장"을 보내왔으며 "본서의 겉모습이 화려하고 내용 또한 학술적 가치가 높음을 평가"받은 일, "문화적 소통을 이루기에 충분"함을 특필하고 있으며 "본서를 배포하여 매우 큰 효과가 있었음이 증명되었다"고 강조했다.

또한 이케우치는 「쇼와 14년도 보조원(補助願)」에서도 "유럽의 여러 나라가 비상시에 놓여 있는 우리 대륙의 고문화연구가 융성함을, 그리고 인쇄 기술이 뛰어남을 인정한 일은 본서 출판이 매우 큰 효과를 거두었음을 증명하는 것"이라고 말했으며 이 책의 간행이 유럽과 미국의 여러 나라로부터 인정받았으며 "비상시"임에도 매우 중요한 작업이었음을 강조했다. 이는 중일전쟁, 그리고 국가 총동원체제하라는 시국 속에서 "국책에 관계없는 순학문적 연구"라고 인식된 부분에 대한 이케우치 나름의 반론이라고 이해할 수 있겠다. 이처럼 경비 삭감을 견뎌가면서 고생하는 와중에 『통구』는 간행되었다. 그러나 이 출판 사업에는 또 다른 문제가 있었다.

이 사업이 당초에 이케우치가 계획한 대로 진전되지 못한 두 번째 이유는 『통구』 하권 등을 담당했던 하마다의 죽음과 관련한다. 『통구』 하권은 "현지에서 새로 발견된 고분 벽화를 해설할 목적이었으며 이사 하마다 고사쿠 등이 이를" 맡아서 작업을 진행하고 있었다. 그러나 사업 3년째인 쇼와 13년(1938) 7월, 하마다가 갑자기 세상을 떠나버렸다. 그 결과 이케우치가 하마다를 대신해서 하권을 담당하게 되었으며 경성제대의 우메하라와 협력하여 보고서의 기초를 작성해야 했다. 하마다는 죽기 직전까지 경성제대 총장이라는 요직을 맡고 있었으며 『통구』와 동시에 진행되고 있었던 경릉 벽화 조사에 관해서는 "장기 출장이 어려운" 하마다를 대신해서 경성제대 강사인 다무라 지쓰조(田村實造)가 이를 진행하고 있었다. 상권에 비해서 하권 편찬 작업이 늦어진 것은 하마다가 경성제대 총장으로서 매우 바빴기 때문일 것이다. 그 와중에 하마다는 돌연 세상을 떠났으며 이케우치가 급히 하권 집필과 편찬 작업까지 맡아야 했다.

조성금이 삭감되고 하마다의 갑작스런 죽음으로 인해 사업은 이케우치가 애초에 예정한 3년 안에 끝나지 않았다. 그리하여 본 사업은 4년째인 쇼와 14년(1939)까지 이어졌다. 이케우치는 쇼와 14년도 「보조원(補助願)」에서 12월 중에는 『통구』 하권도 인쇄를 마칠 예정임을 기술했으며, 쇼와 14년도의 경비로 『통구』 하권 조성금 3,261엔 및 경릉 벽화 출판 조성금 10,500엔으로 합계 13,771엔을 조성금으로 "특별 신청"했다.

이에 대하여 외무성 문화 사업부는 『통구』 하권의 조성비 3,261엔은 이케우치가 신청한 대로 인정하면서 경릉 벽화 출판 조성금에 대해서는 삭감하여 6,261엔의 조성비를 통지했다(1940. 1. 20.). 두 가지 모두 만주사의 중요한 자료임을 인정하면서도 『통구』 하권을 간행할 조성비만 신청금액대로 통과시킨 것은, 앞서 상권이 발간되었으며 이케우치가 강조한 것처럼 『통구』가 유럽 및 미국의 여러 나라로부터 많은 칭찬을 받았다는 점을 인정했기 때문일 것이다. 세계로부터 고립되기 시작한 일본에게 유럽의 높은 평가는 매우 중요한 것이었음이 틀림없다. 외무성 문화 사업부는 『통구』를 "국책에 관계없는 순학문적 연구"라 여겼으나 이케우치가 지적한 대로 외무성 문화 사업부도 이 사업의 중요성을 깨닫고 있었을 것이다. 달리 말하면 이케우치는 『통구』 간행이 국책상 매우 중요하다는 점을 강조함으로써 조성금을 딸 수 있었다. 그는 『통구』를 간행하기 위해서 조성금을 신청한 것이었으나 그의 연구는 당시의 정치적 상황과 결코 무관한 것이 아니었음을 우리는 알 수 있다.

1년이 늦춰졌으나 『통구』 하권은 예정대로 진행되지 않았다. 그 이유는 중일전쟁이라는 거국일치의 전시체제 때문이었다. 『통구』 간행이 늦어진 세 번째 이유라 할 수 있다. 이케우치가 제출한 「쇼와 14년도 사업 경과보고」(1940. 5. 22.)에 의하면 당초 계획으로는 쇼와 14년도 안에 『통구』 하권을 간행할 예정이었으나 "시국 때문에 인쇄를 진행하는 데 적지 않은 장애가 있어서 곤란해졌다"며, 예정 기한 내에 간행할 수 없었다. 이케우치는 외무성 문화 사업부에 제출한 사업보고서에서 종이 값의 급상승을 예상하여 인쇄용 종이를 사전에 구입했음을 적고 있으나(「昭和14年度事業經過報告」), 전시체제 속에서 이 외의 물자도 부족했을 것이다. 『통구』의 편찬 및 출판 사업은 일본을 둘러싼 중일전쟁이라는 어려운 환경 속에서 많은 제약을 받아가면서 진행된 것이었다.

이렇게 이케우치는 『통구』 하권 및 경릉 조사 보고서 편찬을 완성시킬 목표로 5년째인 쇼와 15년도(1940)의 출판 조성을 신청했다. 이는 허가가 떨어졌으며(指令第95號, 1940. 10. 19.), 『통구』 하권은 예정대로 1940년 10월에 간행되었다.[29]

---

29 당시 『통구』와 함께 출판 조성을 받고 있던 경릉 관계 보고서는 결국 같은 해에 간행되지 못하고 그 후 다무라 지쓰조 등의 조사를 거쳐서 편찬 작업이 진행되었다. 그러나 측량도가 소련전을 대비한 군사기밀에 저촉된다는 이유로 제2차 세계대전 중에 발표하는 것은 금지되었다. 출판을 목표로 도판 및 사전 원판이 도쿄의 자우호 간행회에 보관되어 있었으나 공습 때문에 대부분 분실되었고, 1945년 제2차 세계대전 완료 후, 일만문화협회도 해산되면서 보고서 간행은 힘들어 보였다. 그러나 1954년, 문부성의 조성에 의하여 다무라 및 고바야시 유키오(小林行雄), 『慶陵: 東モンゴリアにおける遼代帝王陵とその壁畫に關する考古學的調査報告』(座右寶刊行會, 1952·1953)으로 간행되었다. 또한 이러한 경위 및 전전 일본의 거란 조사에 관해서는 古松崇志, 2005, 앞의 글에 상세하게 논하고 있으므로 이를 참조하길 바란다.

V. 맺음말

 이상, 지금껏 주목받은 적이 없는『고토 신페이 문서』및 아시아 역사 자료센터 소장, 이케우치 히로시 문서를 근거로 시라토리 구라키치와 이케우치 히로시의 만주사 및 조선사, 만선사 연구의 일면을 분석했다. 이들 시라토리와 이케우치의 연구는 만철의 입장에서는 이익을 추구하는 철도회사에 불필요한 역사 연구였다. 나아가서 외무성 문화 사업부 또한 시국과 관련 없는 순학문적 연구라는 인식에서 경비를 삭감했다. 그러나 이들 연구가 만철과 외무성 문화 사업부의 지원을 받았다는 점에서 정치적 성격을 면할 수는 없었다.

 시라토리는 고토에게 만주사 연구의 중요성을 지적했으며 러일전쟁 후 일본의 만주 경영과 만주사 연구는 밀접한 관계가 있음을 설득했다. "만주사 연구는 학자가 등한시할 문제가 아니다. 국가 경영을 하는 위정자가 나서야 할 임무이며 국민의 임무"라고 단언했다(「滿州歷史編纂の急務」後藤新平文書R38-34). 이케우치 또한 본문에서 지적했듯이 고구려사나 만주사 연구를 만주국과 일관시켜서 연관짓고 있으며 이들 연구가 "시국"과 밀접한 관계가 있음을 주장했다. 따라서 연구에 필요한 조성금을 획득해가면서 연구를 진행했다. 바로 이 점에서 도쿄제대 동양사학과를 대표하는 시라토리 및 이케우치의 연구를 특징지을 수 있겠다. 또한 그들 제자였던 미카미 즈기오나 하타다 다카시도 이 연구에 종사하고 있었으니, 시라토리와 이케우치에서 끝나는 일이 아니었다.

 한편 이러한 연구는 교토제대에서도 행해지고 있었다. 이와 관련해서는 이 글에서 고찰하지 못했으나 이 또한 아시아 역사자료센터 등의 외무성 문화 사업부 관계 자료로 남아 있다. 교토제대의 연구도 전전 일본이 행한 연구의 실태를 알고 이를 비판적으로 검토하기 위해서 결코 경시할 수 없다. 차후, 남은 사료를 통해 이들 연구의 목적 및 실태를 상세히 밝혀나가는 작업이 필요하리라 생각된다. 이는 차후 과제로 남기고 여기서 글을 마치겠다.

역자: 허지향(리쓰메이칸 대학 전문연구원)

참고문헌

國立公文書館アジア歷史資料センター所蔵資料

「高句麗時代及遼時代東陵壁畫出版事業助成 池內宏 自昭和十年 至昭和十四年」(分割 1·2), B05015892300·B05015892400.
「對滿文化事業」, B13081271200.
「對滿文化事業日滿当事者懇談會ニ關スル件 昭和7年11月」, B05015212100.
「滿日文化協會紀要」, B05016057100.
「日滿文化協會成立の件」 레퍼런스 코드(이하 생략): C04011714900.
「淸朝實錄出版(池內宏) 昭和九年九月」, B05015881900.
「避暑山莊題詠複製事業助成(池內宏) 昭和十年三月」, B05015882100.

단행본

京都大學文學部, 1956, 『京都大學文學部五十年史』, 京都大學文學部.
京都木曜クラブ, 2001, 『考古學史硏究』9.
德島縣立鳥居龍藏記念館, 2013·2015·2017, 『德島縣立鳥居龍藏記念館硏究報告』 1·2·3.
東京帝國大學, 1942, 『東京帝國大學學術大觀總說·文學部』, 東京帝國大學.
五井直弘, 1976, 『近代日本と東洋史學』, 靑木書店.
井上直樹, 2013, 『帝國日本と〈滿鮮史〉』, 塙書房.
池內宏, 1936, 『滿洲國安東省輯安縣高句麗遺蹟』, 滿日文化協會.
_____, 1938, 『通溝 滿州國通化省輯安縣高句麗遺跡』 上卷, 日滿文化協會.
池內宏·梅原末治, 1940, 『通溝 滿州國通化省輯安縣高句麗壁畫古墳』 下卷, 日滿文化協會.

논문

岡村敬二, 1999, 「日滿文化協會-その創設までの道のり-」, 『京都文化短期大學紀要』 30.
_____, 2000a, 「內藤湖南と日滿文化協會-外務省文化事業部宛內藤書簡を中心に-」, 『京都學園大學人間文化硏究』 3.
_____, 2000b, 「「對滿文化事業審査委員會」の創設事情」, 『京都學園大學人間文化硏究』 4.

_____, 2001, 「羅振玉と日滿文化協會―人事問題をめぐって」, 『京都學園大學人間文化研究』 5.

古松崇志, 2005, 「東モンゴリア遼代契丹遺跡調査の歷史-1945年滿洲國解体まで-」, 『遼文化·慶陵一体 調査報告』, 京都大學大學院文學研究科.

旗田巍, 1966, 「日本における東洋史學の傳統」幼方直吉·遠山茂樹·田中正俊編, 『歷史像構成の課題 歷史學の方法とアジア』, 御茶の水書房[(초출) 『歷史學研究』, 270, 1962].

白鳥庫吉, 1928, 「學習院に於ける史學科の沿革」, 『學習院輔仁會雜誌』 134.

_____, 1933a, 「滿鮮歷史地理硏究事業繼續願控(昭和8(1933)年4月)」, 『後藤新平關係文書』 R-38-34.

_____, 1933b, 「白鳥庫吉と滝川政次郎との交談筆記(昭和8(1933)年8月)」, 『後藤新平關係文書』 R-38-34.

_____, 1971, 「滿鮮史硏究の三十年」, 『白鳥庫吉全集』 10, 岩波書店.

井上直樹, 2010, 「戰後日本の朝鮮古代史硏究と末松保和·旗田巍」, 『朝鮮史硏究會論文集』 48.

_____, 2017a, 「戰前日本の滿州史硏究-國立公文書館アジア歷史資料センタ-所藏文書の分析を中心 に-」, 『滿洲歷史地理硏究と白頭山』(2017年6月23日 於韓國ソウル市·東北亜歷史財団報告原稿).

_____, 2017b, 「白鳥庫吉の滿洲調査-國立公文書館アジア歷史資料所藏文書の分析を中心に-」, 『日本 中國考古學』 17號.

酒寄雅志, 2001, 「渤海史硏究と近代日本」, 『渤海と古代の日本』, 校倉書房.

中見立夫, 1992, 「日本の東洋史黎明期における史料への探究」, 神田信夫先生古稀記念論集編纂委員會 編, 『神田信夫先生古稀記念論集 淸朝と東アジア』, 山川出版社.

_____, 2006, 「日本的「東洋學」の形成と構圖」, 『岩波講座「帝國」日本の學知 第3卷 東洋學の磁場』.

塚瀨進, 2011, 「戰前·戰後におけるマンチュリア史硏究の成果と問題點」, 『長野大學紀要』 32-3.

和田淸, 1932, 「滿洲蒙古史」, 『歷史敎育 臨時增刊號 明治以後に於ける歷史學の發達』 7-9.

4장

만주건국대학에서 이루어진 역사 연구

정상우
서울과학기술대학교 기초교육학부 부교수

I. 머리말

　후발 제국주의 국가로서 일본의 근대화와 제국주의화는 동시적이었으며 이는 학문의 영역에서도 마찬가지였다. 일본은 서구를 따라잡기 위해 서구 제국들이 구축한 이른바 근대적인 제도·문물을 도입했으며, 이 과정에서 대학이나 연구기관 등과 같은 근대적인 학술 제도들 역시 받아들였고, 이들 학문은 일본의 근대화·제국주의화에 복무하였다. 이러한 과정은 역사학 역시 마찬가지였다. 서구로부터 '근대 역사학'을 받아들인 일본의 역사가들은 제국 일본의 힘이 미치게 된 주변 지역의 역사를 자신들의 관점에서 연구하며, 일본과 일본 민족을 주인공으로 하는 새로운 역사상을 제시하고자 했다.

　제국 일본의 대륙 침략은 조선과 만주로부터 시작했다. 러일전쟁의 결과 조선을 완전히 자신들의 세력권하에 위치시킴은 물론 남만주에서의 이권을 획득한 것이다. 이러한 팽창과 침략의 과정에서 제국 일본은 남만주철도주식회사 산하에 '만선역사지리조사부'와 같은 학술 기구를 설치하며 연구를 독려했다. 만주와 그 일대의 역사는 중요한 연구 대상으로 부상했으며 제국대학을 졸업한 당대의 엘리트들은 이러한 국가적 시책에 부응하며 연구자로 성장했다. 이후에도 만주와 북방 민족 및 그 역사에 대한 연구들은 도쿄(東京)와 교토(京都)의 제국대학에서 수학했던 이들을 중심으로 꾸준히 이루어졌지만 1930년대 만주사변의 발발과 만주국의 건국은 만주의 역사에 대한 학계의 관심을 다시 한번 환기시켰다.[1] 한편 일본의 '근대 역사학'의 성립·전개 과정은 '동양'의 창출 과정

1　外山軍治, 1967, 「日本における滿洲史硏究」, 『歷史敎育』 15-9·10, 75쪽. 글의 서

이라고도 이야기된다.[2] 중국 중심의 세계관을 부정하고 역사적 강자로 부상한 일본을 중심으로 하는 새로운 세계로서 '동양'을 설정하고, 이를 역사적으로 설명했다는 것이다. 이러한 점을 고려할 때 20세기 이래 일본인 연구자들의 만주사 연구는 이러한 과정 속에도 위치해 있는 것이다. 즉, 일본인 연구자들의 만주사 연구는 제국 일본의 대륙 침략과 '동양'이라는 공간의 창출이라는 두 가지 과정 속에 있는 것이었다.

한편, 제국 일본의 만주 침략 결과이자 새로운 침략의 발판이 된 만주국의 수도 신징(新京)에서는 중일전쟁이 진행 중이던 1938년 5월 만주건국대학(滿洲建國大學, 이하 '건국대학')이 개교했다. 전장의 한 복판이라 할 수 있는 만주라는 공간에 세워진 근대 학제의 최고 학부인 '대학'. 그렇다면 건국대학에서 이루어진 역사 연구를 살펴보는 것은 당시 일본인 역사가들의 연구의 두 가지 성격-대륙침략을 합리화하는 역사 연구이자 '동양'이라는 역사 공간의 창출과 관련된 연구-을 살펴보는 데 좋은 시사점을 제공해줄 수 있을 것이다. 과연 만주건국대학에서는 어떠한 역사가 연구·교육되었으며, 이를 어떻게 평가할 수 있을까?

건국대학에서 이루어진 역사 연구에 대해서는 남아 있는 자료도 얼마 되지 않으며, 알려진 것도 없다. 하지만 건국대학에 대해서는 2000년대를 전후하여 건국대학의 면모에 대한 종합적인 연구들이 이루어진 이래 연구가 확대되고 있다. 초기의 연구들은 건국대학령(建國大學令)의 제1조, 바로 '건국정신(建國精神)의 신수(神髓)를 체득(體得)하고, 학문(學問)의

두에서 外山은 일본에서의 만주사 연구를 1기 러일전쟁 이후, 2기 만주사변 이후, 3기 종전 이후의 세 시기로 구분했다.
[2] Stefan Tanaka, 1993, *Japan's Orient: rendering pasts into history*(박영재·함동주 譯, 2004, 『일본 동양학의 구조』, 문학과 지성사).

온오(蘊奧)를 구(究)하여 몸소 이를 실천해 도의세계(道義世界) 건설(建設)의 선각적 지도자로서의 인재 양성을 목적으로 한다'[3]는 것에 주목하였다. 즉, 건국대학은 일본이나 조선, 대만에 세워진 제국대학들과는 달리 국가 건설을 위한 인재 양성이라는 명확한 목표를 제시했다는 것이다. 이러한 목표 아래에서 이루어진 건국대학의 개교를 둘러싼 상황, 건학 이념을 실현하기 위한 조직 구성과 교육 및 연구 방식의 특징, 건국대학의 학생 생활, 졸업생들 등에 대한 사항을 정리하며, 그 실체에 접근한 것이다.[4] 최근에는 이러한 기초적·종합적인 연구에 기반하여 개별 분과학문 또는 건국대학에 재직하며 연구 활동을 벌였던 개별 인물들의 차원으로 연구가 확대되었다. 일본의 연구자들은 건국대학에서 지리학, 심리학, 종교학 등을 연구했던 개별 교수들을 주목하며 각 분과학문이 만주국이라는 공간에서 어떠한 의미를 가지고 있었는지에 대해서 규명했을 뿐만 아니라[5] 한국의 연구자들은 건국대학에 몸담았던 최남선이나 조선인 학생들을 통해 건국대학에 접근하는 한편 건국대학의 실질적인 책임자이자 산파였던 사쿠다 소이치(作田莊一)나 니시 신이치로(西晋一郎) 등이 건국대학 재직 당시 제시한 도의국가론(道義國家論)에 대한 고찰도 진행했다.[6] 이 연구가 비록 건국대학에서 이루어진 역사 연구에 대

---

3 建國大學, 1941, 「建國大學令」, 『滿洲建國大學要覽』, 9쪽.
4 宮澤惠理子, 1997, 『建國大學と民族協和』, 風間書房; 山根幸夫, 2003, 『建國大學の研究』, 汲古書院.
5 小谷野邦子, 2003, 「『滿洲』における心理學−建國大學とその周邊」, 『茨城キリスト教大學紀要』 36; 大澤広嗣, 2007, 「宗敎學硏究者と『滿洲國』−建國大學の松井了穩」, 『佛敎文化學會紀要』 15; 田村紀雄, 2010, 「井口一郎と建國大學の同僚達−王道樂土か日本脱出か」, 『コミュニケーション科學』 31, 東京經濟大學; 柴田陽一, 2011, 「建國大學における地理學者とその活動−宮川善造を中心に」, 『史林』 94(5), 史學研究會.
6 전성곤, 2006, 「만주 「建國大學」 창설과 최남선의 〈건국신화론〉」, 『日語日文學研究』

한 것이지만 건국대학과 관련하여 남아 있는 자료가 매우 한정적인 가운데 이루어진 선행 연구 성과들은 이 연구를 수행하는 데 많은 시사점을 제공할 뿐만 아니라 연구의 출발점이기도 하다.

한편 건국대학에서 이루어진 역사 연구를 고찰하기 위해서는 이를 규정하는 외부적 조건들에 대해 살펴보아야 할 것이다. 건국대학에 부임하여 역사를 가르치고 연구했던 이들은 제국대학에서 사학을 전공·연구하던 이들로 당시 학계의 자장 안에 있었다고 하겠다. 이와 더불어 건국대학의 부총장이자 건국대학연구원의 원장으로서 건국대학의 실질적인 리더였던 사쿠다는 건국대학에서의 연구 사명으로서 '만주국학(滿洲國學)'을 누차 제시·강조했다. 그렇다면 건국대학에서 이루어진 역사 연구 역시 당시 학계의 흐름 속에서, 만주국학이라는 것을 의식하며 이루어질 수밖에 없었을 것이다. 따라서 건국대학에서의 역사 연구의 의미와 가치는 당시 일본의 역사학계, 특히 만주의 역사가 포괄되는 동양사학계의 논의 및 만주국학과의 관련 속에서 보다 명확해질 것이다. 이에 이 연구에서는 먼저 당시 일본에서의 만주사 연구와 학계의 분위기 및 만주국학에 대해 정리하겠다. 이후 건국대학에서 교수로서 재직하며 역사를 연구·강의했던 이들이 건국대학 재직 당시 발표했던 글들을 통하여 이들의 연구주제와 내용들을 검토하여 건국대학에서 이루어진 역사 연구의 시대적 의미와 가치를 생각해보고자 한다.

56; 정준영, 2016, 「'만주 건국대학'이라는 실험과 육당 최남선」, 『사회와 역사』 110; 이정희, 2016, 「'만주 건국대학'의 교육과 조선인 학생」, 『만주연구』 22; 강해수, 2016, 「'도의국가(道義國家)'로서의 만주국과 건국대학-사쿠다 소이치(作田莊一)·니시 신이치로(西晋一郎)·최남선의 논의를 중심으로」, 『일본공간』 20.

II. 1930년대 일본 역사학계의 동향과 건국대학의 사명으로서 '만주국학(滿洲國學)'

1. 만주사 정립의 필요와 새로운 역사 서술의 지향

러일전쟁과 만주사변으로 인해 일본 학계에서의 만주사에 대한 관심이 증가했다. 당시 연구자들 역시 이 두 사건이 만주사 연구의 큰 계기였다며, 이를 '만선사(滿鮮史)에서 만몽사(滿蒙史)로의 영역 확장'이라고도 이야기했다.[7] 특히 만주사변 이후로는 외무성에서도 만주사 연구를 지원하는 가운데 젊은 연구자들이 만주사를 연구하게 되었으며, 과거 만철역사지리조사부에서의 연구, 바로 만주에 있었던 왕조들과 주요 사건에 대한 역사지리적 고증에 그치지 않고 만주와 주변의 관계 등으로 시각의 확대를 이루었다고 평가되고 있다.[8]

만주의 과거에 대해서는 1920년대에도 만주에서 일본의 이권 유지·확보와 관련하여 논의되었으며, 교토제대 사학과 교수 야노 진이치(矢野仁一)는[9] 그 선봉에서 만주사변 이전부터 만주에서 일본 이권의 근거로 만주가 중국의 영토였던 적이 없었다는 것을 이야기했다.[10] 이후 그는 자신의 논의를 확대하며 만주국을 인정하지 않았던 국제연맹, 만주를

---

7 三島一, 1936, 「滿洲史硏究序說」, 歷史學硏究會 編, 『滿洲史硏究』, 1쪽.
8 塚瀨進, 2011, 「戰前, 戰後におけるマンチュリア史硏究の成果と問題點」, 『長野大學紀要』 32-3, 42~43쪽.
9 1945년 이전 矢野仁一의 활동과 중국인식에 대해서는 이형식, 2016, 「'支那通' 야노 진이치(矢野仁一)의 중국인식과 對中政策」, 『사림』 58.
10 矢野仁一, 1930, 「日本の滿洲に於ける歷史上の地位を論ず」, 『東亞』 3-1, 4~6쪽.

중국의 일부로 보는 중국 학자들 논의를 비판하는 한편 역대 중국 왕조의 지배력이 만주에 미치지 못했음을 상세히 서술했다.[11] 즉, 만주사를 이야기하며 현재 만주에서의 일본의 이권을 논의한 것이다. 이에 대해서는 푸쓰녠(傅斯年)과 같은 중국 학자들의 반론 외에도 국학원대학(國學院大學) 교수였던 마쓰이 히토시(松井等)의 이견(異見)이 제기되었다. 특히 마쓰이는 야노의 논의에 대해 '그 쾌변(快辯)에 경복(敬服)'하며 '청조(淸朝)가 만주를 특별한 영토로서 지나내지(支那內地)와는 별개로 취급한 것은 사실'이라면서도 '지나(支那)'라는 말 속에서 '이종족(異種族)인 지배자의 특별(特別)한 영토(領土)'인 만주와 '지나인(支那人)'의 주지(住地)'를 '일일이 차별해서 취급한다는 것은 실제로 이루어지기 어려운 것', 즉 중국인의 지역에 대한 관념상 만주와 중국이 구분되지 않았음을 이야기했다. 더군다나 러일전쟁 이전 만주의 과거, 즉 역사적으로 만주에 중국 왕조의 지배력이 미치지 않았다는 것이 20세기 이후 만주에서 일본의 지위를 확인해주는 것이 아니라는 것이다.[12] 이는 야노와 같은 방식으로 만주사를 이야기하는 것이 1930년대 만주에서 일본의 '권익'에 대한 역사적 근거가 될 수 없음을 말하는 것으로, 학문적 차원이든 또는 현재 일본의 이권 확보의 차원에서든 야노와는 다른 방식으로 만주사를 체계화해야 함을 이야기하는 것이기도 하다. 실제로 마쓰이는 야노의 논의에 대한 반박에 뒤이어 '만주사의 본체(本體)'는 만주에서 한민족세

---

11 矢野仁一, 1933, 『滿洲國歷史』, 目黑書店. 여기서 矢野는 만주를 중국의 일부로 보는 국제연맹과 중국 학자들을 비판한 이후 '滿洲國史槪略'이라는 장을 설정했다. 章名만 보면 만주에 대한 통사처럼 보이지만 그 내용은 과거 간략한 언급으로 끝냈던 만주에 중국 왕조의 영향력이 미치지 않았던 史實을 상술한 것이다.

12 松井等, 1930, 「滿洲に於ける日本の地位(矢野仁一君の論文に因みて)」, 『東亞』 3-2, 6쪽.

력(漢民族勢力)의 진퇴소장(進退消長) 경과를 설명하는 것'으로 '만주제부족(滿洲諸部族)과 한민족(漢民族)의 대항관계'로 정의하고, 이에 입각한 만주사의 시대구분을 제시했다.[13] 뿐만 아니라 만주국 건국 이후 몇 종의 만주사에 대한 통사들이 등장한 것에서도 알 수 있듯이 일본인 연구자들은 만주사 정립을 시도했다.[14] 하지만 일관된 역사 체계에 입각하여 만주사를 서술하는 것은 어려운 문제였다. 그 어려움은 1930년대 중반 만주사 연구와 관련된 '종래의 제업적(諸業績)을 비판적으로 섭취해 이를 발전적으로 계승하기 위해', 또 '미개(未開)한 신분야(新分野)의 개척(開拓)'을 위해[15] 발간된 『만주사연구(滿洲史研究)』의 다음 구절에서 단적으로 드러난다.

만주사의 시대구분에 관해서는 동양사학자들 사이에 분명하게 규정된 것이 아니다. 이나바(稻葉), 시라토리(白鳥), 야노(矢野) 등 여러

---

13 松井 等, 1931, 「滿洲史要項」, 『東亞』 4-8, 37~41쪽. 그는 만주에서 漢民族 세력의 상실과 회복에 따라 만주사를 다음 4시기로 구분했다(여기서 '漢民族', '漢人'이라는 異標記는 별다른 의미가 없어 보인다).
第1期 漢民族勢力 進展時代: 기원전 311(燕昭王 즉위)~318(東晋 건국)년의 약 600년.
第2期 第1次 漢民族勢力喪失並に恢復時代: 318~907년(唐 멸망)의 약 600년.
第3期 第2次 漢人勢力喪失並に恢復時代: 907~1616년(淸 건국)의 약 700년.
   907~1368년(明 건국)의 약 460년-第2次 喪失期: 1368~1616년-第2次 恢復期
第4期 第3次 漢人勢力喪失並に恢復時代: 1616~今日(1931)의 약 320년.

14 주요한 것으로는 大原利武, 1933, 『概說 滿洲史』, 近澤書店; 矢野仁一, 1933, 『滿洲國歷史』, 目黑書店; 矢野仁一 等, 1935, 『朝鮮·滿洲史』, 平凡社; 南滿洲敎育會, 1934, 『滿洲新史』, 滿洲文化協會; 及川儀右衛門, 1935, 『滿洲通史』, 博文館 등이 있다.

15 이는 일본 歷史學研究會에서 1935년에 간행한 잡지 『歷史學研究』 5-2를 다음 해에 단행본으로 발간한 것이다. 발간 목적은 책의 서문에 밝혀져 있다(「序文」, 『滿洲史研究』).

박사의 연구들을 보아도 모두 지나(支那) 역대왕조와 대응시켜 만주사를 구분하는 태도를 취하며 마쓰이 히토시(松井等) 씨는 만주사를 4기로 나누고 있지만 그 구분의 표준은 앞의 연구들과 같다. 기타 최근 간행된 다수의 만주사에 관한 통속적 개설서에는 … 단지 서물(書物)의 체재(體裁)를 갖추기 위한 것에 지나지 않는다 … 이것은 필경 만주사의 지나사로부터의 독립 곤란, 아울러 지나사와 마찬가지로 만주사에서도 민족의 흥망성쇠 등의 정치적 사건들의 연구 성과는 상당히 알려져 있지만 다른 여러 기구(機構)에 대해서는 밝혀지지 않았음을 이야기하는 것이다.[16]

즉, 당시 만주사가 중국 역대 왕조 변화에 기반하여, 그것도 정치적 사건만으로 서술되었음을 지적하고, 이를 넘어서는 만주사 체계의 확립을 요구하고 있었다.[17] 이처럼 만주에서의 이권 확보의 차원에서든 만주사라는 새로운 분야의 정립을 위해서든 당시의 학계에서는 만주국 건국의 체계적 정립을 요구하고 있었다. 더군다나 국제적으로 인정받지 못한 만주국 건국의 역사적 정당성을 이야기하기 위해서라도 만주사를 체계

---

16 百瀬弘, 1936, 「我國に於ける滿洲近世史研究の動向」, 歷史學研究會 編, 『滿洲史研究』, 279쪽.

17 『滿洲史研究』의 첫 번째 수록 논문으로, 책 전체의 문제의식을 제시하고 있는 「滿洲史研究序說」에서 三島一은 矢野는 역사적 분석을 폐기했으며, 傅斯年 역시 사실을 왜곡했다고 비판하면서 만주사의 중심은 '滿洲族에 두어야' 하지만 '만주족의 일관된 역사적 발달이 만주사를 구성하는 것이 아니라 그것(만주족)과 支那民族과 역사적 접촉 과정에서의 交互의 作用 속에서' 또 '전쟁과 대외교섭으로부터 확대해, 이를 기초로 사회경제적 관련을 재음미'함으로써 '고립된 만주사가 아니라 諸民族의 사회적·문화적 접촉의 결과로서의' 만주사의 체계를 수립해야 하며, 이것이 '미래(明日)의 만주사의 입장'이라고 천명했다. 三島一, 1936, 앞의 글, 4~5쪽.

적으로 정리하는 것은 시급한 문제일 수밖에 없었다.

이러한 한편 1930년대 중반 일본의 역사학계에서는 메이지 이래의 연구사 정리나 고대에서 현대에 이르는 세계 각지-중국, 중앙아시아, 조선·만주는 물론 서유럽과 이집트-의 역사에 대한 종합적 서술이 시도되었다. 즉, 일본의 학계는 만주 침략 이후 그간의 세계 질서가 동요하고 전쟁의 기운이 높아지며 새로운 세계 질서가 모색됨에 따라 그간의 연구를 정리하며 새로운 역사적 전망을 제시하고자 했던 것이다.[18] 실제로 중일전쟁을 계기로 하여 일본에서는 동양사의 재건이 주창되었다고 한다. 즉, '동아신질서'의 건설은 동양만이 아니라 서양과의 관계에서 해결해야 하는 문제로, 세계 속에서 동양을 사고할 필요성이 고조됨에 따라 새로운 동양사·서양사를 서술할 필요성이 제기되고, 일본을 중심으로 하는 세계사 서술이 모색되었으며, 이는 1941년 12월 태평양 전쟁의 발발 이후 '대동아'가 주창됨에 따라 '대동아사(大東亞史)', '동아사(東亞史)'를 구상하는 것으로 구체화되었다는 것이다.[19]

이는 학계의 차원을 넘어 국가사업으로 기획되기도 했다. 문부성 교학국(文部省 敎學局)에서 이른바 『대동아사개설(大東亞史槪說)』 편찬을 계획한 것이다. 진주만 공습이 겨우 한 달 지난 1942년 1월 12일 예산이 결정된 이 사업은 2년간의 계획으로 도쿄제대의 이케우치 히로시(池內宏), 교토제대의 하네다 도오루(羽田亨)가 관여하여, 주로 제국대학 출

---

18 1930년대 중반 일본 역사학계의 이러한 시도에 대해서는 정상우, 2017, 「일제하 일본인 학자들의 한국사에 대한 通史的 이해-1930년대 중반의 저작들을 중심으로」, 『역사와 현실』 104, 93~96쪽.
19 중일전쟁 이래 새로운 세계사 서술을 요청하던 일본 역사학계에 대해서는 남상호, 2008, 「'대동아전쟁'과 『대동아사개설』 편찬」, 『한일관계사연구』 31, 244~266쪽에 잘 정리되어 있다.

신으로서 도쿄제대와 교토제대는 물론 동방문화연구원(東方文化研究院), 동방문화학원(東方文化學院), 동양문고(東洋文庫), 동양문화연구소(東洋文化研究所, 도쿄제대), 인문과학연구소(人文科學研究所, 교토제대), 국민정신문화연구소(國民精神文化研究所) 등에서 연구 활동을 벌이던 연구자 37명을 선정하여 진행한 대규모 프로젝트였다.[20] 비록 이 사업은 미완으로 끝났지만 그 '서론'의 일부와 제1장의 일부가 남아 있어 그 일단을 살펴볼 수 있다.

> 大東亞史라는 것은 東亞 諸民族의 역사이다. 즉, 東亞 諸民族이 어떠한 국가를 수립했고, 어떠한 문화와 종교를 가졌으며, 상호 어떻게 교섭하여 현재에 이르렀는가에 대한 역사이다. 이 역사를 더듬는 것에 의해 東亞 諸民族이 서로 고립해 존재한 것이 아니라 하나의 역사적 사명으로서 공동의 운명을 짊어지고 사명을 함께하는 所以가 명시될 것이다. … 대동아공영권의 먼 유래를 보이는 것이 된다. 그 의미에서 대동아사는 대동아공영권으로의 역사이라고 해도 좋다. … 세계역사의 발단은 동양이다. 그리고 서양사가 암흑의 중세라고 부르는 시대는 동양에서는 찬란한 唐의 세계제국이 發했고, 아라비아·몽골이 활약한 시대이다. 이른바 세계사의 구상은 여기서 고쳐지지 않으면 안 될 것이다. 그리고 현재, 세계역사의 중심은 일본을 중핵으로 하는 대동아공영권의 위에 놓여 있는 것이다. 대동아사가 세계사의 방향을 결정하는 것이다.[21]

---

20 『大東亞史槪說』 편찬 경위의 의미에 대해서는 奈須惠子, 1995, 「戰時下日本における『大東亜史』構想-『大東亞史槪說』編纂の試みに着目して」, 『東京大學大學院教育學研究科紀要』 35에 정리되어 있으며, 특히 당시 촉탁으로서 관계한 이들에 대해서는 4쪽에 표로 제시되어 있다.

21 남아 있는 『大東亞史槪說』의 원고는 2016년 발간된 『京都大學大學文書館硏究紀

이와 같이 정의된 대동아사는 일본을 중심으로 중국, 인도를 넘어 중앙아시아, 서남아시아까지의 역사를 정리하고자 한 것이었다. 즉, 『대동아사개설(大東亞史槪說)』은 대동아공영권을 역사적으로 정당화하기 위한 시도였다.

이상에서 살펴보았듯이 1930년대 이래 만주국이 건국되고 건국대학이 개교하여 연구가 진행되던 당시 일본의 학계에서는 만주사의 체계화를 요청하고 있었다. 뿐만 아니라 침략 전쟁이 진행·확산되고 일본을 중심으로 한 새로운 세계 질서로서 '동아신질서', '대동아공영권'이 주창됨에 따라 기존의 역사 서술을 비판하면서 일본이 구축하고자 했던 새로운 세계 질서였던 '동아', '대동아'를 대상으로 한 역사 서술을 모색하는 가운데 이를 국가적 차원에서 시도하고 있었다. 만주침략의 결과물이자 전쟁의 출발점이기도 했던 만주국, 그곳의 최고 학부였던 건국대학 역시 이러한 학계의 흐름에서 자유로울 수 없었음은 충분히 예상할 수 있다.

2. 만주건국대학의 학문적 지향으로서 '만주국학'

개교 1년을 바라보던 1939년 초, 만주건국대학의 부총장이자 실질적 리더였던 사쿠다는 건국대학연구원 제1, 제2회 전체연구회의에서 '현대의 학문과 만주국학의 연구법(現代の學問と滿洲國學の硏究法)'이라는 강연을 통해 건국대학에서 수행해야 하는 연구가 무엇인가를 제시했다.

要』14에 그 해제와 함께 실려 있으며, 여기서는 이것을 참고했다. 富永望, 2016, 「〈資料紹介〉『大東亞史槪說』」, 『京都大學大學文書館硏究紀要』14, 61~62쪽.

이 강연에서 사쿠다는 시간의 부족을 이유로 연구방법까지는 이야기하지 못했지만 강연 장소와 시점 및 제목에서도 드러나듯이 건국대학에서의 학문적 사명이 '현대학문'으로서 '만주국학'을 연구하는 것임을 천명했다. 그에 따르면 '현대학문'은 '근세학문'을 넘어선 것으로 앞으로 추구해야 하는 것이다. '근세학문'은 '감각적 실증(感覺的 實證)' 혹은 '객관적 실증(客觀的 實證)', '추상적 이론(抽象的 理論)'을 통한 '보편적 진리(普遍的 眞理)'를 추구한 결과 '역사망각증(歷史忘却症)'에 빠져 과거를 부정했다. 즉, 보편적 진리를 추구하는 과정에서 개별적 특수를 만들어내는 역사를 무시하다보니 추상에 빠져버렸다는 것이다.[22] 근세학문, 특히 사회과학은 자연과학의 연장(延長)으로 성립되어 '의지체(意志體)'인 국가를 인식할 수 없었다. 즉, '현대학문'은 '초감각적(超感覺的)', '주관적 실증(主觀的 實證)'에 의해 '국가(國家)'에 대한 '구체적 이론(具體的 理論)'을 수립하는 것, 즉 '국학(國學)'으로 제시되며,[23] 이 지점에서 만주국학의 존립 근거가 마련된다. 하지만 오랜 역사를 통해 강고한 국체(國體)와 명확한 국가정신(다른 용어로 國心)을 가지고 있는 일본과 달리 만주국은 신생국가로 국학(國學)의 전제가 되는 국가정신이 미약하다. 따라서 사쿠다는 만주국의 국가정신을 건국정신으로 등치시키고, 건국정신에 입각해 연구하는 것이 만주국학임을 천명한다. 하지만 건국정신마저 명확하지 않은 것이 만주국의 현실이었다. 이에 사쿠다는 만주국 건국과 관련된 여러 조서(詔書), 포고(布告), 결의문, 교서(敎書) 등을 통해 '왕도정치(王道政治)', '민족협화(民族協和)', '도의세계건설(道義世界建

22　作田莊一, 1940, 『現代の學問と滿洲國學の研究法』, 建國大學研究院, 5~10쪽. 이 책은 1939년 2, 3월에 했던 作田莊一의 강연을 묶은 것이다.
23　作田莊一, 1940, 위의 책, 15~16쪽.

設)', '일만불가분관계(日滿不可分關係)'의 네 가지를 건국정신으로 정리했다. 그런데 이 네 가지 건국정신은 현실화되지 않은 것들, 바로 만주국이 이루어야 할 목표에 해당하는 것으로 구체적이어야 하는 '현대학문'=만주국학에 충분치 않다. 여기서 사쿠다는 건국정신을 '원리(原理)'와 '본의(本義)' 두 차원으로 나누어 논의한다. 그에 따르면 '원리'는 '국가를 창건하는 바의 원리', '국가를 지속시켜가는 바의 원리'이며, '주의(主義)'라는 말로도 대체될 수 있는 '본의'는 '만주국 창건을 이끈 바의 규범(規範)으로서의 힘', '만주국이 의식적으로 일정한 목표를 향해 움직여 나갈 때 기본적 규범(基本的 規範)으로서 국운(國運)을 이끄는 바의 힘'이다.[24] 즉, 원리는 만주국의 창건 과정과 현재의 만주국에서 발견할 수 있는 것이라면, 본의는 만주국의 지향과 목표로서 아직 실재하지 않기 때문에[25] 건국본의(建國本義)만으로는 구체성을 띠어야 하는 현대학문으로서 만주국학의 출발점이 될 수 없다. 이에 건국원리(建國原理)를 추구할 필요가 있으며, 건국원리가 분명해짐에 따라 건국본의, 바로 미래를 향한 만주국의 지향에는 새로운 것이 더해질 수도 있는 것이다.[26] 즉, 만주국의 건국 과정과 현실의 만주국이라는 구체적인 대상(建國原理)에 대한 규명

---

[24] 建國原理와 建國本義에 대해 宮澤惠理子는 '(建國)原理'를 '국가를 창건하여 발전시키는 구체적인 에네르기의 源이 되는 힘', '(建國)本義'를 '국가 유지를 위해 필요한 규범으로 국가가 지향하는 목표'로(宮澤惠理子, 1997, 앞의 책, 143~144쪽), 강해수는 '原理'=만주국 건국의 존재, '本義'=만주국 건국의 당위성으로 정리했다(강해수, 2016, 앞의 글). 이러한 정리는 타당하지만 本義는 미래에 대한 지향으로서 原理가 천명됨에 따라 새로운 것이 더해질 수 있는, 가변적인 것임을 잘 설명해주지는 못한다.

[25] 本義는 만주국의 지향과 나아가야 할 바를 제시하는, 미래의 것으로 현재 성취되지 않은 것이기 때문에 앞서 제시한 네 가지 건국정신은 모두 建國本義에 해당한다. 作田莊一, 1940, 앞의 책, 27쪽.

[26] 作田莊一, 1940, 앞의 책, 28쪽.

을 통해 만주국의 미래, 나아가야만 하는 길(建國本義)에는 지금까지 건국과 관련된 여러 문서에 제시된 네 가지 건국정신 외에 새로운 것들이 추가될 수 있는 것이다. 여기서 건국대학에서 학문의 출발점은 만주국의 건국원리를 규명하는 것이 되며, 이것이 분명해질 때 만주국의 미래(건국본의) 역시 구체화되어 만주국의 건국정신은 완전해진다. 그렇다면 어떠한 이유에서 어떠한 힘이 만주국이라는 새로운 국가를 만들었는가?

> 오랫동안 만주국은 러시아의 침략 대상이었다. 거기에 지나(支那)는 일본에 반대하여 이이제이(以夷制夷)라는 상투적인 방책에 의존했다. 러시아의 침략과 지나의 서양의존을 타개하기 위해 일본은 세 번 만주에서 싸웠다. 일청전쟁(日淸戰爭) … 일러전쟁(日露戰爭) … 만주사변(滿洲事變) … 이 3단의 배격(排擊)은 일본에 대한 유럽세력의 압박을 반격(反擊)한 것임은 의심할 바가 없다. 이러한 반격은 필연으로 일본을 대륙으로 진출케 했다. … 특히 주의해야 할 점은 일청전쟁, 일러전쟁, 만주사변이라는 3단에 걸쳐 점차 반격의 힘이 강해졌다는 것이다. … 세 번째 진출의 첨단(尖端)에 만주국(滿洲國)이 탄생한 것이다.[27]

일본의 '대륙진출(大陸進出)'은 물질적·정신적 양 방면에서 필연적인 것이었다. 자원이 부족한 일본이 일본을 지키기 위해, 한 걸음 더 나아가 '동아(東亞)'를 지키기 위해 필요한 자원을 대륙에서 구하는 것은 일본만을 위한 자원 이용이 아닌 '동아전체(東亞全體)'를 위한 것으로 '세계경

---

27 作田莊一, 1940, 위의 책, 29쪽.

제의 필연적 전진 과정'이다. 또 대륙으로부터 전래된 문화를 바탕으로 한 고유문화의 지반 위에 서양문화를 배워 커다란 체계를 갖춘 일본문화가 오랜 시간 동안 정돈(停頓)된 대륙문화를 향해 나아가는 것 역시 '세계문화 발전의 역사적 과정'이다.[28] 즉, 만주국학의 출발을 위해서는 일본의 '대륙진출'이라는 세계사적 필연을 가로막은 장애물, 즉 서구와 이에 의존한 중국의 압박에 지속적으로 '반격(反擊)'을 가하며 결국 만주국을 건국한 그 과정에 대한 역사적 고찰이 필요했던 것이다.

III. 건국대학에서의 역사 연구

그렇다면 건국대학에서는 어떠한 역사 연구가 이루어졌는가? 이 문제 역시 건국대학과 관련된 많은 사항들이 그렇듯이, 관련 자료로서 남겨진 것이 그리 많지 않다. 더군다나 국가 엘리트 양성을 위해 '실험'에 가까운, 기존의 분과학문 체제와는 매우 상이한 독특한 학과구성과 교과과정은[29] 과연 무엇이 역사학에 기반한 강의·연구인가를 파악하기조차

---

[28] 作田莊一, 1940, 위의 책, 29~32쪽.
[29] 정준영, 2016, 앞의 글. 이에 따르면 건국대학은 기존 대학들이 서구 지식을 머리로만 받아들여 과격사상에 물든 학생들만 배출하는 것을 시정하기 위해 '실험'이라 할 수 있는 독특한 편제와 양상을 보였다고 한다. 특히 학과의 구성과 강의를 비롯한 교육 과정은 근대분과학문에 의거한 강좌제를 근간으로 했던 제국대학들과는 달리 정치과, 경제과, 문교과라는 독특한 구성을 보일 뿐만 아니라 국가 엘리트로서 현장에 바로 투입되었을 때 필요한 실용적·전문적 지식의 확보라는 차원에서 기존의 학문편제와는 상당히 다른 양상-일례로 '국민편성론', '국민조직범론', '협화정책론'과 같은 강의-을 보인다는 것이다.

〈표 1〉 만주건국대학에서 역사 관련 강의 담당자들

성명	출생연도	학위(출신대학)	직위	담당강의
稻葉岩吉	1874	문학박사(京都帝大)	교수	만주사
瀧川政次郎	1897	법학박사(東京帝大)	교수	법제사
山本守	1906	문학사(京都帝大)	조교수	동양사, 만몽문화
森克己	1903	문학사(東京帝大)	조교수	동양사
丹羽正義	1896	문학사(京都帝大)	교수	동양사, 중국문화, 역사이론
原田種臣	1897	문학사(廣島文理大)	교수	塾訓育, 일본어, 서양사
寺田剛	1912	문학사(東京帝大)	조교수	동양사
小野壽人	1913	문학사(東京帝大)	조교수	일본사
尾生正男	1905	법학사(京都帝大)	조교수	외교사
高橋匡四郎	1901	문학사(東京帝大)	조교수	만주사
上田又次	1912	문학사(東京帝大)	조교수	塾訓育, 서양사

※ 이 표는 1941년판 『建國大學要覽』과 宮澤惠理子, 1997, 『建國大學と民族協和』, 風間書를 근거로 작성함.

어렵게 한다. 다만 미야자와 에리코의 연구 성과[30]와 1941년판 『건국대학요람(建國大學要覽)』에 근거해 볼 때 역사 교육·연구를 위해 건국대학에 부임한 이들은 10여 명으로, 이나바 이와키치(稻葉岩吉)를 제외하면 대체적으로 건국대학 부임 당시 30대 후반~40대 중반의 소장 연구자들이었음을 확인할 수 있다.

또 건국대학 전체 교원에서 교토제대 출신이 도쿄제대 졸업자보다 많

---

30 宮澤惠理子, 1997, 앞의 책. 이에 따르면 건국대학 개교 시 교직원은 명예교수 6명, 교수 10명, 조교수 11명, 조수 4명, 屬官 7명으로 모두 38명이었다. 반면 1941년 요람에는 명예교수 5명, 武道顧問 3명, 配屬武官 2명, 교수 35명, 조교수 42명, 강사 11명, 강사 11명, 兼務講師 24명, 촉탁 13명, 조수 20명, 속관 21명으로, 교직원의 수는 191명에 달한다. 건국대학의 교육 과정은 예과에 해당하는 前期 3년, 본과에 해당하는 後期 3년, 총 6년으로 이루어져 있었다. 1941년은 건국대학 1회 입학생(1938년 입학)들이 후기에 진입하는 시기였으며, 이를 위해 1940년 이후 건국대학 교원의 수가 급증한 것으로 보인다.

았던 데 비해 사학 관련자는 도쿄제대 출신이 훨씬 많았음을 알 수 있다. 이는 도쿄제대 국사과 교수로서 군부와 학계를 매개하며 건국대학 창립에 깊숙이 개입하며 건국대학의 명예교수가 된 히라이즈미(平泉澄)의 영향력 때문이었다고 한다.[31] 한편 요람을 통해 볼 때 건국대학에서 이들이 담당한 강의는 일본사, 동양사, 서양사 외에 만주사가 있었음을 알 수 있다. 만주사는 당시 일본의 학계에서도 그 정립의 필요성이 강조되던 사안이자 만주국 최고 학부로서 건국대학에서 해결해야 하는 사명이라 할 수 있는 것으로, 이러한 강의의 존재는 건국대학의 특징을 잘 보여준다. 또 이들은 강의 외에도 건국대학연구원에 소속되어 연구 활동도 벌여나갔다. 이들이 건국대학에 재직했을 당시 진행한 강의나 연구 활동에 대해서는 산발적이지만 강의에 근거하여 출판된 도서, 건국대학연구원에서 발간한 연구보고(硏究報告)와 연구기보(硏究期報), 강연문 등의 일부가 남아 있어 그 일단을 확인할 수 있다. 남아 있는 자료를 통해 볼 때 건국대학에서의 이들의 활동은 1) 만주사 정립을 위한 연구·교육, 2) '일만관계'를 부각하면서 아시아에서 일본의 역사적 위상을 정립하는 것, 3) 19세기 후반 이래 일본의 만주침략에 대한 역사적 의미 탐색의 세 가지로 나눌 수 있다.

1. 만주사 정립을 위한 연구·교육

만주국 건국 10년을 맞은 1942년, 경성제대 교수였던 도리야마 기이

---

[31] 宮澤惠理子, 1997, 앞의 책, 100~101쪽. 사학 관련 교수 가운데 森克己와 寺田剛은 平泉의 추천으로 부임하였으며, 小野壽人과 上田又次는 平泉의 문하생이었다고 한다.

치(鳥山喜一)는 지난 10년간 만주국에서 이루어진 문화사업을 정리하며, 그 주요한 것으로 고고학적 발굴 성과를 꼽았다. 도쿄제대의 이케우치, 교토제대의 하마다 고사쿠(濱田耕作)·우메하라 스에지(梅原末治), 경성제대의 후지타 료사쿠(藤田亮策) 등이 조사한 고구려 고분과 벽화에 대한 발굴(성과는 이케우치의 명의로 『통구(通溝)』(2책)으로 간행), 도리야마의 주요 연구 대상으로 도리야마 자신이 직접 발굴에 참여한 발해의 수도 상경용천부(上京龍泉府)에 대한 발굴, 경성제대 만몽문화연구회(滿蒙文化硏究會)에서 진행한 금(金)의 수부 상경회령부(首府 上京會寧府)에 대한 조사 등이 도리야마가 꼽은 만주국 건국 이후 주요한 발굴과 조사였으며, 이러한 활동의 대다수는 만주국 측의 협찬을 받으며 이루어졌다. 특히 1940년에 있었던 도리야마의 상경용천부(上京龍泉府)에 대한 발굴 조사는 만주국 민생부(民生部)의 요청에 의한 것이었다.[32]

이러한 유적지에 대한 발굴 및 조사는 건국대학에서도 이루어졌다. 이와 관련하여 도리야마는 1939년 '흥경노성(興京老城)'에 대한 조사를 꼽았다. 이는 이나바와 다카하시 교우시로(高橋匡四郎)에 의한 것으로 그해 12월 『흥경이도하자 구로성(興京二道河子 舊老城)』이라는 책자로 조사 결과가 발간되었다. 이 성은 누루하치가 건설한 4개의 도성 가운데 첫 번째 것으로 사료가 '현격하게 부족'한 데다가, 사료들에서는 두 번째 성인 허투아라(黑圖阿拉)를 '노성(老城)'이라고 하고 있기 때문에 알려진 바가 거의 없었던 성이다.[33] 하지만 '구로성(舊老城, 二道河子城)'은

---

32 鳥山喜一, 1942, 「滿洲國文化事業の十年」, 『朝鮮』 328.
33 따라서 稻葉은 두 번째 성보다 오래된 성이라는 것을 보여주기 위해 '舊老城'이라고 명명했다. 그런데 稻葉은 이 성에 대해 어느 정도 알고 있었다. 1596년 宣祖는 武官 申忠一을 이 성에 파견했는데, 당시 申忠一이 올린 보고와 성에 대한 그림을 李仁榮

누루하치가 29세 즈음, 흩어진 여진민족을 규합해가는 과정에서 축성한 것으로 청의 발흥을 해명하기 위해서는 중요한 유적이었다. 즉, 건국대학의 교수로서 이나바는 청의 기원과 관련된 유적을 첫 번째 조사지로 선정한 것이다. 그는 주변의 지형과 자신이 확보했던 '신충일도록(申忠一圖錄)'을 참조하며 성내(城內) 몇 가지 유적을 조사하고 단 며칠간의 조사가 아닌 상당한 규모와 시간을 들여 조사할 필요가 있으며 이도하자(二道河子)의 구로성 근처 소자하(蘇子河)에 성지(城址)가 보일 뿐만 아니라, 소자하 유역은 누루하치의 세력 강화를 위한 요충이라며 보고서를 마쳤다.[34]

이나바가 필요성을 이야기했던 소자하 유역에 대한 조사는 1941년에 이루어졌다. 이나바는 1940년에 사망했기 때문에 이때의 조사는 '구로성'을 함께 답사한 다카하시가 담당하였으며, 조사 결과는 「소자하 유역 고구려와 후여진의 유적(蘇子河流域における高句麗と後女眞の遺跡)」이라는 이름으로 보고되었다.[35] 보고서의 제목에서도 알 수 있듯이 당시 조사지는 소자하 유역의 유적으로 현토군 고구려현치지(玄菟郡 高句麗縣治址)를 제외하면 모두 청의 유적지였다. 누루하치 조부와 그 형제들의 성(清朝六祖六城址), 누루하치의 외조부이자 부친의 상관이었던 건주도지휘사 왕고(王杲)의 성(吳勒城址), 1619년 사르후 전투 일대 및 조선

이 소장하고 있었으며, 稻葉은 이 소식을 듣고 경성에서 이인영을 방문해 申忠一의 보고와 도록을 열람하였는데, 이 경험이 조사의 주요한 계기이기도 했다(稻葉岩吉, 1939b,『興京二道河子 舊老城』, 建國大學研究院, 9~11쪽). 뿐만 아니라 稻葉은 1937년에 발간된『青丘學叢』29에「申忠一書啓及び圖記」라는 논문을 발표하기도 했다.

34 稻葉岩吉, 1939b, 위의 책, 31~45쪽.
35 이 조사는 건국대학연구원의 '滿洲史研究班'의 연구 과제로 수행되었다.

의 강홍립군과 전투를 벌였던 지역(薩爾滸城址, 界凡城址, 瓦爾哈什과 富察之野)이 그것이다. 즉, 청조(淸朝)의 기원 및 강성과 관련된 장소들을 집중적으로 조사한 것이다. 여기서 흥미로운 것은 청의 발흥과 관련된 소자하 유역의 성지를 고구려의 성과 연결시키는 것이다. 사실 '구로성'을 조사할 당시에도 이나바는 "지형을 둘러보고 반도 북부에서 보았던 것, 일찍이 고구려의 고성을 떠올렸다"며[36] 청의 고성(古城)에서 고구려의 성을 연상했다. 그런데 1941년의 조사에서 다카하시는 사르후산(薩爾滸山)에서 채집한 10여 점의 고구려, 발해 시대의 기와와 성의 형식을 근거로 이것이 청의 성일 뿐만 아니라 고구려의 성이라고 보았다. 그는 여기서 더 나아가 소자하 동방의 목기(木奇)에서도 고구려식 산성이 발견되며, 구로성 역시 고구려식 산성이라며, 이와 관련된 문헌들과 지형 관계상 사르후성(薩爾滸城), 목기성(木奇城), 구로성을 각각 고구려의 남소성(南蘇城), 목저성(木底城), 창암성(蒼巖城)에 비정하는 것을 조사의 최종 결론으로 제시했다.[37]

만주국 건국 당시 만주사를 만주에서 활동했던 고대의 종족들(숙신, 맥, 부여)-고구려-발해-요-금-청의 순으로 정리했던 것을 고려할 때[38] 만주국 건국 이후 이루어진 고구려, 발해, 금의 유적에 대한 발굴과 조

---

36 稻葉岩吉, 1939b, 앞의 책, 29~30쪽.
37 高橋匡四郞, 1941, 『蘇子河流域における高句麗と後女眞の遺跡』, 建國大學校硏究院, 29~32, 46~53쪽.
38 만주사 연구의 초기였던 1909년 白鳥庫吉은 만주의 역사를 '고구려-발해-여진-청'으로 계보화하였으며(白鳥庫吉, 1909, 「滿洲民族の過去」, 『東洋時報』 132), 稻葉은 1915년 저작 『滿洲發達史』에서 '읍루-부여-고구려-발해-거란(遼)-金-元-明代의 만주-淸'의 순으로 만주의 역사를 정리했다. 또 대중서로서 1933년에 발간된 大原利武의 『槪說 滿洲史』는 '만주의 고대 종족-고구려-발해-요-금-청'의 순으로 서술되었다.

사는 만주사 연구의 일환이라 할 수 있는 것들이었으며, 건국대학 역시 그 연장선상에서 현재의 만주족에 직결되는 청의 시작이라 할 수 있는 '구로성'에서 조사를 시작해 그 범위를 청의 발흥과 전승지까지로 확장했다. 이러한 과정에서 청의 유적들을 더욱 먼 과거인 고구려의 산성들과 연결시키며 만주사의 유구함과 계승 관계에 대한 확인으로 넘어가고 있었다.

만주사 연구의 일환이라 할 수 있는 건국대학에서의 학술 활동은 발굴과 실제 답사만이 아니라 문헌에 대한 소개, 강연, 강의 등을 통해서도 이루어졌다. 유럽의 학계에서는 알려졌지만 일본에는 소개되지 않았던 몽골어로 작성된 「성길사한담화록(成吉思汗談話錄)」을 소개하고 일본어로 번역한 것이나,[39] 송·금에서 시작하여 원으로 이어진 역전제(驛傳制, 急遞鋪)에 대한 법령과 관련 기사들을 영락대전(永樂大典)에서 뽑아 제시한 것은[40] 만주사 연구의 진전을 도모하기 위한 것이라고 할 수 있다.

본격적인 연구라 할 수는 없지만 건국대학에서 이루어진 만주사의 연구 및 체계화와 관련하여 가장 주목되는 것은 이나바의 강의 활동이다. 만주국 건국 및 대학 설립에 중요한 역할을 한 이시와라 간지(石原莞爾)의 육군대학 시절의 은사로서, 건국대학 창립 당시 외국교수 초빙에도 상당히 간여했던 이나바는 건국대학 교수로서 1938년과 1939년 두 차례에 걸쳐 만주사에 대한 강의를 진행했으며, 이때의 강의록은 1940년 『만주국사통론(滿洲國史通論)』으로 출간되어 당시 이나바의 만주사 서

39　山本守, 1941, 「成吉思汗談話錄の研究」, 『建國大學研究院 研究期報』 第1輯.
40　瀧川政次郎, 1941, 『宋元驛制紀事－永樂大典所引「金玉新書」及「經世大典」逸文』 (各班研究報告第7號), 建國大學校研究院.

술 방식과 건국대학생에게 교수되었던 만주사의 전모를 확인할 수 있다.

만주의 시원에서 러일전쟁기까지 다루며 만주에 대한 통사의 형태를 취하고 있는 『만주국사통론』은[41] 만주사에 대한 시대구분으로 시작한다. '한족왕조(漢族王朝)의 경질이 반드시 시대구분의 표준이 되는 것은 아니'라는 언급에서도 알 수 있듯이 만주사를 시대구분할 때 이나바는 한족, 또는 만주에 대한 한족 세력 신장을 중심으로 만주사를 바라보는 것을 지양하며 민족적·생활적·정치적 관점에 따라 각각 시대구분을 시도했다.

이나바는 만주사를 이렇게 시대구분한 이유를 다음과 같이 이야기했다.

〈표 2〉 『만주국사통론(滿洲國史通論)』에서의 만주사 시대구분

민족적 관점	B.C. 410 滿洲民族 一元時代		1800 滿主漢從時代	1840 滿漢二元時代	1932 現代
생활적 관점	B.C. 410 天産物 採集時代		1800 農耕時代		1932 農工時代
정치적 관점	B.C. 410 滿洲族 本位時代	1689 封禁時代	1800 滿漢時代	1890 國際時代	1932 現代

제1 민족(民族)에 의한 시대구분은, 지금 만주국 영토 내에 고래(古來) 생존해온 여러 민족에는 부분적으로 다소의 차별(差別)이 인정되지만 대체에 있어 동일민족(同一民族)이다. 그리고 이것은 지나의 한민족(漢民族)과는 완전히 별개의 계통(系統)이 존재해 있다. … (서양 학자들은 이 민족을 퉁구스라고 부르지만: 인용자) 지금은 **만주민족(滿洲民族)**이라고

---

41 『滿洲國史通論』에 대한 보다 자세한 사항은 정상우, 2017, 「이나바 이와키치의 만주사 연구」, 『만주 역사지리 연구와 백두산』, 2017 백두산 국제학술회의 자료집(동북아역사재단), 72~79쪽 참고.

하는 쪽이 가하다고 믿는다. 이들 민족의 대표적인 것으로 숙신(肅愼)· 부여(夫餘)·예(濊)·맥(貊)·한(韓)·오환(烏丸)·선비(鮮卑)·말갈(靺鞨)·거란(契丹)·여진(女眞)·타타르(韃靼)·몽골(蒙古) 등이 있다. 모두 대동소이한 내용을 갖는다. 단 이들 만주민족과 대립하여 <u>한족(漢族)이 있는데</u>, 일찍부터 요하의 하류나 시라무렌 상류 지방에 나타났고, 장기간 반도에서도 정치를 편 사실이 있지만 그것은 만주의 고유민족이 아니며 외족(外族)의 식민경영(植民經營)이다. … 제2 生活에 의한 시대구분은 문화사적으로 고찰되는 것으로 … <u>한민족(漢民族)</u>은 만주산 야생인삼, 초피(貂皮)를 매우 좋아했기 때문에 … 이런 것들은 무역품으로 중시되었다. … 농경시대가 나타나는 것은 민족적 시대구분에 의하면 만주한종시대(滿主漢從時代)에서 시작해 만한이원시대(滿漢二元時代)에 이르러 전체적으로 발달 … <u>한민족(漢民族)의 문화기능</u>에 힘입지 않을 수 없었으며 … 제3 정치에 의한 시대구분인데 (엄밀하게 작은 구분이 있지만 대체적으로는: 인용자) 초기는 민족시대와 일치하여 약간 짧아 1689년 전후부터 … 이 시기는 어느 쪽인가 하면 … <u>청·러국경(淸露國境)</u>이 네르친스크조약에 의해 획정되어 동아전국(東亞全局)에도 관계가 크기 때문에 여기까지 구분했다. 1800년대는 청조(淸朝)의 전성인 건륭조(乾隆朝)가 끝나고 가경조(嘉慶朝)에 들어와 민란이 쉴 때가 없었고 … 내란이 시작되어 <u>한민족(漢民族)의 만주유입</u>이 두드러졌다. … 1890년은 청·러 제2차 획경(劃境) 당시로 이른바 아이훈조약, 베이징조약(北京條約)이 차례로 체결되어 만주는 국제정국(國際政局)의 와중에 던져졌다.<u>42</u> (밑줄과 강조는 인용자)

---

42 稻葉岩吉, 1940, 『滿洲國史通論』, 日本評論社, 20~24쪽.

이러한 시대구분과 언급은 만주사를 바라보는 이나바의 입장, 건국대학생들에게 전달된 만주사에 대한 기본적인 시각을 잘 보여준다. 서로 약간의 차이점을 보이지만 대체적으로 19세기 전후, 만주국 건국 전후를 시대구분을 위한 중요한 기점으로 삼고 있는 이들 시대구분은 만주라는 공간 또는 만주에서 활동한 민족을 중심에 두고 만주에 미친 한(漢)을 비롯한 외부 세력의 민족적·경제적·정치적 영향력을 고려한 것이라고 할 수 있는 것들이다. 또 여기서 무엇보다도 주목되는 것은 '만주민족'을 설정한 것이다. 이나바는 현재 만주국의 입장에서 만주국의 영토 내에 있던 모든 민족을 일괄하여 '만주민족'이라고 지칭하며 하나로 포괄하는 한편 이것이 한민족(漢民族)과는 별개임을 재언했다. 즉 이나바는 한족(漢族)과 대립하면서도 만주에서 활약한 모든 민족을 묶은 거대 사이즈의 '만주민족'을 설정하고 만주의 역사를 정리하고자 했던 것이다. 또 한 시기를 특정짓는 명칭이나 한족과의 무역 등의 언급에도 드러나듯이 이나바는 만주사를 공간과 민족으로서 '만주'에 중심에 두고 만주와 한을 비롯한 여러 세력의 교섭관계로서 사고하려 했다. 실제 『만주국사통론』은 19세기 중반까지의 만주의 역사를 '민족의 원시-민족의 성장-민족의 발전-민족의 신생-민족발전의 복현'이라는, 하나의 민족의 성장을 연상시키는 장들로 구성되었으며,[43] 이들 각 장은 우선 만주를 차지했던 민족(혹은 왕조)들, 이나바의 표현을 빌리면 '만주민족'과 관련된 주요 사건들의 경과를 서술하고 여기에 영향을 미친 한 및 일

---

43 『滿洲國史通論』은 크게 서론에 해당하는 '前編', 본론에 상당하는 '本編', 19세기 후반에서 러일전쟁까지를 다룬 '建國前史'(만주국 건국의 前史라는 의미) 등 세 부분으로 구성되어 있는데, 民族의 변화상을 7장으로 나누어 제시한 '本編'에 대부분의 분량을 할애하고 있다.

본, 러시아 등 '만주민족' 이외의 세력들과의 관계를 제시하는 형태를 취하고 있다.[44] 또 '만주민족'을 설정하며 등장하는 '지금 만주국'이라는 표현과 만주국이 건국된 1932년이 모든 시대구분에서 새로운 시대의 시작점으로 설정되어 있는 것에서 알 수 있듯이 『만주국사통론』은 만주국이라는 현재의 입장에서 서술된 '만주국사' 강의록이라 하겠다.[45] 즉, 만주국이라는 입장에서 한민족과 대립되는 '만주민족'을 설정하고, 만주에 중심을 두면서도 여기에 영향을 미친 한족을 비롯한 외부의 영향력을 고려하며 만주국의 역사 체계를 세우려던 것이 건국대학 교수로서 이나바의 구상이었다.

이러한 입장은 이전 만주사 연구나 서적에서는 잘 나타나지 않았던 만주의 문화에 대한 서술에서도 잘 나타난다. 이나바는 만주민족의 기

---

44 일례로 '第1章 民族の原始'는 '1節 肅愼/2節 夫餘族の神話/3節 破走せる東胡/4節 古朝鮮/5節 匈奴/6節 匈奴の左腕の勢力/7節 漢四郡問題/8節 樂浪郡開設と日本', '第3章 民族の發展(上)'은 '1節 高句麗大いに起る/2節 麗隋戰爭及び日本/3節 渤海國創建', '第5章 民族の發展(下)'은 '1節 金國興隆す/2節 女眞人の生活/3節 金人の伐宋と漢人'과 같이 모든 장은 만주에 있던 민족이나 왕조의 동향, 주요 정치적 사건이나 특징적 정책을 서술하고, 이들과 漢의 관계 혹은 이들에게 미친 漢의 영향력, 일본사와의 관련성 등을 제시하고 있다.

45 역사를 대하는 이나바의 현재적 입장은 그가 1939년 9월 2일 建國大學創立記念 제1회 강연회에서 행한 네르친스크 조약에 대한 강연에서도 확인할 수 있다. 1939년 5월부터 이 강연이 있기 직전인 8월 말까지는 몽골과 러시아의 국경에서 소련군과 노몬한전투가 한창이었다. 이러한 시점에 이루어진 강연에서 이나바는 네르친스크 조약을 서구의 東進에 대한 '유일무이'한 '승리로 빛나는 조약'이자 19세기 중반(아이훈 조약 이전)까지 만주의 평화를 이끈 것으로 평가하는 한편 이 조약 체결 전후 오이라트 세력의 동향과 러시아와의 연결 가능성 등을 들며 네르친스크 조약과 그 전후 상황을 몽골까지 포함하여 바라보아야 한다고 주장했다(稻葉岩吉, 1939,「東洋史より見たるネルチンスク條約の意義」,『建國大學創立記念第壹回講演集(康德6年度講演集E第1號)』, 建國大學研究院). 역사적 사실 여부는 차치하더라도, 이러한 내용을 몽골의 국경에서 만주국군과 일본군이 소련을 상대로 전쟁을 벌이던 당시에 한다는 것은 역사를 사고하는 그의 입장을 잘 보여준다.

원으로서 만주를 넘어 산둥(山東) 일대에 퍼져 있었던 숙신을 들며 이들이 '상(商)민족'이자 '동이(東夷)'로서 중국 문화를 창조했다며[46] 만주민족의 유구함과 문화적 능력을 이야기했다. 이후 이나바는 만주에 미친 한족과 그 문화에 대한 영향력을 서술한다. 만주에 한인과 그 문화가 영향을 미쳤으며, 부여 이래 만주민족은 이를 섭취하며 급속한 발전을 이루었다는 것이다. 그런데 한인과 한문화(漢文化)는 만주민족이 세운 왕조들의 체제 정비와 발달에 도움을 주는 한편 만주의 고유문화를 훼손시켜, 만주인들을 타락시키고 왕조의 멸망을 불러왔다. 이나바는 고구려 이래 만주민족에게는 '국어'가 있었을 것이라 추정하며, 그 실체가 확인되는 거란과 여진의 문자, '향락적'이고 '사치'스러운 한문화에 대립하는 '순수'하고 '소박'한 유목 생활의 전통, 또 이를 유지하기 위한 요(遼)와 금, 청 황실의 노력을 반복적으로 제시하고 상찬했다.

즉, 이나바는 현재 만주국의 입장에서 민족적·문화적으로서 만주의 독자성을 상정하고, '만주민족'의 변천을 만주와 영향을 주고받은 한을 비롯한 여러 세력의 관계 속에서 서술하는 가운데 '만주민족'만의 독자성을 확인하고자 했으며, 이를 유지·발전시키는 것이 '만주민족'의 미래를 기약하는 길임을 보여주고자 했던 것이다.

---

46 稻葉岩吉, 1940, 앞의 책, 25쪽. 이는 傅斯年이 1933년에 발표한 '夷夏東西說'로, 이나바 역시 이를 '支那近代의 탁월한 一學者'의 견해로서 소개했다. 고대 중국이 동쪽의 夷와 서쪽의 夏의 대치와 투쟁을 통해 발전해갔다는 傅斯年의 夷夏東西說에서 夷와 夏의 투쟁은 비중국과 중국의 투쟁이 아니라 중국을 구성하는 요소들 사이의 대치와 투쟁을 의미했으며, 傅斯年은 이를 통해 '만주'가 중국 민족, 중국의 일부임을 이야기한 것이다(夷夏東西說에 대해서는 이유진, 2010, 「누가 왜 예를 말하는가-동이의 예에 관한 중화주의 신화론 비판」, 『동북아 활쏘기 신화와 중화주의 신화론 비판』, 동북아역사재단, 237~239). 이나바는 夷夏東西說의 일부만 따와 정반대의 맥락에서 거론한 것이다.

2. '일만관계'의 부각과 아시아에서 일본의 역사적 위상

건국대학의 학문적 사명이자 지향으로서 '만주국학'이 제시되었음은 앞에서 언급했다. 만주국학의 전제라고 할 수 있는 만주국의 건국정신으로 제시되었던 '왕도정치(王道政治)', '민족협화(民族協和)', '도의세계건설(道義世界建設)', '일만불가분관계(日滿不可分關係)'는 만주건국의 원리가 천명됨에 따라 더 증가할 수 있는 것이었다. 그런데 제시된 네 가지는 사쿠다 스스로 이야기했듯이 만주국의 지향으로 아직 실재하지 않는 것이었다. 다만 '일만불가분관계'는 어느 정도 현실이 되고 있지만 완전히 실현되지 않았다며 차이를 두었다.[47] 이는 이미 일본과 만주 사이에 밀접한 관계가 확인되지만 장차 이를 한 단계 고양시켜 '불가분'의 차원으로 진전시켜야 한다는 것이다. 일본과 만주 사이의 밀접한 역사적 관계에 대한 고찰은 이미 러일전쟁 이후 일본에서 만주에 대해 본격적인 연구가 개시된 이래 상당히 규명되어왔다. 바로 발해와 일본의 교통에 대한 연구이다. 특히 도리야마로 대변되는 일본인 연구자들은 1910년대 이래 발해사 연구를 통해 200여 년간 지속되었던 발해와 일본의 교류를 밝힘으로써 대륙-만주와 일본의 오래된 관련성을 제시해왔으며,[48] 1930년대 중반 이후로는 이를 통해 문명화된 일본인들이 만주족을 개화시켜야 한다는 논리를 이끌어냈다.[49] 앞서 만주국 건국 이후 진행된 발굴 조사 가

---

47 作田莊一, 1940, 앞의 책, 24쪽.
48 정상우, 2016, 「20세기 전반 일본인 학자의 '북방사' 연구 모습-도리야마 키이치(鳥山喜一)의 연구 궤적」, 『사회와 역사』 112.
49 박찬흥, 2014, 「'만선사'에서의 고대 만주 역사에 대한 인식」, 『한국고대사연구』 76, 156~159쪽.

운데 발해의 유적에 대한 사항들 역시 만주사에 대한 연구의 차원에서만이 아니라 '일만일체(日滿一體)'에 대한 역사적 확인, 바로 발해와 일본의 통교를 드러내어 만주국과 일본의 우호·일체화를 1200년 전 발해의 시대까지 거슬러 올라가 확인한다는 프로파간다적 성격도 가지고 있었다고 평가된다.[50]

이처럼 일본과 발해의 관계에 대한 역사적 규명은 만주국학의 차원에서도, 만주사 연구의 차원에서도 요청되던 과제였다. 건국대학 교수였던 다키카와 마사지로(瀧川政次郎)가 발해와 나라시대(奈郞時代) 일본의 관제를 비교한 것은 이러한 필요성에 입각한 것이라 할 수 있다. 그는 발해법(渤海法)은 당법(唐法)에 대해 '자법(子法)', 일본왕조법(日本王朝法)에 대해서는 '자매법(姉妹法)'의 관계에 있다며 발해와 일본의 관제(官制)를 비교·대조했다.[51] 그에 따르면 발해의 관제는 '당의 제도를 그대로 베낀 것'으로 '닭을 잡는 데 소 잡는 칼을 썼다는 비방을 면키 어려운', '대부분 명칭의 변경에 그치고 실질적으로는 당제의 모방'이라고 평했다. 반면 일본의 경우 '일본의 국정에 적합하게 하기 위한 고심이 역력한 것'으로 '특히 신기(神祇)를 숭상하여 우리나라 고유의 습속을 존중했으며 … 온화한 우리 국민성의 발로'라며 극찬했다.

일본과 발해 두 나라는 같은 당법(唐法)을 받아들였지만, 그 수용 방식에서 하나는 무비판적인 직사(直寫)이고 하나는 왕성한 비판하의 자주적(自主的) 모방(模倣)이다. 때문에 우리 왕조의 일본인은 적어도 외래문화

---

50 井上直樹, 2013, 『帝國日本と'滿鮮史'-大陸政策と朝鮮·滿洲認識』, 塙書房, 199~201쪽.
51 瀧川政次郎, 1941b, 「日·渤官制の比較」, 『研究期報』1, 建國大學研究院, 223~224쪽.

섭취 능력이 발해시대의 만주인보다 우수했다고 하지 않을 수 없다. 그리고 이 일본인의 외래문화 섭취 능력이라는 것은 실로 동서의 문화를 융합하여 세계 신문화(新文化)를 창조하는 능력이라고 할 수 있을 것이다.[52]

다키카와의 결론은 일본인에 대한 만주인 계몽의 필요성을 말하는 것을 넘어서서 일본인의 문화적 우수성과 이를 바탕으로 한 동서 문화의 융합의 가능성으로 연결되고 있다. '동아신질서', '대동아공영권'이 선전되며, 일본을 중심으로 하는 새로운 역사서술이 모색되던 1940년대 초, 건국대학 교수 다키카와는 '일만'의 역사적 관계에서 이야기되던 일본과 발해의 역사를 통해 일본인의 문화 수입 능력을 확인하고 일본인에 의한 새로운 세계 문화 창조의 가능성을 제시했던 것이다.

전쟁이 확대되고 이것이 '대동아공영권'의 건설이라는 이름으로 미화되던 당시, 일본의 학계에서는 기존의 역사 서술을 비판하는 한편 『대동아사개설(大東亞史槪說)』과 같이 일본을 중심으로 하는 새로운 역사를 서술을 시도했음은 앞에서도 언급했다. 모리 가쓰미(森克己)는 건국대학에 재임하며 이러한 학계의 동향에 조응했다. 건국대학에서는 1942년부터 '신질서건설총서(新秩序建設叢書)'라는 이름의 짤막한 단행본들을 발간했다. 사쿠다는 '신질서건설총서'의 발간 이유에 대해 책의 소개에서 '대동아전쟁'의 개시와 전개로 '세계공영의 신질서'가 현실화됨에 따라 '학도는 일제히 이 방향에서 각자 전문으로 하는 연구를 진전시키지 않으면 안 되'며 동시에 '이 방향에 대한 관심을 깊게 하고, 인식을 넓히는 것은 일반인들, 특히 학수의 길에 있는 청년에게는 필수 요망'이기 때문이라고 밝

---

52 瀧川政次郎, 1941b, 위의 글, 254쪽.

했다. 즉, 이 책자들은 건국대학생들을 비롯한 일반인들의 교양을 위해 발간된 것이다.[53] 모두 12권이 발간된 '신질서건설총서' 가운데 하나가 바로 '대동아공영권'의 역사에 대한 모리의 저작이었다. 사실 '대동아공영권'이라는 용어는 태평양 전쟁의 발발과 더불어 등장한 새로운 조어이다. 모리 역시 이 점을 잘 알고 있었으며, '대동아공영권'을 '단어(言葉)로서는 극히 새롭다'고 인정했다. 하지만 그는 '금일 대동아공영권의 범위에 포함된 여러 국가와 민족들 사이에는 이미 먼 태고시대부터 존재하고 있었던 것'이라며,[54] 이 새로운 개념에 역사성을 부여하고자 했다.

이를 위해 그는 일본이 바다로 둘러싸여 있는 섬이지만 바람과 해류와 같은 자연적 조건이 갖추어졌었기 때문에 일찍부터 대륙과 연결되어 있었다며 고대 이래 일본인들의 지식의 확충과 인식(세계에 대한 인식)의 확대에 따라 일본의 대외관계가 확장되었음을 이야기했다. 자주정신에 의거해 국제 관계를 진척시키고 견수사(遣隋使)·견당사(遣唐使)를 파견한 쇼토쿠 태자의 외교의 결과 일본의 세계 인식은 중국, 인도를 넘어 베트남(安南), 인도네시아와도 접촉하게 되었다는 것이다. 특히 일본 상인들은 중국 상인들을 매개로 페르시아인들과도 거래하며, '동아무역(東亞貿易)'의 무대에 등장했다. 모리는 송(宋)의 동전이 북으로는 일본, 고려, 금 방면부터 남으로는 남양(南洋) 일대(一帶)부터 아프리카 동안(東岸)에 걸쳐 분포한다는 것을 근거로 '동아(東亞)는 이미 중세에 경제적으로 동일 권역에 포괄'되었으며, 문화적으로도 송의 불경을 매개로 밀접

---

53 宮澤은 '新秩序建設叢書'에 대해 건국대학에서 강의를 정리한 것이라고 보았다. 宮澤惠理子, 1997, 앞의 책, 125쪽.
54 森克己, 1942, 『大東亞共榮圈の歷史性』, 建國大學研究院編, 新秩序建設叢書 第9冊, 1~2쪽.

한 관계를 맺었다고 주장했다. 이렇게 중국을 매개로 경제적·문화적으로 하나의 권역을 형성한 동아제국(東亞諸國)은 몽골민족의 흥기에 따라 정치적으로도 교섭이 발생했으며, 일본 상인들은 쿠빌라이의 일본 원정 이후 왕성해진 '진취적 기상'을 바탕으로 무역을 더욱 확대한 결과 16세기 말에는 대만은 물론 필리핀, 인도차이나, 자바, 수마트라 방면까지 진출했고, 이는 에도막부의 장려로 더욱 왕성해진 결과 캄보디아, 태국, 필리핀 등지에는 상당한 규모의 일본정(日本町)이 7개 등장한다는 것이다.[55] 이처럼 쇼토쿠 태자 이래 일본과 인도차이나 방면의 관계를 강조하는 것이 가장 극단적으로 드러나는 것은 임진왜란에 대한 해석이다. 모리는 도요토미의 포부는 대륙을 넘어 남방으로 펼쳐졌었다며, 도요토미가 임진왜란 직전 포르투갈령 인도 고아의 총독과 스페인령 필리핀의 태수에게 입공을 요구한 것과 뒤이어 대만, 인도, 필리핀 등에도 입공을 요청하려 했지만 병으로 이루지 못한 것을 들었다.

> 이번 大東亞戰爭과 비슷한 壯大한 구상은 이미 350, 360년의 과거, 풍운아 秀吉에 의해서도 기획된 것이지만 결국 그 실현을 보지 못하고 끝났다. 그러나 秀吉의 雄圖는 국민의 진취적 정신을 고무하는 데 큰 것으로 …[56]

'대동아공영권'에 발맞춘 새로운 역사 서술에 대한 요구에 호응하여 건국대학 교수 모리는 동남아시아 일대에서 한창 전쟁 중이던 당시 일본과 동남아시아의 역사적 관계를 '대동아공영권'의 필연성을 설명하는

---

55 森克己, 1942, 위의 책, 3~48쪽.
56 森克己, 1942, 위의 책, 36~37쪽.

소재로 재조명하는 한편 임진왜란까지도 대동아공영권 건설의 전사로 제시했던 것이다.

3. 19세기 후반 이래 일본의 만주침략에 대한 역사적 의미 탐색

사쿠다는 만주국학을 이야기하며 만주국이 나아가야 할 미래를 구체화하기 위하여 만주국의 건국을 가져온 힘, 바로 청일전쟁, 러일전쟁, 만주사변으로 이어진 만주에 대한 일본의 침략을 거론하고 이를 세계사적 필연으로 규정했다. 건국대학에서 역사를 연구·교육했던 이들은 이러한 전쟁들을 중심으로 만주국 건국의 과정과 의미를 보다 상세히 설명했다. 19세기 후반 이래 만주국 건국 이전까지의 시기를 대상으로 일본의 대만주 정책에 대한 오노 히사토(小野壽人)의 연구와 만주사변의 발발 과정과 만주국의 사명을 제시한 다카하시의 저작이 그것이다. 이들은 19세기 이래 서세동점의 정세하에 일본과 아시아는 위기에 처했으며, 만주에 대한 러시아의 이권 추구, 서구에 의존하는 중국을 문제적 상황으로 바라본다.

오노는 특히 동인도회사가 철폐되고 인도가 영국의 직할령 식민지가 되었을 뿐만 아니라 러시아가 헤이룽장주(黑龍江州)를 설치하던 당시 태평천국으로 청의 권위가 더욱 쇠락하는 속에서 일본은 필연적으로 만주, 중국, 조선에 대한 일정한 역사적 입장을 취해야 했으며, 그것은 기본적으로는 일본의 지도에 기초한 일만청선공동방위(日滿淸鮮共同防衛)였다고 보았다. 문제는 이를 전혀 이해하지 못하는 청이었다. 즉, 일본은 서구에 대항하기 위해 자본주의적 경제체제로 전환했으며, 아시아와 '순치보거(脣齒輔車)의 관계', 바로 '서구 자본주의적 침략에 대한 일본의 방위=조선의 보전=만주의 안정=동양평화의 확보'가 '동양의 대국'에서의 '공리'임을 인식한 데 반해 중국은 이를 이해하지 못한 채 과거의 '상국의식(上國意識)'과 서구 의존적인 태도로 일관했다는 것이다. 이러한 가운데 청일전쟁과 러일전쟁은 '공리(公理)'를 위한 일본의 '피의 희생'으로 표현되었다.[57] 이러한 입장은 다카하시에게도 동일하게 나타난다. 그 역시 19세기 이래 '구미침박(歐米侵迫)'에 대한 방위 수단을 마련한 것이 메이지 유신이며, 서구에 대해 반격-제1차 반격으로서 청일전쟁, 제2차 반격으로서 러일전쟁-했지만, 중국은 오랫동안 유럽의 침략을 받으며 사대사상에 빠진 채 일본의 국력발전을 무시하고 일본과 제휴할 의지를 보이지 않았다는 것이다.[58]

이러한 입장에서 오노는 논의의 대부분을 청일전쟁, 러일전쟁의 원인을 일본의 자본주의 발전에 따른 독점시장 요구에서 찾는 견해를 반박하는 데 할애했다. 그가 보기에 이러한 설명은 '타의 희생에서 자기를 생장시킨다'는 입장에 선 것으로, 서구의 침략에 대해 동아시아의 존립을 희구했던 일본의 입장을 오독시키기 때문이다.

> 일본의 만주 진출은 경제적 이유에 의한 것이 아니라 … 軍事的·政治的·精神的 理由, 즉 국방적 견지에서 조선의 정치적 안정을 희구한 國家意志가 청일전쟁(日淸戰爭)을 감행시켰고, 그렇게 한 日淸戰爭 그 자체가 만주를 인식시켰으며, 러시아(露國)의 기도는 자본주의적·제국주의적

---

57 小野壽人, 1942, 「滿洲建國と日本-日本の對滿行動に關する若干の歷史的回顧」, 『建國大學硏究院 硏究期報』 第3輯, 158~186쪽.
58 高橋匡四郞, 1942, 『滿洲事變とその歷史的意義』, 建國大學硏究院編, 新秩序建設叢書 第3冊, 2~15쪽.

이어서 일본으로서는 만주의 정치적 안정을 희구하는 國家意志가 대러시아(對露)전쟁을 감행케 한 것이어서, 경제적 진출은 그 능인(能因)이 아니며 결과였다. … 전쟁 감행의 의지는 그 이상의 도의적 입장, 그칠 수 없는 정신적·정치적·이상주의적 입장에서 결의된 것으로, 그 입장에 대한 충분한 인식을 결할 때에는 일본 근대 산업의 발전 그 자체가 실은 그와 같은 국가의지에 의해 유도되었다는 사실조차 망각하는 公式論에 빠질 위험이 있다.[59] (밑줄은 인용자)

인용문에서도 알 수 있듯이 전쟁은 일본의 방위라는 견지에서 '조선', '만주'의 '정치적 안정' 추구라는 '국가의지'에 의한 것이었으며, 일본의 자본주의화 및 만주에서 일본의 경제적 이윤획득은 이러한 '국가의지'의 결과물일 뿐이다. 이는 제1차 세계대전 역시 마찬가지이다. 일본이 대독 선전포고를 한 것은 서구의 중국침략을 막기 위한 청일전쟁과 러일전쟁에 이은 '서구제국주의에 대한 제3차 반격'인 것이다.[60]

한편 만주 문제는 일본이 자성을 이끈 계기이기도 했다. 주지하듯이 일본의 자본주의는 제1차 세계대전을 통해 비약적 성장을 이루었다. 이러한 발전에 따라 일본에서는 정치·외교·경제적 문제들이 속출했다. '자유주의적 사조가 점차 만연한 데 이어 대지외교정책(對支外交政策)에 일관성을 결여했다. 특히 정치에서 정당적 영향이 현저해지고 이 경향이 한층 조장되어 … 워싱턴 회의를 정점으로 일본의 외교는 완전히 이른바 영미 추종외교로 전락'했다는 것이다. '중국의 통일과 평화를 기대할

---

59 小野壽人, 1942, 앞의 글, 191~193쪽.
60 高橋匡四郎, 1942, 앞의 책, 16쪽.

수 없는 한 일본의 실력에 의해 확보되는 특수권익에 기초할 때에만 가능한' 만주의 안정, 즉 일본의 방위이자 동양평화의 확보는 이러한 상황에서는 실현될 수 없는 것이다. 더군다나 1920년대 이후 '경제계는 미증유의 혼란'에 빠져 각종 사회 문제가 발생하는 가운데 '일본의 민족적 의식이 계급적으로 분화'되었고, 만주로의 이민과 투자는 국방적·국가적 견지가 아닌 채산적(採算的) 자본주의적 입장에서 진행되며 타락했다. 이후에 닥친 경제대공황으로 인한 일본과 만주 경제의 동요, 소련의 위협과 적화운동, 미국과 결탁한 국민당을 중심으로 한 중국의 배일운동 속에서 만주 문제는 일본인들을 자신에 대한 반성과 비판으로 유도했다는 것이다.[61] 자신들의 자본주의화에 따른 타락, 자유주의화와 사회주의로의 감염, 이로 인한 각종 사회 문제들. 이에 대한 자성과 비판은 군부의 등장을 의미하며, 그 귀결은 만주사변이다.

결국 만주사변은 일본에서 유행한 자유주의적·공산주의적 사조에 대한 일본주의적 혁신운동, 과거 메이지 유신 이후 일본과 만주의 관계, 즉 '만선의 위기는 곧 일본 자신의 위기'라는 자각하에서 이루어진 것으로 '일만일덕일심(日滿一德一心)'의 완성을 위한 것, 청일전쟁·러일전쟁·제1차 세계대전 참전에 뒤이은 서구 제국주의에 대한 반격이자 공산주의에 대한 반격이라는 의미를 갖는다. 또 만주의 역사를 점철한-주로 한민족과 만주의 소수민족들 사이의-'민족 투쟁'을 지양하고 현대적 대민족주의로 나아가는, 대민족주의와 근대적 민족주의의 투쟁의 출발점이었다. 더군다나 일본의 만주 경영 결과 만주의 경제와 인구는 급격한 성

---

61 高橋匡四郎, 1942, 앞의 책, 22~26쪽, 50~53쪽; 小野壽人, 앞의 글, 209~223쪽. 小野는 이러한 맥락에서 역시 제1차 세계대전 직후 일본의 對滿 투자가 투기적인 양상을 띠며, 시데하라의 외교를 소극적이었다고 비판한다.

장을 보였으며 만주사변은 이와 같은 만주의 근대화를 단축시켜 일약 현대로 비약시키는 계기이기도 했으며,[62] 그 결과물이 바로 만주국인 것이다.

이처럼 건국대학의 교수들은 일본의 방위는 곧 동양의 평화라는 논리 하에 19세기 후반 이후 일본의 자본주의화와 만주로의 침략을 서구 열강의 침략에 맞서 아시아를 지키기 위한 일련의 과정으로 탈바꿈시켰다. 이들의 논리대로라면 제국주의 혹은 공산주의화한 서구 열강의 아시아 침략이 멈추지 않는 한 전쟁은 계속되어야 하는 것이었고, 서구 및 서구와 결탁한 중국으로부터 동양의 평화를 수호하기 위한 도정에 만주국이 위치하게 된다. 즉, '만주국학'이 지향한 만주국의 건국정신이자 미래는 '동양 평화'의 수호를 위한 전쟁으로 귀결될 수밖에 없었으며, 이는 태평양전쟁이라는 현실에 대한 무한 긍정이었다.

IV. 맺음말과 향후의 과제

지금까지 건국대학에서 이루어진 역사 연구 활동을 만주사 연구를 중심으로 한 당시 일본 학계의 논의들과 건국대학에서의 연구 사명이었던 만주국학이라는 흐름 속에서 살펴보았다.

만주사변과 만주국 건국 이후 일본 학계에서는 만주사 연구가 붐을 이루었지만 이렇다 할 만주사의 체계가 정립되어 있던 것은 아니었다. 만주사의 체계를 설정하는 것은 만주에서 일본의 이권 확보 문제와 결

---

[62] 高橋匡四郎, 1942, 앞의 책, 55~79쪽; 小野壽人, 1942, 위의 글, 223쪽.

부되어 논의되었기 때문에 만주사의 체계를 정립하는 것은 순학문적으로든 일본의 이권을 확인하기 위해서든, 만주국의 역사적 정당성을 확인하기 위해서든 중요한 문제였다. 이러한 한편 중일전쟁 이래 전선이 확대되고 새로운 세계 질서를 모색하게 됨에 따라 일본의 역사학자들은 기존의 역사학을 비판함과 아울러 일본을 중심으로 하는 새로운 세계사로서 '대동아사'에 대한 지향을 보였고, 이는 국가사업으로서『대동아사개설(大東亞史槪說)』편찬으로 나타나기도 했다. 한편, 건국대학 설립 직후부터 건국대학을 실질적으로 이끌었던 사쿠다는 건국대학 연구의 사명으로서 '만주국학'을 제시했다. 이는 만주국이라는 새로운 국가를 만들어낸 힘을 규명하여 왕도정치', '민족협화', '도의세계건설', '일만부가분관계'와 같은 만주국이 나아가야 할 미래의 가치를 제공하는 것이었다.

건국대학에서 역사를 연구·교육했던 이들은 대체로 제국대학을 졸업한 30대 후반에서 40대 중반의 연구자들이었다. 건국대학에서 이들은 당시 학계와 만주국학에 조응하며 연구 활동을 벌여나갔다.

그 첫 번째로 들 수 있는 것은 만주사 연구와 그 체계의 정립과 관계된 것들이다. 이나바와 다카하시는 청조의 기원 및 강성과 관련된 유적들을 살펴보는 가운데 이를 고구려의 산성들과 연결시키며 만주사의 유구함과 계승 관계를 고찰했다. 이와 더불어 원(元)을 연구하는 데 필요한 문헌으로 일본에 알려지지 않은 것들을 번역, 정리하는 활동 역시 만주사 연구라는 범위에서 이루어진 것이라 하겠다. 만주사 체계의 정립과 관련하여 주목되는 것은 건국대학생들을 상대로 한 이나바의 강의와 강연이다. 그는 공간으로서 만주에서 활동한 모든 민족을 '만주민족'이라고 포괄적으로 묶어내어 만주를 공간적·민족적으로 한민족과 분리·대립시키며, 만주민족의 역사적 변천을 중심으로 이들에 미친 한을 비롯한 외부의 영향력을 정리하는 방식으로 만주의 역사를 체계화하고자 했다. 이 과정에서 이나바는 만주민족의 고유문화를 강조하여 민족에서만이 아니라 문화 면에서도 만주민족의 독자성을 제시했다.

두 번째로 들 수 있는 것은 '일만 관계'를 부각하면서 아시아에서의 일본의 역사적 위상을 제시하는 것이었다. 발해를 중심으로 한 만주와 일본의 관계에 대한 탐색은 1910년대 이래 이루어진 사항으로 만주국 건국정신의 하나인 '일만불가분관계'를 역사적으로 실재화하기 위해서도 필요한 작업이었다. 건국대학 교수였던 다키카와는 중국(唐) 문화의 수용이라는 공통점을 지닌 발해와 나라시대 일본의 관제를 비교함으로써 '일만일체'의 차원에서 이야기되던 발해와 일본의 관계를 넘어 일본인에 의한 새로운 세계 문화 창조의 가능성을 엿보았다. 이러한 연구는 '대동아공영권'이라는 일본을 중심으로 한 새로운 세계 질서 건설이 주창되던 당대의 요구에 부응한 것이라 할 수 있는데, 이러한 자세는 건국대학 학생을 비롯한 일반인 독자를 위해 모리가 서술한 '대동아공영권'의 역사성에 대한 저작에서 보다 명징하게 드러난다. 그는 유사 이래 일본과 동남아시아의 관계를 통해 새로운 조어였던 '대동아공영권'이 일본을 중심으로 한 동남아시아와의 교역에서 면면히 관철되고 있었음을 보여주고자 했다.

건국대학에서 이루어진 역사 연구 활동으로서 마지막으로 꼽을 수 있는 것은 일본의 만주침략 과정을 만주국 건국의 전사로서 제시하는 것이다. 이는 사쿠다도 만주국학을 설명하면서 그 필요성을 언급한 사항으로 만주국의 건국정신을 천명하는 것이기도 했다. 오노와 다키카와는 19세기 서세동점의 세계사적 흐름에서 일본은 '일본의 방위＝조선의 보전＝만주의 안정＝동양평화의 확보'임을 자각했고, 이러한 자각에서 청일전쟁, 러일전쟁, 제1차 세계대전을 치렀다며 일본의 대륙침략사를 정리했다. 또한 이러한 설명 과정에서 이들 전쟁이 일본의 자본주의화에 따른 독점시장의 필요에 의한 것이라는, 레닌의 제국주의론에 입각한 해석들과 제1차 세계대전 이후 일본의 정당정치와 사회주의의 유행, 국제연맹 체제를 수용하려 했던 일본의 외교 정책 등을 비판하는 한편 만주국 건국의 직접적인 계기가 된 만주사변 역시 19세기 중반 이래 서구의 중국 침략의 흐름 속에서 일본의 방위가 곧 동양의 평화라는 자각에서 이루어진 행동이었다고 평가했다.

이처럼 건국대학에서 이루어진 역사 연구 활동은 연구 주제의 설정과 연구의 결론 면에서 당시 일본 학계와 만주국학의 성립이라는 요구에 부응하는 것이라고 하겠다. 19세기 이래 일본이 수행한 일련의 전쟁에 대한 평가는 물론 민족협화가 요청되고 대륙은 물론 동남아시아에서 전쟁이 한창이던 당시 '만주민족'을 설정하고, 일본인의 세계 문화 창조의 가능성을 발견하며, '대동아공영권'을 역사적 실체로 부각하고자 했던 것은 건국대학에서의 역사 연구가 현실에 대해 지극히 추수적이었음을 보여준다.

한편 메이지 유신과 일본의 만주침략을 서구 제국주의 세력을 막고 일본의 안보=동양의 평화를 위한 것이라는 인식은 지금도 일본의 우익들에게서 어렵지 않게 찾아볼 수 있는 역사 인식이다. 그런데 정치적 입장이 아닌 곳에서라면 이를 어떻게 사고하고 평가할 수 있을까? 일례로 만주사를 중국사로부터 떼어내고 만주에서 활동했던 이들의 고유문자와 문화에 대해 관심을 기울이는 것은 현재의 만주사 연구에도 유효한 자세이다. 또 '대동아공영권'을 합리화하는 성격이 강했던 일본에서의 『대동아사개설』 편찬 당시 편찬촉탁(編纂囑託)으로서 적극적으로 참여하며 실제 원고 작성을 했던 교토제대 교수 미야자키 이치사다(宮崎市定)는 1945년 이후에도 '대동아사'를 '아시아사'로서 전개했다고 한다.[63] 일본과 대륙의 관계를 넘어 남방 해양을 향한 일본의 진출은 유구하다며 왜구를 당시 일본 상인들의 불가피했던 무장과 실력행사라면서 동남아시아의 교류를 중심으로 '대동아공영권'을 역사적으로 증명하고자 했던 시도와 '동아시아 세계론'이나 중국과 일본 학계에서 한창 논의되는 '해양사'류의 논의는 전혀 무관한 것일까?

마지막으로 앞서 언급했듯이 건국대학에서의 역사 연구는 지극히 현실 추수적으로 연구 과제를 설정하고 결론에 도달했다. 그렇지만 그 과정에서 이루어진 답사나 발굴의 결과물, 현실 추수적인 결론을 도출하기 위해 활용한 자료들은 또 다른 맥락을 가지고 있다. 일례로 청 초기의 산성과 전승지를 답사하고 이를 고구려의 산성에 비정한 다카하시의 결론은 현재의 백과사전에도 유력한 설로서 제시되어 있으며,[64] '대동아공영권'의 역사성을 논하는 과정에서 모리가 근거로 했던 에도시대 주인선(朱印船)과 동남아의 일본정에 대한 논의는 당시 타이페이제국대학의 교수로서 남양사를 전공한 이와오 세이이치(岩生成一)의 연구 성과에 기반한 것으로, 당대로서는 상당한 수준의 것이라 할 수 있다. 즉, 현실 추수적인 결론에 도달하는 과정의 실증성을 어떻게 바라보고 평가해야 하

---

63 奈須惠子, 1995, 앞의 글, 8쪽.
64 다카하시는 청의 산성들을 고구려 산성이라고 비정한 답사 결과를 상당히 자신했다. 현재 민족문화백과사전을 보면 木底城의 가장 유력지로 蘇子河 유역의 木奇鎭 일대가 유력하다고 되어 있으며, 蒼巖城의 경우도 蘇子河 일대 二道河子村의 舊老城이나 頭木砬子山城에 비정하는 견해가 유력한데, 환인의 五女山城에 비정하는 견해도 있다고 밝히고 있다. 여기서 유력하다고 하는 說들은 당시 다카하시에 의해 처음 주장된 것이다.

는가의 문제이다. 이는 건국대학은 물론 제국 일본의 팽창 과정에서 이를 지지하고 효과적으로 수행하기 위한 학술 기구의 설립과 그 속에서 이루어진 연구를 어떻게 바라보고 평가할 수 있는지, 기구와 연구의 관계를 어떻게 설정할 수 있으며 이들 모두를 제국에 대한 봉사라는 한 가지 의미로 평가할 수 있는 것인지에 대한 새로운 과제를 제시한다. 이 역시 추후의 과제로 삼겠다.

참고문헌

자료

建國大學, 1941, 『滿洲建國大學要覽』.
高橋匡四郞, 1941, 『소자하流域における高句麗と後女眞の遺跡』, 建國大學校硏究院 [各班硏究報告 第11 號(滿洲史硏究班)].
高橋匡四郞, 1942, 『滿洲事變とその歷史的意義』, 建國大學硏究院編, 新秩序建設叢書 第3冊.
及川儀右衛門, 1935, 『滿洲通史』, 博文館.
南滿洲敎育會, 1934, 『滿洲新史』, 滿洲文化協會.
大原利武, 1933, 『槪說 滿洲史』, 近澤書店.
稻葉岩吉, 1937, 「申忠一書啓及び圖記」, 『靑丘學叢』 29.
_____, 1939a, 「東洋史より見たるネルチンスク條約の意義」, 『建國大學創立記念第壹回講演集(康德6 年度講演集E第1號)』, 建國大學硏究院.
_____, 1939b, 「興京二道河子 舊老城」, 建國大學硏究院 歷史報告 第1.
_____, 1940, 『滿洲國史通論』, 日本評論社.
瀧川政次郞, 1941a, 『宋元驛制紀事-永樂大典所引 「金玉新書」 及 「經世大典」 逸文』, 建國大學校硏究院.
_____, 1941b, 「日・渤官制の比較」, 建國大學硏究院 硏究期報 第1輯.
白鳥庫吉, 1909, 「滿洲民族の過去」, 『東洋時報』 132.
富永望, 2016, 「〈資料紹介〉『大東亞史槪說』」, 『京都大學大學文書館硏究紀要』 14.
山本守, 1941, 「成吉思汗談話錄の硏究」, 『建國大學硏究院 硏究期報』 第1輯.
森克己, 1942, 『大東亞共榮圈の歷史性』, 建國大學硏究院編, 新秩序建設叢書 第9冊.
小野壽人, 1942, 「滿洲建國と日本-日本の對滿行動に關する若干の歷史的回顧」, 『建國大學硏究院 硏究期報』 第3輯.
松井等, 1930, 「滿洲に於ける日本の地位(矢野仁一君の論文に因みて)」, 『東亞』 3-2.
_____, 1931, 「滿洲史要項」, 『東亞』 4-8.
矢野仁一, 1930, 「日本の滿洲に於ける歷史上の地位を論ず」, 『東亞』 3-1.
_____, 1933, 『滿洲國歷史』, 目黑書店.
歷史學硏究會 編, 1936, 『滿洲史硏究』, 四海書房.
作田莊一, 1940, 『現代の學問と滿洲國學の硏究法』, 建國大學硏究院.

_____, 1942, 『現代科學と滿洲國學』, 建國大學研究院編, 新秩序建設叢書 第7冊.
鳥山喜一, 1942, 「滿洲國文化事業の十年」, 『朝鮮』 328.

단행본
宮澤惠理子, 1997, 『建國大學と民族協和』, 風間書房.
山根幸夫, 2003, 『建國大學の硏究』, 汲古書院.
井上直樹, 2013, 『帝國日本と'滿鮮史' - 大陸政策と朝鮮・滿洲認識』, 塙書房.

Stefan Tanaka, 1993, *Japan's Orient: rendering pasts into history*(박영재・함동주 譯, 2004, 『일본 동양학의 구조』, 문학과 지성사).

논문
강해수, 2016, 「'도의국가(道義國家)'로서의 만주국과 건국대학-사쿠다 소이치(作田莊一)・니시 신이치로 (西晋一郎)・최남선의 논의를 중심으로」, 『일본공간』 20.
남상호, 2008, 「'대동아전쟁'과 『대동아사개설』 편찬」, 『한일관계사연구』 31.
박찬흥, 2014, 「'만선사'에서의 고대 만주 역사에 대한 인식」, 『한국고대사연구』 76.
이유진, 2010, 「누가 왜 예를 말하는가-동이의 예에 관한 중화주의 신화론 비판」, 『동북아 활쏘기 신화와 중화주의 신화론 비판』, 동북아역사재단.
이정희, 2016, 「'만주 건국대학'의 교육과 조선인 학생」, 『만주연구』 22.
이형식, 2016, 「'支那通' 야노 진이치(矢野仁一)의 중국인식과 對中政策」, 『사림』 58.
전성곤, 2006, 「만주 「建國大學」 창설과 최남선의 〈건국신화론〉」, 『日語日文學研究』 56.
정상우, 2016, 「20세기 전반 일본인 학자의 '북방사' 연구 모습-도리야마 키이치(鳥山喜一)의 연구 궤적」, 『사회와 역사』 112.
_____, 2017a, 「이나바 이와키치의 만주사 연구」, 『만주 역사지리 연구와 백두산』(2017 백두산 국제학술회의 자료집), 동북아역사재단.
_____, 2017b, 「일제하 일본인 학자들의 한국사에 대한 通史的 이해-1930년대 중반의 저작들을 중심으로」, 『역사와 현실』 104.
정준영, 2016, 「'만주 건국대학'이라는 실험과 육당 최남선」, 『사회와 역사』 110.

谷野邦子, 2003, 「『滿洲』における心理學-建國大學とその周辺」, 『茨城キリスト敎大學紀要』 36.
奈須惠子, 1995, 「戰時下日本における「大東亜史」構想-『大東亞史槪說』編纂の試みに着目して」, 『東京大學大學院敎育學研究科紀要』 35.

大澤広嗣, 2007,「宗敎學硏究者と『滿洲國』-建國大學の松井了穩」,『仏敎文化學會紀要』15.
柴田陽一, 2011,「建國大學における地理學者とその活動-宮川善造を中心に」,『史林』94(5), 史學硏究會.
外山軍治, 1967,「日本における滿洲史硏究」,『歷史敎育』15-9・10.
田村紀雄, 2010,「井口一郎と建國大學の同僚達-王道樂土か日本脱出か」,『コミュニケーション科學』31, 東京經濟大學.
塚瀨進, 2011,「戰前, 戰後におけるマンチュリア史硏究の成果と問題點」,『長野大學紀要』32-3.

5장

'동양문화' 연구와 경성제국대학:
핫토리 우노키치와 동양학 강좌들

정준영
서울대학교 규장각한국학연구원 교수

I. 핫토리 우노키치와 경성제국대학의 설립

1926년 개설된 경성제국대학이 '식민지조선'이라는 입지 조건을 기반으로 다양한 방식으로 대학 설립의 정당성을 표방했다는 것은 기존의 연구를 통해서도 잘 알려진 사실이다. 그런데 그중에서도 경성제국대학이 표방했던 '동양문화'의 연구 지향은 각별한 의미를 가진다. 신설 대학의 초대 총장으로 중국철학자 핫토리 우노키치(服部宇之吉, 1867~1939)가 취임했기 때문이다. 그는 도쿄제국대학 문학부「지나철학·문학 제1강좌」의 주임교수로서, 일본 동양학 학계를 대표하는 인물 중 하나였다.[1]

전통적인 한학(漢學)의 흐름을 잇고 있는 일본의 동양학 분야는 당시 침체 일로였다. 서양에서 기원한 학문의 심화된 수용 및 일본 사회에 대한 적용이 학계의 당면한 과제로 부상하는 상황에서 연구자의 수는 줄고 있을 뿐 아니라 연구주제에 대한 사회적 관심 또한 현격하게 위축되고 있었기 때문이다. 역사적으로 중국의 문화적 영향권 속에 있었던 식민지 조선에 대학이 신설되면서 초대 총장으로 핫토리가 내정되었다는 소식에 일본 동양학계는 크게 고무되었다. 퇴색해가던 일본 동양학계에 새로운 활력을 불어넣을 전기가 될 뿐 아니라, 동양학이 제국의 확장과 식민통치의 안정화라는 '국책(國策)적 과업'과 결합하는 계기로도 작용할 수 있으리라는 기대가 있었기 때문이다. 1926년 경성제국대학 학부 개업식에

---

* 이 챕터는 정준영, 2019, 「국사와 동양학 사이의 좁은 틈」, 『역사문제연구』 41의 내용 중에서 책의 취지에 맞는 내용을 대폭 수정한 것입니다.

1 핫토리 우노키치의 이력 및 그의 학문적 특징에 대해서는 정근식·박명규·정진성·정준영·조정우·김미정, 2011, 『식민권력과 근대지식: 경성제국대학 연구』, 서울대학교 출판문화원, 67~69쪽을 참조할 것.

서 행해진 핫토리의 훈시(訓示), 즉 신설대학의 지향으로 '동양문화의 권위'를 주창했던 유명한 연설²이 이루어진 것은 이러한 맥락에서였다.

게다가 핫토리는 경성제국대학의 설립과정에서 각별한 위상을 부여받고 있었다. 당시 일본에서 신설 관립대학의 초대 대학총장은 이후 여느 총장들과는 완전히 차별화되는 각별한 자리였다. 대학의 '실질적'인 내용을 구성하는 강좌·학문편제를 결정했을 뿐 아니라 이를 담당하는 교원의 인사 대부분에도 관여할 수 있었기 때문이다. 이후 총장들과는 비교할 수도 없는 특권이었다. 창설 당시 대부분의 교수와 조교수는 직접 전형하거나, 아니면 최소한 임명장을 수여받았다는 점에서 초대 총장과는 '학은(學恩)'이나 '관은(官恩)'의 관계를 이루게 된다. 초대 총장을 그 대학의 '아버지'로 부르는 당시의 관행은 빈말이 아니었던 셈이다.

실제로도 핫토리는 경성제국대학 설립이 칙령으로 확정되고 예과가 설립된 1924년부터 학부가 개설되는 1926년까지의 준비기간 동안 법문학부의 강좌 구성 및 교원 인선 대부분을 직접 결정했다. 물론 자신의 전공 분야 밖의 교원 인선은 도쿄제국대학의 법학부와 문학부의 인적 네트워크가 폭넓게 활용되었다. 핫토리는 인문학 분야에서는 원하는 전공의 동료 교수들에게 제자의 추천을 부탁했고, 법학 및 경제학 분야에서는 당시 도쿄제국대학 법학부장이었던 국제법학자 야마다 사부로(山田三良, 1869~1965)에게 인사추천을 위탁했다.³ 물론 교수 및 조교수의

---

2 服部宇之吉, 1926, 「京城帝國大學始業式に於ける告辭」, 『文敎の朝鮮』 6월호, 4~5쪽.
3 그런 의미에서 국제법학자 야마다는 경성제국대학을 탄생시키는 데 공헌한 또 한 사람의 '아버지'였다. 그는 경성제국대학 교수들, 특히 '學恩'을 입은 법문학부 법과계열 교수들의 추천에 의해 1931년 경성제국대학 제4대 총장(임기: 1931. 10.~1936. 1.)으로 취임한다.

최종 결정은 핫토리가 대상 후보자를 직접 접견한 후에 했다. 도쿄제국대학 당국 및 교수들도 그를 도쿄제국대학 문학부장으로 위촉하여 신설대학 교원의 인선 활동을 도왔다. 그 결과, 경성제국대학의 법문학부는 강좌교수의 95%가 도쿄제국대학 출신[4]일 정도로 철저하게 도쿄의 관학아카데미즘을 모방하는 형태로 귀착되었다.[5]

더욱이 식민지조선의 경우, 몇 개의 전문학교를 제외하고는 고등교육의 인적·제도적 기반이 전무했고, 대학의 설립과정 또한 사실상 조선총독부가 단기간 내에 일방적으로 추진했기 때문에 초대 총장의 역할은 더욱 각별할 수밖에 없었다. 제국대학 총장은 2등 이상 1등 이하의 칙임관 혹은 친임관으로, 식민지조선에서는 조선총독과 정무총감 다음가는 높은 지위의 자리였다.[6] 조선총독 사이토 마코토(齋藤實)가 1923년

---

4 경성제국대학 법문학부에서 강좌교수를 역임했던 사람은 총 73명이었는데, 그중에서도 도쿄제국대학 출신이 아닌 사람은 단 네 사람뿐이었다. 교토제국대학 출신이었던 「종교학강좌」의 아카마쓰 지조(赤松智城), 교토제국대학을 중퇴한 「통계학강좌」의 오오우치 다케지(大內武次), 그리고 홋카이도제국대학의 전신인 삿포로농학교를 중퇴하고 미국에서 박사학위를 받은 「국제공법강좌」의 이즈미 아키라(泉哲)가 그들이었다.

5 한편 핫토리는 의학부의 교원 인선은 경성제국대학 초대 의학부장 예정자였던 세균학자 시가 기요시(志賀潔, 1870~1957)에게 사실상 전권을 위임했다. 약관 27세에 세계 최초로 적리균을 발견하여 그의 스승 기타사토와 더불어 노벨상에 가장 근접했던 의학자로 알려진 그는 1920년 조선총독의 권유로 조선총독부 의원장 및 경성의학전문학교 교장을 맡았다. 이전까지 군의관 출신이 독점했던 식민지 보건·위생·의사양성의 최고위 직책이었다. 그 자신은 도쿄제국대학 의학부 출신이지만, 핫토리와 달리 의학계 내부의 도쿄제국대학 학벌(學閥)과는 대립적인 입장을 견지하고 있었다. 그 결과 경성제국대학 의학부의 인적 구성은 도쿄제국대학 출신이 상대적으로 적었는데(57.7%), 그가 경성의전에 불러들인 교수들과 그의 스승 기타사토가 있던 게이오대학 의학부 네트워크가 의학부 교수 구성에 폭넓게 활용되었다. 상세한 것은 정준영, 2009, 「경성제국대학과 식민지헤게모니」, 서울대학교 박사학위논문, 104~105쪽.

6 정근식·박명규·정진성·정준영·조정우·김미정, 2011, 앞의 책, 19쪽.

10월 당시 도쿄제대 문학부장이기도 했던 핫토리의 도쿄 자택을 직접 방문해서 총장 수락을 요청했던 것도 이 때문이었다.[7]

그렇기 때문에 대학의 지향과 관련된 핫토리의 발언은 그저 덕담에 가까운 '희망'의 피력으로 치부할 수 있다. 2년에 가까운 준비기간을 거쳐 나온 청사진이며, 신생 대학이 식민통치, 나아가 제국경영에 어떻게 기여할 것인가와 관련된 존재증명이라고도 볼 수 있다. 그리고 현재에 대한 존재증명, 미래에 대한 전망과 관련해서 핫토리가 경성제국대학의 역할로 힘주어 강조한 것은 다음과 같은 구절이었다. "조선(朝鮮)이란 땅은 예부터 한편으로는 지나(支那), 다른 한편으로는 내지(內地)에 대해서 깊은 관계를 맺고 있었다." 그렇기 때문에 역사적으로 보면 일본문화의 문제점은 조선연구를 통해, 조선문화의 문제점은 중국연구를 통해 해결된 것이 적지 않았으며, 반대방향의 경우도 빈번했다. 핫토리는 조선이 단순히 지리적으로만 일본과 중국 사이에 있었던 것이 아니라, 문화와 역사의 측면에서도 조선은 양자의 외부이면서도 내부인 독특한 관계를 가지고 있다고 본 것이다.

핫토리가 경성제국대학의 설립을 통해 걸었던 기대는, 한때 중국의 일부였던 조선에 들어가 이를 경유해서 '지나'의 일괴암적인 외관을 '과학적'으로 해체할 가능성을 획득하는 것, 그리고 동시에 지금은 일본의 일부가 된 조선에 들어가 이를 경유해서 일본이 과거 중국의 영향을 얼마나 창조적으로 수용했으며 이를 바탕으로 이제는 동양의 문화를 주도하고 개발할 위치에 서 있는지를 입증하는 것이 아니었을까. 이것을 요약한 것이 다음의 문장이었다. "한편으로 지나와의 관계, 또 한편으로

---

[7] 服部武, 1974, 「服部宇之吉の憶い出」, 『紺碧遙かに』, 京城帝國大學同窓會.

내지와의 관계를 가지고 폭넓게 제 방면(諸方面)에 걸쳐 조선연구를 하여 동양문화의 권위"가 된다. 핫토리는 경성제국대학의 존재 이유를 여기에 있다고 생각한 것이다.

II. 외부이자 내부인 '조선'과 일본 동양학의 딜레마

그런데 이러한 핫토리의 언급은 '식민지조선'이라는 입지조건이 동양문화의 연구에 얼마나 적합한 곳인지를 입증하는 언명이지만, 뜻밖에도 당시 일본 동양학이 처했던 딜레마적 상황을 적나라하게 드러내는 장면이기도 하다는 사실은 주의할 필요가 있다.

일본이 중국을 '지나'로 격하시키고 이를 타자화·대상화하는 과정 속에 근대학문으로서 동양학을 창출했다는 사실은 기존 연구들을 통해 잘 알려져 있다.[8] 그리고 식민지가 된 조선에 대해서도 이런 '일본화한 오리엔탈리즘'이라는 입장에서 비슷하게 이해하려는 시도 또한 많았다. 필자는 이런 기본적인 입장에 대해서는 동의하지만, 당시 일본의 입장에서 식민지 조선이 가진 이중적 입장-조선은 한편으로는 '타자화된 대상'으로서 동양의 일부이지만 동시에 병탄을 통해 일본이라는 '우리'의 일원이 되었다는 사실-에 대해서는 좀 더 주의를 기울일 필요가 있을 것으로 생각한다. 조선의 이러한 위치는 핫토리가 바랐던 대로 '밖의 안'이

---

[8] Tanaka Stefen, 1995, *Japan's Orient: Rendering Pasts into History*, University of California Press.

자 '안의 밖'인 조선에 대한 연구를 통해 '자기'의 학문인 국사(학)과 '타자'의 학문인 동양사(학) 사이에 존재하는 공백을 메우면서 동시에 양자 모두를 들어 올리는 지렛대가 될 수도 있겠지만, 반대로 메이지 유신 이래 근대 일본의 학술이 애써 구축했던 자기와 타자의 이항 대립적 구조를 그 내부로부터 균열시키는 시한폭탄이 될 여지도 없지 않았기 때문이다.

가령, 조선이 새로 제국에 편입된 것을 기점으로 조선사를 국사학의 일부로 편입하자는 주장이 제기되었지만, 일본 국사학계의 입장은 미묘했다. 일본의 2세대 국사학을 대표하는 구로이타 가쓰미(黑板勝美)는 1910년 '한일병합'으로 열기가 끓어오르는 와중에도 만세일계의 천황 하에서 일본의 고유한 역사성을 구축해왔던 국사학에 조선사를 편입시키는 것을 사실상 거부하는 모습을 보인다. "통상 국민이라 하면 종래 하나의 국가사회 아래에서 같은 풍속(風俗), 인정(人情)을 가지며 같은 역사를 가진 것을 지칭하는데, … 역사를 달리하고 풍속과 인정이 차이가 나는 조선인을 마찬가지로 보는 것은 어렵다. … 우리는 금후 우리나라를 일본제국이라고 칭하지 말고 어디까지나 '대일본제국'이라고 부르고, 일본이라고 하면 다만 내지만 지칭하고자 한다."[9] 이처럼 좁은 의미의 '국사'와 제국의 판도에 포함된 신부지(新附地)를 포함한 넓은 의미의 '국사'를 구분하고, 후자는 다른 이름을 붙이자는 그의 제안은 조선사의 '타자성'을 어떻게 자국사의 영역에 포함시킬 것인가를 둘러싼 논의에서 당시 일본 국사학자들이 가졌던 곤혹스러움을 단적으로 드러낸다.

실제로도 일본 본토의 국사학계는 이후에도 대체로 식민지의 역사를

---

9 黑坂勝美, 1910, 「偶語」, 『歷史地理 朝鮮號』, 三省堂書店, 154~155쪽.

사실상 배제한 채로 논의를 진행하는 양상을 보인다. 도쿄제국대학 교수인 구로이타가 반도사 편찬사업, 조선사편수회 등 조선총독부가 주도했던 사업에 지속적으로 참여하는 한편, 후지타 료사쿠(藤田亮策, 1892~1960), 스에마스 야사카즈(末松保和, 1904~1992), 나카무라 히데다카(中村榮孝, 1902~1984) 등 자신의 '국사학과' 제자들이 조선사편수회 및 경성제국대학의 핵심 인력으로 정착하는 데 힘을 썼지만 이것은 어디까지나 '제도적' 차원의 권력 확장이었을 뿐, 일본 국사학의 식민지적 팽창으로 파악하는 데 무리가 있다. 스에마스의 제자인 후지타, 스에마스, 나카무라 등은 식민지로 건너가서는 애초 도쿄제국대학 시절의 연구주제를 버리고 조선사 연구를 처음부터 다시 시작해야 했으며, 1920년대 초반까지는 일본의 동양사학계가 중심이었던 조선사 연구의 중심도 이들이 실무 역할을 맡았던 '조선-사편수회-청구학회-경성제국대학 사학회'로 옮겨가고 있었기 때문이다.

사실 애초에 일본 본토의 역사학자들이 '조선사'에 가졌던 관심은 '일본사'와의 접점과 관련되는 매우 제한된 영역에 집중되었다. 일본 자신의 고대사 규명에 해당되는 조선고대사의 영역, 그리고 중국의 문명·문화의 전파=수용과 관련되는 한일관계사의 영역을 제외하고는 조선은 일본 국사학의 통사체제와 서사구조에서 사실상 배제된 채로 남아 있었다. 국사학의 외연적 확장이 이들이 선험적으로 전제하고 있던 일본민족의 고유성, 특히 천황과 신민(臣民)들 사이에 존재하는 유서 깊은 밀착관계를 파괴할 위험을 수반하고 있다는 사실에 여전히 예민하게 반응하고 있었던 것이다. 그런 의미에서 1930년대 조선사 연구 분야에서 현저하게 나타나는 조선학계의 주도성, 즉 '조선사편수회-청구학회-경성제국대학 사학회'의 역할이란 사실 일본 국사학 혹은 국수주의적 학문경

향의 주저와 결함 속에서만 가능한 것이기도 했다.

하지만 그렇다고 조선사를 마냥 동양사의 영역으로 남겨두는 것도 곤란하기는 마찬가지였다. 조선사를 철저하게 '타자'로 남겨두어서는 일본이 조선을 식민지로 만든 역사적 명분, 다시 말해 '일선동원(日鮮同源)'이라는 이데올로기를 스스로 무너뜨리는 일이 될 수 있기 때문이다. 특히 이런 딜레마는 식민지 현지에서의 역사교육에서 특히 문제가 되었다. 1930년대 중반 경성제국대학 총장인 야마다 사부로(山田三良)는 조선총독부에 역사교과서 조사위원회의 설치를 요구했다. 1920년대까지 활용되었던 중등교육 역사교재들이 그간 조선사 연구의 성과를 전혀 반영하지 않았을 뿐 아니라, '국사(國史)' 과목의 교육적 취지와는 관계없는 조선에 대한 '사실(史實)'들이 기계적으로 삽입되어 있다는 판단이었다.[10] 경성제국대학 '사학'으로 귀결되는 조선사의 연구 성과를 총독부의 중등교과서 편찬에 적극 반영하여, 검정교과서 위주인 일본 본토의 국사교과서에도 영향을 미치겠다는 야심만만한 기획이었지만, 결과적으로는 국사학과 동양사학 사이의 '조선사'의 위치가 얼마나 모호한지를 드러내는 사례가 되고 말았다. 식민지 교육의 차원에서는 조선사를 본토와 같이 동양사 교육의 일부로 둘 수는 없지만, 그렇다고 조선사의 성과를 국사 교육 속에 그대로 편입시킬 경우 '국체명징'이라는 교육적 목표에서 이탈할 가능성도 드러났기 때문이다. 실제로 경성제국대학의 국사학, 조선사학 담당 교수는 한일관계사의 차원에서 조선과 관련된 역사적 사실을 국사 교육의 체계 속에 포함시키는 한편, 하나의 영역으로서 조

---

10   1930년대 임시역사교과용도서조사위원회의 설치 및 경성제국대학 교원들의 구체적인 참여 양상에 대해서는 장신, 2013, 「1930년대 경성제국대학의 역사교과서비판과 조선총독부의 대응」, 『동북아역사논총』 42, 동북아역사재단을 참조.

선사를 제국일본을 구성하는 '지역사'로서의 가능성을 모색하기도 했지만(정상우, 2015), 이에 대한 일본 본토 국사학의 반응은 냉담했다. 히라이즈미 기요시(平泉澄)의 황국사관이 풍미했던 1930년대 일본 본토 국사학의 풍토에서 이런 조선사를 포함한 식민지발 국사학의 쇄신은 거의 공감을 받기 어려웠던 탓이다.

게다가 이런 역사교육의 문제와 별도로 조선사/조선학을 동양사/동양학의 배치 속에 포함시킨다고 하더라도 딜레마는 여전히 남는다. 동양사/동양학이란 것이 기본적으로 주체인 일본의 시선에서 보는 타자인 주변 아시아에 대한 지식이라고 보았을 때, 조선 연구는 기본적으로 '자기'로서 일본과 '타자'로서 '동양(혹은 지나)' 사이의 경계를 모호하게 만드는 측면도 존재했기 때문이다. 이런 문제는 일본학계에서 '조선사학'을 전공으로 표방한 첫 연구자이자, 실제로도 고대사를 중심으로 '조선사'라는 영역을 실체하려 했던 이마니시 류(今西龍)의 사례에서도 여실히 드러난다. 그는 도쿄제국대학 사학과 출신으로 기본적으로는 서양 역사학의 방법론과 인류학의 이론, 고고학의 실증적 조사에 바탕을 두고 하나의 민족형성사로서 조선사를 통사적으로 구성하고자 했다. 그는 주로 중국, 조선의 사적(史籍)을 통해 전통적인 일본사의 사료적 문제점들을 문헌학적 차원에서 비판하고 이를 바탕으로 근대 실증사학을 개척하려 했던 시라토리 구라키치(白鳥庫吉) 등의 전 세대 역사학자들과 달리, 총독부가 주관했던 고고학적 발굴 작업, 사적 수집 작업 등에 참여하면서 도리어 조선사적의 사료적 한계에 착목하였고, 이런 결점을 도리어 일본의 사적을 통해 보완했다. 따라서 그의 작업은 애초 서양의 역사학적 방법에 입각한 '동양사학'적 배경에서 출발하여, 일본 사적의 적극적 활용을 통해 도리어 당시부터도 '패권적 제도(帝道)'를 표방한 중화문명과는 차별화되었던, 당시 일본의 다른 '제국의 길'을 신라, 백제, 가야 등 삼한(三韓)-그가 보기에 현재 조선 민족의 원류-의 역사를 통해 확인하는 작업, 다시 말해 '국사학'적 관점으로 동요하면서 이동해갔던 것도 이런 조선사의 경계영역이 가진 모호함과 관련이 깊다.[11]

그런데 이런 딜레마는 만주사변 이후 일본의 대륙 진출이 본격화되는 상황에서 새로운 전기를 마련한다. 일본의 강단 역사학계 또한 시국적 요구에 부응하여 중국에서 '만몽'을 역사적으로 다른 실체로 분리하려는 시도가 노골적으로 나타나면서 '만선사' 혹은 '북방사'가 새삼 중요한 연구과제로 부상하게 된 것이다. 그리고 이것은 만주사변 이후 새로운 활로를 모색했던 경성제국대학의 방향전환과도 관련이 있다. 앞서 언급했듯이, 설립 당시 초대 총장 핫토리는 식민지 조선에 설립된 대학의 위상을 지나(支那)와 일본(內地)의 역사적·문화적 위상 사이에 위치 지운다. 일본을 알려면 조선을 알아야 하고, 또 조선을 알려면 다시 중국을 알아야 한다는 논리였다. 그 역의 논리도 완전히 불가능한 것은 아니지만, 중국의 '문명'을 주체적으로 수용한 후 이를 능가하여 동아시아의 중심적인 세력으로 부상한 일본의 문화적·역사적 역량을 해명하는 것이 중심적인 과제였고, 그 길목에 자리 잡은 한반도, 그리고 거기에 입지한 경성제국대학은 이러한 과제를 수행하는 데 최적의 위치라는 것이다. 그런데 만주사변 이후 경성제국대학의 또 다른 아버지인 4대 총장 야마다가 설정한 것은 중국이 아닌 '대륙'의 길목에 있는 한반도, 그리고 거기에 입지한 경성제국대학이었다. 경성제국대학국대학은 대륙 유일의

---

11 상세한 것은 정준영, 2017, 「이마니시 류(今西龍)의 조선사, 혹은 식민지 고대사에서 종속성 발견하기」, 『사회와 역사』, 115, 한국사회사학회를 참조.

제국대학으로서 대륙을 중국과 단절하는 한편, 일본의 대륙 진출을 문화적으로 정당화하는 전진기지가 되어야 한다는 것이다.[12] 1920년대부터 제기되었던 이나바 이와키치(稲葉岩吉)의 '만선사' 프레임이 만주사변 및 만주국 설립 이후 새롭게 각광받게 되었던 것도 이 때문이었다. 경성제국대학이 훗날 대륙문화연구회로 확대 개편되는 만몽문화연구회를 전학적인 연구조직으로 구축하고 조선연구를 대륙과 연계하여 정책적 연구 프로젝트로 전환시키는 시도를 활발하게 전개했던 것도 이 즈음부터였다. 경성제국대학의 동양학 연구 또한 전통적인 중국 중심의 연구로부터 벗어나서 '대륙'을 무대로 활약했던 북방민족과 일본민족 사이의 인종적·역사적·문화적 근친성을 강화하였고, 조선사 및 조선문화 또한 이러한 연속성 위에 위치 지우려 했다.

따라서 경성제국대학의 '동양문화' 연구와 관련해서는 다음과 같은 질문들이 제기될 수 있을 것 같다. 과연 창설 당시 초대 총장이 꾸었던 꿈, 대학의 이상은 실제로 구현된 대학의 현실 속에서 얼마만큼 실현되었을까? 그리고 전쟁이 본격화되는 상황에서 경성제국대학의 동양문화 연구는 어떻게 변모되는 양상을 보이게 되는가?

경성제국대학의 창설이념과 관련해서 동양학·동양사학의 독특한 위상을 주목한 연구가 없지 않았지만,[13] 현실의 경성제국대학이 과연 이러한 이상에 얼마만큼 부합되는 연구 및 교육 활동을 수행했는지, 그 이상

---

[12] 상세한 것은 정준영, 2015, 「군기(軍旗)와 과학: 만주사변 이후 경성제국대학의 방향전환」, 『만주연구』 20, 만주학회를 참조.

[13] 백영서, 2004, 「'동양사학'의 탄생과 쇠퇴: 동아시아에서의 학술제도의 전파와 변형」, 『창작과 비평』 32(4), 창비; 박광현, 2005, 「경성제국대학 안의 "동양사학": 학문제도, 문화사의 측면에서」, 『한국사상과 문화』 31, 한국사상문화학회를 참조할 것.

과 현실을 아울러 검토하는 작업은 현재까지는 많지 않았다. 그런 의미에서 '동양문화의 권위'를 꿈꾸었던 이상과 제국의 한 모퉁이에 자리 잡은 관립대학의 현실 사이의 간극을 포착하고, 그것이 의미하는 바와 '민적' 효과를 검토하는 작업은 여전히 과제로 남아 있다고 하겠다. '동양문화'에 대한 연구와 교육을 담당했던 관련 강좌들을 중심으로, 식민지에서의 '동양문화의 권위'가 되기를 바랐던 경성제국대학 '동양문화' 연구의 현실 또는 실상이 본격적으로 검토되어야 하는 이유도 여기에 있다.

따라서 동양사와 조선사에 국한하지 않고 처음 경성제국대학이 '동양문화의 권위'를 표방하며 출범했을 때 이를 지탱하는 강좌들을 포괄적으로 검토하는 작업은 반드시 필요하다. 경성제국대학에서 '동양문화'와 관련된 강좌로는 오오타니 가즈마(大谷勝眞)과 도리야마 기이치(鳥山喜一)[그리고 오오타니의 사후(死後)에는 마쓰다 히사오(松田壽男)]가 담당했던 2개의 동양사학 강좌 이외에도, 후지쓰카 치카시(藤塚隣)에서 아베 요시오(阿部吉雄)로 이어진 지나철학강좌, 고지마 겐키치로(兒島獻吉郞)에서 가라시마 다케시(辛島驍)로 이어지는 지나어문학강좌가 각 1개씩 있었다. 외연을 넓혀보면 불교철학을 연구했던 윤리학 제2강좌의 시라이 시게노부(白井成允), 동양미술을 다룬 미학미술사 제2강좌의 다나카 도조(田中豐藏)도 크게 보면 동양학 강좌의 범위 안에 포함할 수 있겠다. 이들 개별 인물 혹은 강좌들의 학문적 성향 및 특징에 대해서도 최근 들어 주목할 만한 연구가 다소 나오고 있어서 다행이다.[14] 이 글에서

---

14 정상우, 2016, 「20세기 전반 일본인 학자의 '북방사' 연구모습: 도리야마 키이치의 연구궤적」, 『사회와 역사』 112, 한국사회사학회; 천진, 2010, 「식민지 조선의 支那文學科의 운명: 경성제대 지나문학과를 중심으로」, 『중국현대문학』 54, 한국중국현대문학학회; 李曉辰, 2014b, 「藤塚鄰の朴齊家研究」, 『文化交涉』 3; 윤대석, 2015, 「가라시

는 경성제국대학 '동양문화' 관련 강좌들에는 어떤 것이 있었는지, 거기에는 누가 있었고 무엇을 연구했었는지, 그리고 이러한 경성제국대학의 동양문화 연구는 일본 본토의 제국대학과 비교해서 어떤 특징을 가지고 있었는지를 거칠게나마 요약하고자 한다. 이것은 개별 연구자들의 성과를 포함하여 넓은 의미에서 경성제국대학 '동양문화' 연구가 어떠한 제도적 기반 속에서 이루어졌으며 학술적 특징은 무엇이었는지, 그 대략적인 지형도를 그리는 작업의 첫 걸음이 될 것이다.

III. 경성제국대학 '동양문화' 강좌의 제도적 윤곽

앞서 경성제국대학 '동양문화' 강좌의 대략적인 범위를 언급했지만, 여기서는 구체적으로 그 윤곽을 더듬어보기로 하자. 경성제국대학은 한편으로 제국대학으로 설립되었지만, 다른 한편으로는 조선총독부에 의해서 식민지에 세워졌기 때문에, 설립당국자 및 창설 핵심 인력은 경성제국대학의 특색을 어떻게 설정할 것인가를 놓고 상당기간 고민할 수밖에 없었다. 지나치게 식민당국의 특수 '이해(interest)'만 고수하게 되면 '제국대학'이란 설립 형태의 당위가 무색해질 위험성이 높고, 반대로 지나치게 제국적 차원만 고수한다면 엄청난 인적·물적 재원을 투여한 식민당국의 입장이 무색해질 수 있기 때문이다. 한편으로는 식민통치라는 현실적인 과제에 부응하면서도 다른 한편으로 제국대학의 일원으로서 제국적 학지(學知)라는 유사(pseudo) 보편적 과제도 일정 정도 만족시

마 다케시(幸島驍)의 중국 현대문학 연구와 조선」, 『구보학보』 13, 구보학회.

킬 필요가 있었던 것이다. 대학 전체 및 법문학부를 디자인한 초대 총장 핫토리 우노키치가 동양문화의 연구를 강조하고, 의학부를 디자인했던 시가 키요시가 조선 특유의 약초에 바탕을 둔 생약연구 및 기생충학 등에 바탕을 둔 식민지 특유의 풍토병 연구를 '신설' 대학의 특색(特色)으로 강조했던 것 또한 이것이 제국의 유사 보편성과 식민지의 특수성을 같이 아우를 수 있는 연구 및 교육 영역이라고 생각했기 때문이다.

그런데 경성제국대학이 고유의 사명을 확립하는 데 이렇게 골몰했던 것은 나름의 사정이 있었다. 경성제국대학은 설립될 당시부터 재조일본인 사회 및 일본 본토의 여론으로부터 '시기상조'라는 평가를 받고 있었다. 조선사회에 이주한 이후 식민당국의 후원하에서 각종 특권을 향유한 재조일본인 사회는 애초 사회 구성 자체가 자영 중소상공업자가 위주였기 때문에 대학 설립과 관련해서도 특유의 '생계형 보수주의'가 지배적이었다.[15] 추상적인 학문을 하는 대학의 설립 필요성에 대해서 크게 흥미를 보이지 않았으며, 꼭 대학 설립이 필요하다면 농과, 공과 등 실용적인 전문지식을 가르치는 기관이 되어야 한다는 입장이 강했던 것이다. 그들은 법과·문과 계열 대학 설립은 기본적으로 불필요하다고 생각했다. 법과·문과 계열 대학의 설립에 대해서 회의적인 것은 일본 본토의 여론도 마찬가지였다. 하지만 이유는 다소 달랐다. 그들은 조선인 유학생이 일본 본토에서 과격사상을 학습하고 조선으로 돌아가는 것을 기본적으로 경계했지만, 제1차 세계대전 당시 잠깐의 호황 이후 일본 제국 전역이 경제 불황으로 몸살을 앓는 상황에서 취업에 어려움이 많은 문과·법과계

---

[15] 木村健二, 1989, 『在朝日本人の社會史』, 未来社, 261, 274쪽; 양지혜, 2015, 「식민자 사상범'과 조선-이소가야 스에지 다시 읽기」, 『역사비평』 110, 역사비평사, 350~351쪽.

열의 대학은 대량의 예비 '고등실업자(高等失業者)'를 양산할 가능성이 높다고 보았다. 특히 이들 고등실업자의 불만(혹은 지위불일치)이 식민지인에 대한 현실적인 차별 및 과격 좌익사상과 결합해서 항구화할 경우, 일본의 식민통치와 제국경영을 근본에서부터 뒤흔들었던 1919년 3·1운동이 다시 일어나지 말라는 보장이 없다는 것이다. 그런 의미에서 그들을 과격사상으로부터 떼어놓기 위해서라도 취직이 용이한 실과 위주의 학부를 신설 대학에 포함시켜야 한다는 여론이 비등했다.

하지만 조선총독부는 조선인 학생들이 법학 및 사회과학에 대한 열망이 크기 때문에 이를 강제로 억누르다가는 도리어 내지유학을 촉발시킬 위험이 크다는 것, 향후 확대될 중등학교 교원의 양성이 절실하다는 이유를 들어 원안을 관철시켰다.[16] 현실적으로 조선인 학생의 입학이 제약이 많다는 점을 감안했을 때, 이러한 결과는 식민당국이 법학, 사회과학, 인문학 등의 전문지식을 갖춘 인력의 유치 및 양성을 필요로 하고 있었다는 사정과도 무관하지 않았던 듯하다. 이들 분야는 식민통치의 대상이 되는 조선인들에 대한 지식을 창출함은 물론, 이들을 식민통치 레짐(regime)에 통합시키는 방안을 모색하는 데도 기여할 가능성이 농후했기 때문이다. 경성제국대학 총장으로 핫토리 우노키치를 특별히 선택한 이유도 여기에 있었다.

아들의 증언에 따르면, 사이토 총독이 핫토리를 초대 총장으로 지명하는 데 중요한 역할을 했던 것은 당시 지근거리에서 총독부가 주관하는 각종 조사사업에 참여한 바가 있는 다카하시 도루(高橋亨)였다. 그는 3·1운동이 야기한 위기를 해결하는 방안으로 교육의 근본적인 개혁을

---

16 鄭圭永, 1995, 「京城帝國大學に見る戰前日本の高等敎育と國家」, 東京大學博士論文.

주장한 바 있는데, 여기에는 대학의 설립까지 포함하고 있었다. 그는 대학 설립의 이유를 '교화'에 있다고 보았는데, "불교철학, 불교문학 등 불교문화를 비천(丕闡)하고 교수하는 종교대학을 경성에 일으켜 여기에 내선학생을 수용"하여야 한다는 주장까지 제기하기도 했다.[17] 실제로 당시 식민당국의 집정자들은 일개 민간 외국인임에도 사실상의 치외 법권을 누리고 있는 선교사들과 그들을 방패막이 삼아 집결하고 있는 조선인 기독교계 지식인에 대해서 극도의 경계심을 품고 있었다.

특히 이들은 1919년 일본 본토에서 「대학령」이 공포되어 제국대학 이외의 사립대학 인가 가능성이 생겨나자 모국 미국 독지가들의 후원을 받아 식민지에 대학을 설립하기 위해 구체적으로 움직이고 있었다. 만약 이들이 법률이 정한 바를 충족시켰을 경우, 식민지 지식인들을 대할 때와는 달리 총독부로서는 '허가' 말고는 다른 대안은 없었다. 식민당국이 여러 무리를 무릅쓰고 단 기간에 대학 설립을 실현한 것도 "외국인들에 의해 불완전한 대학이 식민지에 먼저 세워지는 것"을 막기 위해서였다. 이런 사정을 잘 아는 다카하시가 대학의 핵심 기능을 교화로 보고 종교대학의 설립을 주장한 것도 이 때문이었다. 조선인들의 광범위한 지지를 기반으로 기독교 계통의 교육기관이 식민지에서 영향력을 확대하는 것을 막기 위해서는 불교, 유교 등 이에 대항하는 종교를 기반으로 하는 대학의 설립으로 맞불을 놓을 수밖에 없다는 것이 다카하시의 계산이었던 것이다.

물론 일개 총독부시학관인 다카하시가 조선총독과 도쿄제국대학 교수를 움직여 일을 도모했다고 믿기는 어렵다. 하지만 핫토리가 유교의

17　高橋亨, 1920, 「朝鮮改造の根本問題」, 『太陽』 10月號, 58쪽.

현대화, 즉 철학화와 윤리화를 통해 일본 국민윤리의 토대로 삼으려는 강한 실천적 지향을 가지고 일본에서 공자교의 창설을 주도한 바가 있고, 일본 도쿄의 '사문회(斯文會)'에서도 영향력이 막강했다는 점,[18] 사이토 마코토 총독 자신이 3·1운동 이후 조선사회의 수습 방안으로 유림세력의 포섭(=친일화), 신도와 불교의 부식(扶植) 등 종교정책에 심혈을 기울였다는 사실[19] 등을 감안했을 때, 그런 암묵적인 구상이 있었을 가능성은 부정하기 어렵다. 다만, 핫토리는 어디까지나 제국대학 총장이라는 자리를 수락했기 때문에 일련의 구상은 어디까지나 일본 제국대학의 전통 속에서 해결하려고 했다.

일본학계의 가장 영향력 있는 중국철학자 핫토리의 개인적인 학문적 지향과 식민당국의 현실적 계산이 결부된 작품이 경성제국대학 법문학부, 그중에서도 문학과, 철학과, 사학과로 구분되는 문과계의 강좌편제였다. 일본 고문서관에 소장된 자료에 따르면 경성제국대학이 계획했던 문과계 강좌편제는 모두 27개 강좌였고, 이것은 1930년대 초까지 대부분 계획대로 실현되었다. 애초에 29개로 계획되었던 강좌가 설립 3년 후인 1928년 27개 강좌로 결착되었던 것이다.[20] 원래의 계획과 달라진 것은 2개의 강좌를 예상했던 '사회학강좌'와 '종교학·종교사강좌'가 각각 1개로 줄어든 것, 그리고 언어학강좌가 설치되지 않은 것뿐이었다.[21]

18　水野博太, 2015, 「19世紀末における漢學と支那哲學: 服部宇之吉の學問的可能性と清国留學への道程」, 『思想史研究』 21.
19　鄭圭永, 1995, 앞의 글, 193~141쪽.
20　이것은 제1차 세계대전 이후 공항의 여파로 일본 정부와 총독부가 긴축상태로 들어갔던 것을 감안하면 이례적인 성과였다. 참고로 같은 시기 설립되었던 대만의 대북제국대학은 애초의 학과 구성 및 강좌 계획이 반토막이 날 정도로 축소되었다.
21　언어학강좌가 1개 줄어든 것은 조선어·조선어문학 제2강좌의 오구라 신페이(小倉

〈표 1〉 경성제국대학 법문학부 문과계열의 강좌 구성과 비교

강좌명	문과계열(철학, 문학, 사학)				
	1930 경성제대 법문학부(문과)	1930 도쿄제대 문학부	1930 쿄토제대 문학부	1930 도호쿠제대 법문학부(문과)	1930 규슈제대 법문학부(문과)
철학, 철학사	2	2	5(지나철학 포함)	3	3
윤리학	2	2	1	1	1
미학, 미술사	2	2	1	1	1
사회학	1	2	1	1	1
종교학, 종교사	1	2	3	1	1
심리학	2	1	1	1	1
교육학(·교육법)	2	5	1	1	1
지나철학	1	3(철학·문학)	0	0	1
인도철학	0	2	0	2	1
지나문학	1	0	2	2	0
국어학, 국문학	2	3	2	2	1
외국어문학	2	6(영2, 독2, 불1, 梵1)	4(서양문학3, 梵1)	2	1(영, 불, 독)
조선어문학	2	0	0	0	0
언어학	0	1	1	0	0
조선사학	2	1	0	0	0
동양사학	2	2	3	0	1
서양사학	1	2	0	0	1
국사학	2	3	2	0	1
사학(·지리학)	0	1	3	5	0
문화사학	0	0	0	1	0
고고학	0	0	1	0	0
합계	27	41	31	24	20

대신에 동물실험 등 실험심리학을 중심으로 한 심리학강좌가 원래 계획보다 1개 더 많은 2개 개설되었다.[22]

進平)가 언어학 전공자이기 때문에 이 분야도 포괄하여 다룰 수 있다는 사정이 반영된 것으로 보인다. 실제로 오구라는 1933년 도쿄제국대학 교수로 부임하게 되었는데 담당강좌는 언어학 제1강좌였다.

22 심리학강좌가 2개로 늘어난 것은 초대 법문학부장 하야미 히로시(速水滉, 심리학제1강좌 교수)와 그의 수제자 구로다 료(黑田亮)를 중심으로 경성제국대학에 실험심

〈표 1〉은 경성제국대학 문과계 강좌 편성의 대략적인 상황을 보여주고 있다. 강좌의 종류 및 수는 41개에 이르는 도쿄제국대학 문학부에는 훨씬 미치지 못하지만, 경성제국대학과 마찬가지로 법문학부를 설치한 도호쿠제국대학의 24개, 규슈제국대학의 20개보다는 많은 수이며 심지어 교토제국대학 문학부의 31개 강좌와 견주어도 크게 손색이 없었다.

이처럼 경성제국대학 문과계에 강좌가 많았던 것은 초대 법문학부장 하야미가 『경성일보』에 실토한 바 있듯이, 일본 본토의 연구자들에게 '조교수' 임용의 약속만으로는 현해탄을 건너오게 만들 수 없었다는 변두리 식민지의 문제점이 일차적인 원인이라고 할 수 있을 것이다. 하지만 조교수와 강사의 상황까지 같이 비교해보아도, 경성제국대학은 최소한 문학계 강좌 및 연구의 차원에서는 도쿄, 교토 2대 제국대학에 도리어 많이 뒤처지는 수준은 아니었다.

그리고 이렇게 경성제국대학 문과계가 많은 교원을 갖추게 된 것은 '동양문화'를 연구·교육하는 강좌들을 충실히 갖추고 있었기 때문이다. 한학(漢學)의 전통에서 출발하여 일본 동양학의 기반을 이루었던 지나철학 및 지나문학 강좌는 그 본산(本山)이라고 할 수 있는 도쿄제국대학에서도 3개의 강좌뿐이었고, 거기서 분리해 나온 동양사학 강좌도 2개 강좌에 머물렀다. 1924년 도쿄제국대학에도 조선사강좌가 처음 개설되었지만 전담교수가 없는 상태에서 시라토리의 제자인 이케우치 히로시(池內宏)가 조교수로 머물러 있을 뿐이었다. 일본 이외의 동아시아 언어를 담당하는 언어학도 1개 강좌였기 때문에 동양학의 핵심 강좌는

리학의 시설과 인력을 집중적으로 배치했기 때문이었다. 덕분에 경성제국대학은 제국일본 전체에서도 실험심리학의 시설과 인력을 가장 잘 갖춘 '학문적 메카'로 군림했었다.

모두 7개, 인도철학 및 산스크리트문학까지를 포함해도 모두 10개에 불과했다.

그런데 경성제국대학의 강좌편제는 지나철학과 지나문학 각 1개, 동

〈표 2-1〉 도쿄제국대학 동양문화 관련 강좌(1926년 당시)

강좌(수)명	교수 (외국인은 교사)		조교수		강사
			강좌분담	강의/전공	
조선사			池內宏		本田存(조선어학)
지나철학· 지나문학	1	服部宇之吉			張廷彥(지나어학)
	2	鹽谷溫(分)*	岡田正之(分)*		
	3	宇野哲人			
동양사학	1	市村瓚次郎	箭內亙		和田淸
	2	白鳥庫吉			
언어학		藤岡勝二			金田一京助(아이누어)
				原田淑人(고고학) 鳥居龍藏(인류학)	
강좌 수 7	교수 6		조교수 5		강사 5

* 여기서 (分)이란 전임이 없는 상태에서 다른 강좌를 맡은 교수 혹은 강좌가 없는 조교수가 일시적으로 강좌의 일을 분담하고 있음을 뜻한다.

〈표 2-2〉 교토제국대학 동양문화 관련 강좌(1926년 당시)

강좌(수)명	교수		조교수		강사
			강좌분담	강의/전공	
동양사학	1	內藤虎次郎		今西龍(조선사)	
	2	桑原隲藏			
	3	矢野仁一(分) 羽田亨			
지나어학·지나문학	1	狩野直喜			徐東泰(중국어)
	2	鈴木虎雄			
고고학		濱田耕作			
철학·철학사	3	高瀨武次郎		小島祐馬(지나철학)	
강좌 수 7	교수 8		조교수 2		강사 1

5장 '동양문화' 연구와 경성제국대학 | 213

양사학 2개 강좌에 더해서 조선사학 2개, 조선어·조선어문학 2개, 그리고 중국미술사를 표방하는 미학·미술사 제2강좌까지를 포함하면 모두 9개 강좌에 이르렀다. 교토 학파 지나학으로 유명했던 교토제국대학의 경우에도 철학·철학사 강좌 중에 중국철학을 담당하는 1개 강좌, 지나문학 2개 강좌, 동양사학 3개 강좌, 도합 6개 강좌(산스크리트어강좌 포함 7개)에 불과했다는 것을 감안하면 도리어 앞서는 규모였다.

이것은 단지 강좌 종류 및 수에만 국한되는 것은 아니었다. 다음은 경성제국대학이 설립될 당시 도쿄제국대학과 교토제국대학의 동양문화 관련 강좌의 인적 구성 상황이다.

도쿄제국대학의 지나철학·문학강좌는 경성제국대학 총장이 되는 제1강좌의 핫토리를 위시해서 제2강좌 지나문학의 시오노야 온(鹽谷溫), 제3강좌 지나철학의 우노 데쓰진(宇野哲人)이 자리 잡고 있었고, 강좌를 분담하여 강의하는 조교수 1명, 그리고 중국어 네이티브인 강사 1명이 배치되어 있었다. 동양사학은 유명한 시라토리가 제2강좌 교수로 있었으며, 만철조사부 선만역사지리조사부에서 활동했던 그의 제자들이 각각 조선사학 및 동양사학의 조교수, 강사를 차지하고 있었다. 인도철학 및 산스크리트어 전공자를 제외하면 교수 6명에 조교수 5명, 강사 5명으로 도합 16명의 '동양학' 관련 교원이 도쿄제국대학 문학부에서 활동했던 것이다.

같은 시기 교토제국대학은 "동쪽의 시라토리, 서쪽의 나이토"라는 세칭으로 유명한 나이토 도라지로(內藤寅次郎, 혹은 湖南)가 동양사학 1강좌, 중국근현대사 전공으로 '지나통(支那通)'으로 명성이 높았던 야노 진이치(矢野仁一), 그리고 도쿄의 핫토리와 쌍벽을 이루었던 교토 중국학의 창시자 가노 나오키(狩野直喜) 등 기라성 같은 동양학자들이 포진해

〈표 2-3〉 경성제국대학 동양문화 관련 강좌(1931년 당시)

강좌(수)명		교수	조교수		강사
			강좌분담	강의/전공	
지나철학		藤塚鄰		加藤常賢(在外)	
윤리학	2	白井成允			
미학·미술사		田中豊藏			
조선사학	1	小田省吾			
	2	今西龍			
동양사학	1	大谷勝眞		玉井是博(在外)	
	2	鳥山喜一			
조선어학·조선문학	1	高橋亨			魚允迪(조선문학)
	2	小倉進平			鄭萬朝(조선문학)
지나어학·지나문학		(兼, 田中豊藏)		辛島驍	董長志(중국어)
				藤田亮策(고고학)	
강좌 수 10		교수 10		조교수 4	강사 3

있었지만, 전체적인 구성원은 교수 8명에 조교수 2명, 강사 1명 등 11명에 불과했다. 참고로 나중에 경성제국대학 조선사학 제1강좌 교수가 되는 이마니시 류는 당시 조선사 전공의 조교수로 적을 두고 있었다. 도쿄제국대학 사학과 출신이었지만 교토제국대학의 나이토가 눈여겨보고 그를 교토로 이끌었다.

이에 비교하면 경성제국대학의 동양사학 강좌는 강좌 편제가 정비된 1930년대 초반을 보면 대체로 교수 10명, 조교수 4명, 강사 3명 도합 17명의 수준이었다. 경성제국대학은 제국의 주변에 있어서 우수한 학자를 유치하기 어려워 강좌교수를 약속해야 하는 경우가 많았고, 그렇기 때문에 강좌교수에 비해서 조교수와 강사의 비율이 다른 제국대학에 비해 현격하게 낮았다는 당시 경성제국대학 인사들의 증언과는 달리, 최소한 동양학 관련 강좌의 경우에는 조교수 및 강사 정원이 식민통치 말기까지 일정하게 배정되었다. 지나어학·문학의 경우에는 중국어를 현지어로 구사하는 중국인 강사가 거의 매년 강의를 했고, 지나철학강좌 및 동양사학강좌(2개)에도 각각 조교수 한 자리가 고정적으로 배정되었다. 특히 초대 총장 핫토리 우노키치의 학문적 본령에 해당하는 '지나철학'의 경우 강좌는 1개만 배정했지만 조교수 자리를 상설함으로써 사실상 2개의 강좌와 같은 효과를 발휘하도록 신경을 썼다. 핫토리의 도쿄제국대학 직계 제자들은 도리어 조교수 자리를 학문적 경력의 출발점으로 삼아 이후 일본으로 건너가 그의 학맥을 잇는 루트가 형성되었기 때문이다.

이처럼 경성제국대학의 동양문화 강좌는 다른 본토 제국대학의 법문학부들과는 비교할 수 없을 정도로 충실한 진용을 갖추고 있었으며, 심지어 도쿄, 교토의 2대 제국대학 동양학과 비교해보아도 최소한 편제와 교원 수에서는 결코 많이 뒤처지지 않았다. 이들 교수 중에서는 오다 쇼고, 이마니시 류, 오쿠라 신페이 등 이미 경성제국대학 설립 이전부터 조선총독부의 문교정책, 학술정책과 밀접한 관계 속에서 성장한 인물들을 제외하고 대부분 핫토리와는 직간접적으로 학적인 연관을 가지므로 그의 학술적 구상이 짙게 드리워져 있다고 하겠다.

IV. 식민지 관학의 동양학자들과 학풍:
도쿄 학지(學知)의 이식과 학술교류의 동양학

그렇다면 경성제국대학 동양학자의 면면은 어떠했을까? 핫토리가 경성제국대학 총장직을 물러날 무렵 법문학부 문과계의 강좌 편성과 교원 배치 현황을 정리하면 〈표 3〉과 같다.

앞서 살펴보았듯이 동양문화연구 중에서도 '조선연구'에서는 핫토리의 초대 총장 부임 이전에 이미 총독부의 학술조사사업에 참여하면서 학문적 경력을 닦은 '조선학' 연구자들과 식민지 문교행정과 밀착해서 조선연구의 제도적 기반을 마련했던 '관료-학자'들의 존재를 무시하기 어려웠다. 핫토리는 조선에서 성장한 이들 그룹에 대해서는 주로 '조선' 관련 강좌의 교수로 내정하여 그 지분을 보장해주었다.

〈표 3〉 경성제국대학 법문학부 문과계열 강좌 현황(1931년 현재)

강좌(수)명		교수	조교수		강사
			강좌분담	강의/전공	
철학·철학사	1	宮本和吉		田邊重三(在外)	
	2	安倍能成			
지나철학		藤塚鄰		加藤常賢(在外)	
윤리학	1	島本愛之助			
	2	白井成允			
심리학	1	速水滉		福富一郎(兼)	天野利武
	2	黑田亮			
종교학·종교사		赤松智城			
미학·미술사	1	上野直昭			
	2	田中豊藏			
교육학	1	松月秀雄			神尾弌春(교육행정)
	2	田花爲雄			
사회학		秋葉隆			
국사학	1	田保橋潔			
	2	松本重彦			
조선사학	1	小田省吾			
	2	今西龍			
동양사학	1	大谷勝眞		玉井是博(在外)	
	2	鳥山喜一			
서양사학		金子光介			

강좌(수)명	교수	조교수 강좌분담	조교수 강의/전공	강사
국어학·국문학	1 高木市之助 2	時枝誠記	麻生磯次	
조선어학·조선문학	1 高橋亨 2 小倉進平			魚允迪(조선문학) 鄭萬朝(조선문학)
지나어학·지나문학	(兼, 田中豊藏)		辛島驍	董長志(중국어)
외국어·외국어문학	1 佐藤淸 2	寺井邦男(分) 中島文雄(分)	田中梅吉(독일어) 吉村定吉(영어, 兼) 山崎知二(불어)	山本智道(영어) 藤井秋夫(영어) R. 바워즈(영어) S. 체르킨(러시아어) 에밀 마텔(프랑스어) 金重世(그리스어)
			藤田亮策(고고학) 渡邊洞雲(학생감)	小林英夫(언어학)
27개 강좌	교수 24		조교수 14	강사 12

　대표적인 '관료형 학자'라고 할 수 있는 인물은 조선사학 제2강좌의 오다 쇼고(小田省吾)와 조선어·조선어문학 제1강좌의 다카하시 도루(高橋亨)였다. 오다는 제국대학 사학과 출신으로 식민지에 교육관료로 초빙된 이후로는 주로 조선총독부 학무국에서 교과서 편찬 및 검열, 총독부가 주관하는 각종 고적 조사사업의 실무를 총괄하는 자리에 있었다. 서기관에서 시작했던 그의 관료 경력은 1924년 학무국 편집과장 및 고적조사과장에 이르렀으며 경성제국대학의 설립 당시에는 총독부의 실무 작업을 도맡아 했다. 엄밀히 말하면 그는 역사학자로서의 학문적 경력은 거의 만들지 못한 관료였지만, 반도사 편찬사업 등 식민사 구축과 관련된 굵직한 조사사업의 실질적인 관리자로서 조선에서 관변 조선사 연구를 제도화하는 데 결정적인 역할을 했다. 그가 설립한 조선사학회와 학회 주관으로 간행된 조선사강의는 1920년대 초반까지 조선에서

활동했던 일본인 역사연구자 및 이들과 우호적인 조선인 지식인을 총집결시켜 대중적 버전으로 시대사와 주제사의 체계를 세운 것으로, 이후 "경성제국대학-조선사편수회-청구학회(…진단학회)"를 중심으로 구축된 식민사학의 제도적 편제가 만들어지는 데 출발점이 되었다.

다카하시 도루는 식민 통치정책에 대한 기여를 노골적으로 표방했다는 점에서 고위급인 오다보다는 훨씬 더 '관료-학자'의 대중적 이미지에 가까운 인물이었다. 도쿄제국대학 한문학과 출신인 다카하시는 1905년 대한제국 한성중학교 교사로 초빙되어 조선에 건너온 이래 중등학교 교사·교장 생활을 계속하면서 총독부 학무국의 각종 '구제(舊制)' 조사사업에 참여했고 그 결과 언어, 문화, 종교, 사회 등 다방면에 걸쳐 조선의 사정에 해박한 자타가 인정하는 '조선통'이 되었다. 특히 그는 조선의 유교, 불교, 사상에 관심이 많아 '조선사상사대계'를 구성하기도 했는데, 이러한 그의 해박함이 인정받아 아카데믹 커리어를 밟지 않았음에도 비교적 손쉽게 경성제국대학 교수로 안착할 수 있었다.

그런데 조선총독부와 밀접한 관련을 가지면서도 앞서 언급했던 오다 쇼고나 다카하시와는 달리, 관료라기보다는 전문연구자로 성장한 조선사학 제1강좌의 이마니시 류, 조선어문학 제2강좌의 오구라 신페이도 있었다. 도쿄제국대학 사학과 출신인 이마니시가 일찍부터 전문분야로서 '조선사'를 지망했다는 사실은 이미 언급한 바 있지만, 일본 학계 내에서 조선 문제에 대한 관심은 1910년 이른바 '한일병합' 전후에 잠깐 높아졌을 뿐 내내 소외 분야에 머물렀다. 그리고 이것은 도쿄제국대학 언어학과 출신으로 스승에게 조선어를 전공할 것을 권유받은 오구라의 사정도 마찬가지였다. 이마니시는 1910년대 전반 생계를 위해 조선총독부가 의욕적으로 추진하던 각종 발굴 작업에 참여해야 했으며, 오구라도 조선학무국 편집과에 취직하여 공부와 일을 병행해야 했다. 그는 총독부 사업의 일환으로 각 지역의 사투리 등 언어조사를 실행했으며 총독부 편수관을 거쳐 경성제국대학 교수로 임명되었다. 이들 네 사람은 핫토리가 대학 창설에 관여하기 이전에 이미 식민당국과의 밀접한 관계 속에서 조선의 언어, 사상, 역사, 문화의 전문가로 성장한 사람들로서, 특히 이마니시와 오구라는 일본 본토의 관학 아카데미즘 내부에서도 조선연구에 나름의 전문성을 인정받고 있었다. 핫토리는 '조선학' 강좌와 관련해서는 이들의 기득권을 인정하여 교수 취임에 반대하지 않았던 듯하다.

하지만 그 밖의 문과 분야에서 핫토리의 영향력은 막강했던 듯하다. 경성제국대학의 설립될 당시에도 일본 본토의 학계 인사들 가운데서 도쿄제국대학의 국사학자 구로이다, 교토제국대학의 국사학자 미우라, 동양사학자 나이토가 조선사편수회를 통해 강력한 영향력을 행사하고 있었고 일본 본토에서는 도쿄제국대학의 동양사학자 시라토리의 제자들이 조선사와 만주사를 연구하고 있었지만 핫토리는 이들의 제자들을 경성제국대학의 교수로 발탁하지 않았다. 2개 동양사학 강좌 교수로 발탁한 것은 같은 도쿄제국대학 사학과 출신으로 당시 가쿠슈인의 교수였던 오타니 가쓰마(大谷勝眞)와 니이가타고등학교 교수 도리야마 기이치(鳥山喜一)였는데 둘 다 시라토리가 도쿄제국대학에 부임하기 이전에 사학과를 졸업한 이들로 오히려 조선사학의 이마니스와 사학과 후배로서 인연이 많았던 인물이다.

오타니는 당대(唐代) 불교, 도리야마는 발해사가 주 전공이었다. 국사학 강좌의 다보하시 기요시(田保橋潔), 마쓰모토 시게히코(松本重彦)도 구로이다의 직계 제자들은 아니었다. 앞서 언급했듯이 그의 지도를 받았던 후지타, 스에마스, 나카무라 등은 조선사편수회에 취직되어 조선사 연구자로 '개조'되었고, 그중에 후지타와 스에마스가 오다와 이마니시의 조선사학강좌 자리를 이어 경성제국대학 교수가 된다. 다보하시는 근대 한일관계사를 전공으로 하고 있었고 마쓰모토는 도쿄제국대학 국사학과를 수석으로 졸업한 뒤 외무성 조사부 속으로 근무했으며, 1922년부터 2년간은 문부성 재외연구원으로 임명되어 독일에서 아랍어를 배우는 등 특이한 경력의 소유자였다. 이후 경성제국대학 교수가 되기 이전까지 오사카외국어학교 교수로서 아랍어를 가르쳤다. 경성제국대학 교수가 된 뒤에는 사학개론 등을 가르치면서 비교신화학의 관점에서 일본 고대사의 전승을 분석하는 작업을 하였는데, 다보하시와 마쓰모토는 기본적으로 비교사와 관계사적 접근법이 강하다는 공통점을 가지고 있었던 것이다. 그리고 이것은 기본적으로 한반도를 중심으로 중국과 일본 사이의 문화적·지적 교류에 주목하고 그 연결고리에 대한 고찰을 통해 경성제국대학을 '동양문화의 권위'로까지 끌어올리겠다는 핫토리의 구상과 크게 다르지 않았다.

하지만 아무래도 핫토리가 가장 강력한 영향력을 행사했던 강좌는 지나철학, 지나문학, 그리고 중국미술사를 전담하는 미학미술사 제2강좌였다. 핫토리는 이들 강좌의 교원들을 확보하는 과정에서 자신이 속했던 도쿄제국대학 지나철학·지나문학 세 강좌를 그대로 이식하는 양상을 보였던 것이다. 먼저 지나어·지나문학 강좌에는 핫토리와 거의 동년배인 고지마 겐키치로(児島獻吉郎)를 지명했다. 그는 도쿄제국대학 문과대학에 설치되었던 고전강습과 출신인데, 연령은 핫토리보다 약간 위로 당시 도쿄제국대학 교수였던 시마다 고손(島田篁村)에게 배웠다는 공통점을 가졌다. 시마다는 일본의 한학전통 위에 청대 고증학의 인식과 방법을 적극적으로 수용한 한학자였는데, 고지마는 학교를 졸업한 이후 1890년대 여러 형태의 '지나문학사' 관련 저작을 출간한다. 특히 그는 1890년대 중반 이후에는 진화론적 원칙을 문학사에도 적용하여 근대적 차원에서 중국문학사를 개척한 인물로 당시 평판이 높았는데, 핫토리는 자신의 사형(師兄)에 해당하는 고지마에게 조선행을 간곡히 부탁했고, 고지마 또한 경성제국대학의 설립이 일본의 지나문학사 연구자에게는 새로운 전기가 될 것을 믿고 교수직을 수락했던 것이다. 고령의 강좌교수를 보좌할 조교수로는 가라시마 쓰요시(辛島曉)를 임명했다. 그는 원래 원대(元代) 희곡을 전공했는데, 자신의 좁은 전공영역에 안주했던 선배, 동료들과는 달리 현대 중국의 문학적 흐름에 대해서도 큰 관심을 가졌던 정치적 인물이었다. 그리고 이러한 그의 특징은 비슷한 시기 도쿄제국대학 지나문학 전공으로 학문의 영역에서 배제되었던 당대 중국문화에 관심이 있던 다케우치 요시미와 비슷하면서도 다른 측면이 있었다. 가라시마는 도쿄제국대학 지나문학철학 제2강좌 교수 시오노야 온의 제자이자 사위였다.

그리고 핫토리는 지나철학 강좌에는 도쿄제국대학 지나문학철학 제3강좌 교수 우노 데쓰진의 제자 후지쓰카 치카시를 지명했다. 그는 조선에 부임한 것을 계기로 청대 고증학계의 주요 지식인들이 조선의 박제가, 김정희와 어떤 지적 교류를 했는지를 주목하는 일련의 연구를 수행했는데 이는 핫토리가 표방했던 동양문화 연구의 지향과 정확히 부합하는 연구주제였다. 비록 핫토리가 경성제국대학 총장에 머무른 시간은 많지 않았지만, 경성제국대학 지나철학 강좌에 대한 영향력은 이후에도 여전했다. 후지쓰카가 정년퇴임한 이후 그의 후계는 같은 도쿄제국대학 우노 데쓰진의 제자인 아베 요시오가 맡았는데, 그가 발탁된 배경에는

〈표 4-1〉 경성제국대학 '동양문화' 관련 강좌의 변천

강좌\연도	지나어학 지나문학 강좌	지나철학 강좌	미학미술사 제2강좌	동양사학 제1강좌	동양사학 제2강좌
1926	兒島獻吉郞 4. 1. 任	藤塚鄰 4. 1. 任		大谷勝眞 4. 1. 任	
1927	兒島獻吉郞	藤塚鄰	◎	大谷勝眞 3. 11. 免	◎
1928	兒島獻吉郞	藤塚鄰	田中豐藏 6. 12. 任	大谷勝眞 12. 2. 任	鳥山喜一 3. 31. 任
1929	兒島獻吉郞 30. 1. 21. 免	藤塚鄰	田中豐藏	大谷勝眞[23]	鳥山喜一 2. 1. 免
1930	田中豐藏 3. 31. 任분담/ 9. 11. 任겸담 藤塚鄰 3. 31. 任분담/ 9. 11. 免분담	藤塚鄰	田中豐藏	大谷勝眞	◎
1931	田中豐藏(겸담)	藤塚鄰	田中豐藏	大谷勝眞	鳥山喜一 3. 30. 任
1932	田中豐藏 3. 31. 겸담免, 분담任 藤塚鄰・辛島驍(조) 3. 31. 분담任	藤塚鄰	田中豐藏	大谷勝眞	鳥山喜一
1933	田中豐藏・藤塚鄰・辛島驍(조) 분담	藤塚鄰	田中豐藏	大谷勝眞	鳥山喜一[24]
1934	田中豐藏・藤塚鄰 3. 31. 분담免 辛島驍 (조) 3. 31. 任	藤塚鄰	田中豐藏	大谷勝眞	鳥山喜一
1935	辛島驍 (조)	藤塚鄰	田中豐藏	大谷勝眞	鳥山喜一
1936	辛島驍 (조)	藤塚鄰	田中豐藏	大谷勝眞	鳥山喜一

23　1929년 5월 23일 도서관장.
24　1933년 3월 31일~1934년 4월 1일 법문학부장, 1935년 5월 31일~1939년 5월 31일 도서관장.

강좌\연도	지나어학 지나문학 강좌	지나철학 강좌	미학미술사 제2강좌	동양사학 제1강좌	동양사학 제2강좌
1937	辛島驍 (조)	藤塚鄰	田中豐藏	大谷勝眞	鳥山喜一
1938	辛島驍 (조)	藤塚鄰	田中豐藏	大谷勝眞	鳥山喜一
1939	辛島驍 5. 19. 任교수	藤塚鄰	田中豐藏	大谷勝眞	鳥山喜一
1940	辛島驍	藤塚鄰 4. 22. 免	田中豐藏	大谷勝眞	鳥山喜一
1941	辛島驍	阿部吉雄(조) 6. 6. 任	田中豐藏	大谷勝眞 12. 7. 사망	鳥山喜一
1942	辛島驍	阿部吉雄(조)	田中豐藏 4. 22. 免	松田壽男(조) 5. 23. 任	鳥山喜一
1943	辛島驍	阿部吉雄 10. 21. 任교수	◎	松田壽男(조)	鳥山喜一
1944	辛島驍	阿部吉雄	田中梅吉 3. 30. 任 3. 31. 免	松田壽男 7. 6. 任교수 11. 30. 免[25]	鳥山喜一
1945	辛島驍 1. 25. 免	阿部吉雄	◎	◎	鳥山喜一

강좌\연도	조선사학 제1강좌	조선사학 제2강좌	조선어학 조선문학 제1강좌	조선어학 조선문학 제2강좌
1926	今西龍 5. 7. 任	小田省吾 4. 1. 任 (예과부장 겸임)	高橋亨 4. 1. 任	小倉進平 4. 1. 任
1927	今西龍	小田省吾 5. 14. 免 (겸임)	高橋亨	小倉進平
1928	今西龍	小田省吾	高橋亨	小倉進平
1929	今西龍	小田省吾	高橋亨	小倉進平
1930	今西龍	小田省吾	高橋亨	小倉進平
1931	今西龍	小田省吾	高橋亨	小倉進平

---

25 1944년 11월 30일 육군교수로 전임.

강좌\연도	조선사학		조선어학 조선문학	
	조선사학 제1강좌	조선사학 제2강좌	조선어학 조선문학 제1강좌	조선어학 조선문학 제2강좌
1932	今西龍 5. 20. 사망 藤田亮策(조) 6. 25. 任/ 7. 27. 任교수	小田省吾[26] 3. 30. 免	高橋亨	小倉進平
1933	藤田亮策	◎	高橋亨	小倉進平 3. 31. 도쿄제대로 전임 경성제국대학교수를 겸임
1934	藤田亮策	◎	高橋亨	小倉進平
1935	藤田亮策	◎	高橋亨	小倉進平
1936	藤田亮策	◎	高橋亨	小倉進平
1937	藤田亮策	◎	高橋亨	小倉進平
1938	藤田亮策	末松保和(조) 11. 30. 任	高橋亨	小倉進平
1939	藤田亮策	末松保和 5. 19. 任교수	高橋亨 4. 4. 免[27]	小倉進平
1940	藤田亮策	末松保和	◎	小倉進平
1941	藤田亮策[28]	末松保和	◎	小倉進平
1942	藤田亮策	末松保和	◎	小倉進平
1943	藤田亮策	末松保和	◎	小倉進平 3. 31. 免 河野六郎(조) 9. 30. 任
1944	藤田亮策	末松保和	◎	河野六郎(조)
1945	藤田亮策	末松保和	◎	河野六郎(조)

※ ◎는 천황의 칙령에 의해서 강좌의 설치는 이루어졌지만 전임교수가 없어서 공석으로 남겨진 상태를 표시한 것이다.

26 1932년 4월 19일~1933년 3월 31일 퇴관 후 법문학부 강사.
27 1939년 4월 4일 강사 촉탁.
28 1941년 9월 5일~1943년 3월 31일 법문학부장.

〈표 4-2〉 경성제국대학 '동양문화' 관련 조교수들

분야	성명	출생년	출신지	조교수 임용일	비고
지나철학	高田眞治	1893	大分	1926. 7. 14.	1928. 1 도쿄제대 助敎授 전임
지나철학	加藤常賢	1894	愛知	1928. 3. 31.	1933. 12 廣島문리과대학 교수로 전임
지나철학	本多龍成	?	愛知	1934. 11. 8.	1940. 12 공립중학교 교장으로 전임
지나철학	西順藏	1914	鳥取	1942. 6. 23.	1945. 8
동양사학	玉井是博	1897	愛知	1926. 12. 6.	1940. 10. 22. 任교수, 10. 23. 의원면본관. 사망한 듯.
미학미술사	谷信一	1905	?	1945. 3. 3.	

동방문화학원 도쿄연구소에서 핫토리의 조교였다는 사실이 결정적이었다. 그는 우노 아래에서 야마자키 안사이로 대표되는 일본 성리학의 형성에 관심을 가지게 되었는데, 조선에 부임한 것을 계기로 퇴계 이황과 일본 성리학 사이의 지적 관계 문제에 더욱 주목하게 되었다. 임진왜란 당시 일본에 억류된 강황을 매개로 전승된 퇴계의 도학(道學)은 안사이를 거쳐 구마모토 성리학파로, 그리고 근대 초기에 요코이 쇼난, 모토다 나가자네로 이어져서 천황이 발포했던 교육칙어의 흐름으로 연결된다는 것이다. 정주의 송학이 조선의 퇴계를 거쳐 어떻게 일본에서 황도유학으로 꽃피우게 되는지를 분석하고 있다는 점에서 아베 요시오의 연구 주제 또한 핫토리의 기획에 정확하게 일치하는 것이다.

한편, 핫토리는 자신의 직계 제자들을 지나철학 강좌의 조교수로 임명했다. 핫토리와 함께 조선으로 건너와 조교수로 부임한 다카다 신지(高田眞治)는 핫토리와 진퇴를 같이 했다. 그는 핫토리가 경성제국대학 총장을 그만두자 같이 경성제국대학을 사직했는데, 이후 도쿄제국대학 조교수로 임명된 뒤에 정년퇴직한 핫토리의 제1강좌 자리를 승계했다.

다카다 신지의 뒤를 이어 조교수로 부임했던 가토 조켄도 핫토리의 직계 제자였는데, 1933년 히로시마 문리과대학 교수로 재직하다가 1947년 전쟁 협조의 혐의로 다카다가 도쿄제국대학 교수 자리를 물러나자 이를 이어서 도쿄제국대학 교수로 부임했다. 핫토리는 자신들의 제자를 조교수로 임명해서 학문적 수련을 거친 뒤 도쿄제국대학으로 불러들이는 방식으로 경성제국대학을 활용했던 것이다.

V. 맺음말

이처럼 핫토리는 도쿄제국대학 지나학의 전통을 식민지의 제국대학에 철저하게 이식하려고 했다. 다만 조선에 건너온 도쿄 지나학은 핫토리의 구상에 따라 반도를 경유하여 지나에서 일본으로 이어지는 문화와 지식의 흐름, 그리고 그 흐름을 적극적이고 주체적으로 수용하여 전승해준 중국과 조선을 도리어 앞서는 일본의 문화적·사상적 역량을 보여주는 방식으로 변환되었다. 그리고 이것은 만주사변 이후 경성제국대학이 '지나'에서 '대륙'으로 방향전환을 한 이후에도 경성제국대학 지나철학은 계속해서 '동양문화의 권위'를 지향하는 핫토리의 지향 속에서 연구를 지속했다. 지나에서 반도를 거쳐 일본으로 이어지는 문화적 교류는 원초적으로는 일본 사상의 기원을 묻는다는 점에서 '중심(안)으로 향한 문제의식'이었고, 따라서 일본의 대륙 진출, 지나와 대륙의 분리가 큰 문제가 될 수 없었다. 하지만 중국인의 풍속과 성정(性情)을 연구의 대상으로 삼는 지나문학의 경우는 양상이 달랐다. 지나로부터 대륙을 분리해버린다면, 중국의 고전문학을 어떻게 정의할 것인가부터 상당한 어려움에 직면하기 때문이다. 경성제국대학 지나문학 강좌가 고지마의 퇴임 이후 상당 기간 공석으로 남게 된 것에는 이런 이유가 컸다. 가까스로 지나문학 강좌의 교수로 취임했던 가라시마가 지나 고전문학 대신에 퇴행 일로의 현대 지나문학의 흐름에 주목했던 것도 본토의 다케우치 요시미와는 달리 이러한 중국과 대륙의 분리라는 관학아카데미즘의 국책적 과제에 부응하려는 의도와 관련이 깊었던 것은 아니었을까? 경성제국대학의 동양문화 연구, 그중에서도 지나철학과 지나문학의 대조적인 행보에 대해서는 후지쓰카와 아베 요시오, 다카다와 가토로 이어지는 지나철학 계통의 연구자들, 그리고 고지마, 나타카, 가라시마, 그리고 조선한문학사의 김태준까지 이어지는 지나문학 계통의 연구자들의 구체적인 궤적을 추적함으로써 더욱 분명해질 것이다. 이것은 향후 과제로 남긴다.

〈참고 1〉 교토제국대학 문학부 1926년도 강좌 구성 현황

강좌(수)명		교수	조교수		강사
			강좌분담	강의/전공	
국어학·국문학	1	藤井乙男		澤瀉久孝(국문학)	
	2	吉澤義則			
국사학	1	西田直二郎			中村直勝
	2	三浦周行			藤井甚太郎(메이지유신사)
사학·지리학	1	(矢野仁一·兼)		植村淸之助(서양사)	中村善太郎
	2	石橋五郎		時野谷常三郎(서양사)	大類伸
	3	坂口昻			
고고학		濱田耕作			
동양사학	1	內藤虎次郎		今西龍(조선사)	
	2	桑原隲藏			
	3	矢野仁一·(分) 羽田亨			
철학·철학사학	1	西田幾多郎		田邊元(철학)	左右田喜一郎
	2	松本文三郎		小島祐馬(지나철학)	
	3	高瀨武次郎			
	4	朝永三十郎			
심리학		野上俊夫			岩井勝二郎
종교학	1	波多野精一			日野眞澄
	2	(波多野精一·兼)			齋藤唯新(불교교리)
					羽溪了諦
사회학		(藤井健治郎·兼)			
교육학·교육법		小西重直			
윤리학		藤井健治郎			
미학·미술사		深田康算		澤村專太郎 植田壽藏(在外)	
지나어학·지나문학	1	狩野直喜			徐東泰(중국어)
	2	鈴木虎雄			

강좌(수)명	교수	조교수		강사
		강좌분담	강의/전공	
서양문학	1 藤代禎輔		成瀨淸(독문학) 太宰施門(불문학) 石田憲次(서양문학)	롬버트(영어) 島文次郎(영문학) 네프스키(러시아어) 落合太郎(프랑스어) 유바샬(독일어) 바그넬(프랑스어) 헤르프리츠(독문학) 雪山俊夫(독일어)
	2 에드워드 클라크			
	3			
언어학	新村出			
범어학· 범문학	榊亮三郎			寺本婉雅(西藏語) 常盤井堯猊 原眞乘(梵語學)
			田中秀央(라틴어)	關保之助(有職古實) 菊池慧一郎(그리스어) 松本重彥(아랍어) 小野鐵二(지리학) 足立文太郎(인류학)
강좌 수 29	교수 25(外 1)		조교수 12	강사 25

〈참고 2〉 도쿄제국대학 문학부 1924년도 강좌 구성 현황

강좌(수)명		교수 (외국인은 교사)	조교수		강사
			강좌분담	강의/전공	
국어학·국문학	1	上田萬年		保科孝一 (국어학)	佐々木信綱(국문학) 沼渡武夫(국문학) 久松潛一(국문학) 高木市之助(국문학)
	2	藤村作			
	3		島津久基(分)		
국사학	1	三上參次			渡邊世祐(料) 平泉澄(2講座分擔)
	2	辻善之助(分)(料)			
	3	黑板勝美			
조선사			池內宏		本田存(조선어학)
지나철학·지나문학	1	服部宇之吉			張廷彥(지나어학)
	2	鹽谷溫(分)	岡田正之(分)		
	3	宇野哲人			
사학·지리학				今井登志喜 (在外)	
동양사학	1	市村瓚次郎		箭內亙	和田淸
	2	白鳥庫吉			
서양사학	1	齋藤淸太郎		大類伸	村上直次郎(料) 淺野利三郎(세계현대사)
	2	村川堅固			
철학·철학사	1	桑木嚴翼		大島正德	今福忍(철학), 得能文(철학), 紀平正義(철학), 伊藤吉之助(2講座分擔)
	2		石原謙(分)		
인도철학	1	木村泰賢			宮本正尊(在外), 干鴻龍祥 常盤大定(2講座分擔) 島地大等(2講座分擔)
	2				
심리학	1	松本亦太郎		桑田芳臟 增田惟茂	
윤리학		吉田靜致		深作安文 友枝高彥 土田誠一	
종교학·종교사	1	姉崎正治		石橋智信 矢吹慶輝	佐藤勝也
	2				
사회학	1		戶田貞三		藤田喜作(在外) 綿貫哲雄
	2		今井時郎		

강좌(수)명	교수 (외국인은 교사)	조교수 강좌분담	조교수 강의/전공	강사
교육학	1 吉田雄次 2 林博太郎 3 春山作樹 4 5	 入澤宗壽 阿部重孝(在外)		松浦鎭次郎(교육행정법) 上村福幸
미학· 미술사	1 大塚保治 2 瀧精一			大西克禮(미학) 中川忠順(일본미술사) 澤木四方吉(서양미술사) 團伊能(서양미술사)
언어학	藤岡勝二			金田一京助(아이누어)
범어학· 범문학	高楠順次郎			長井眞琴(범어학)
영국어· 영국문학	1 2 市河三喜		齋藤勇 (在外)	존 T. 스위프트(영어학) 澤村寅二郎(영어학) 松浦一(영국문학) 千葉勉
독일어· 독일문학	1 上田整次 요셉 다르만 2 青木昌吉			山岸光宣 新關良三(독일문학)
프랑스어· 프랑스문학		辰野隆		豊島與志雄(프랑스어학) 앙리 앙베르크로드 鈴木信太郎(프랑스어학) 조셉 뷔르스(프랑스어학)
신도		加藤玄智(分) 田中義能(分)		宮地直一(分)
			植松安 (도서관) 原田淑人 (고고학) 鳥居龍藏 (인류학)	八杉貞利(러시아어학) 荒木茂(페르시아어) 栗田三吾(이탈리어어) 竹下淸松(통계학)
강좌 수 40	교수 27(外 1)		조교수 27	강사 45

〈참고 3〉 도쿄제국대학 문학부 1931년도 강좌 구성 현황

강좌(수)명		교수 (외국인은 교사)	조교수		강사
			강좌분담	강의/전공	
국어학·국문학	1	橋本進吉			佐々木信綱(국문학) 大島正德(국문학)
	2	藤村作			
	3		久松潛一		
국사학	1			中村孝也 平泉澄(在外)	渡邊世祐(料) 相田二郎(고문서학)
	2	辻善之助(料)			
	3	黑板勝美			
조선사		池內宏			本田存(조선어학)
지나철학·지나문학	1			竹田復 高田眞治*	關瑾良(지나어학)
	2	鹽谷溫			
	3	宇野哲人			
사학·지리학		今井登志喜			
동양사학	1		和田淸		
	2		加藤潔		
서양사학	1	齋藤淸太郎		山中謙一	
	2	村川堅固			
철학·철학사	1	桑木嚴翼		出隆	紀平正義(철학) 大島正德(철학)
	2		伊藤吉之助		
인도철학	1	木村泰賢		宮本正尊	加藤精神
	2	常盤大定			
심리학	1	松本亦太郎		增田惟茂 千輪活	城戶幡太郎
윤리학	1	吉田靜致		土田誠一	友枝高彦 長屋喜一
	2	深作安文			
종교학·종교사	1	姉崎正治		石橋智信 宇野圓空	矢吹慶輝
	2				
사회학	1	戶田貞三			松本潤一郎 綿貫哲雄
	2		今井時郎		

강좌(수)명		교수 (외국인은 교사)	조교수		강사
			강좌분담	강의/전공	
교육학	1	吉田雄次		入澤宗壽 (在外)	上村福幸
	2	林博太郎			
	3	春山作樹			
	4				
	5		阿部重孝		
미학·미술사	1		大西克禮	團伊能	田邊尙雄(미학) 高野辰之(연극사) 藤縣靜也(미술사)
	2	瀧精一			
언어학		藤岡勝二		金田一京助	
범어학· 범문학			福島直四郎	長井眞琴	池田澄達 (티베트어·불교)
영국어· 영문학	1	市河三喜		澤村寅二郎	존 브라이언(영어학) 井手義行(영어학)
	2	(아란데루레)	齋藤勇		
독일어· 독문학	1		木村謹治		立澤剛(독일어학) 新關良三(독일어학) 에르윈 얀
	2	靑木昌吉			
프랑스어· 프랑스문학			辰野隆	山田珠樹	豊島與志雄 (프랑스어학) 앙리 앙베르크로드 鈴木信太郎 (프랑스어학)
신도			加藤玄智 (分) 田中義能 (分)		宮地直一(分)
				原田淑人(고 고학)	吳茂一(그리스어·라틴어) 栗田三吾(노어노문학)
41개 강좌		교수 25(外 1)		조교수 32	강사 31

참고문헌

단행본

정근식·박명규·정진성·정준영·조정우·김미정, 2011, 『식민권력과 근대지식: 경성제국대학 연구』, 서울대학교 출판문화원.

木村健二, 1989, 『在朝日本人の社會史』, 未來社.

Tanaka Stefen, 1995, *Japan's Orient: Rendering Pasts into History*, University of California Press.

논문

강해수, 2008, 「근대일본의 퇴계연구」, 『퇴계학논집』 2호.
_____, 2012, 「'황도유학'과 '도의' 담론 그리고 식민지조선」, 『한국학연구』 28.
_____, 2015, 「"제2의 와니(王仁)"로서의 이퇴계 상과 '도의' 담론」, 『동서인문학』 49.
나가미 타츠오, 2009, 「地域槪念의 政治性」, 『만주학보』 9.
류준필, 2008, 「경사대학당 학과제도의 설립과정과 문학의 위상」, 『중국문학』 56.
_____, 2009, 「19C 말 일본 대학의 학과 편제와 國學·漢學·東洋學의 위상」, 『코기토』 65.
마쓰다 도시히코, 2015, 「시가 기요시(志賀潔)와 식민지 조선」, 『한림일본학』 25.
박광현, 2005, 「경성제국대학 안의 "동양사학": 학문제도, 문화사의 측면에서」, 『한국사상과 문화』 31, 한국사상문화학회.
박영미, 2009, 「經學院에 보이는 근대 일본 유학의 경향」, 『일본학연구』 27.
_____, 2010, 「일제 강점기 在朝 지식인 多田正知의 한문학에 관한 시론」, 『어문연구』 65.
_____, 2012, 「일제 강점기 在朝日本人의 한문학 연구성과와 그 의의」, 『한문학논집』 34.
박영순, 2011, 「청말민국시대의 학문분류체계의 변화와 문학 학과의 성립과정」, 『중국어문논총』 49.
박현숙, 2016, 「일본 학계에서의 고대 한·일관계사 인식의 기원」, 『한국사학보』 65.
백영서, 2004, 「'동양사학'의 탄생과 쇠퇴: 동아시아에서의 학술제도의 전파와 변형」, 『창작과 비평』 32(4), 창비.
_____, 2005, 「동양사학의 탄생과 쇠퇴」, 『한문사학사학보』 11.
양지혜, 2015, 「'식민자 사상범'과 조선-이소가야 스에지 다시 읽기」, 『역사비평』 110, 역사비평사.
윤대석, 2015, 「가라시마 다케시(辛島驍)의 중국 현대문학 연구와 조선」, 『구보학보』 13, 구보학회.
이규수, 2013, 「근대일본의 학제형성과 역사지식의 제도화」, 『한문사학사학보』 27.
이노우에 아쓰시(井上厚史), 2010, 「일본의 이퇴계 연구의 동향」, 『퇴계학논집』 6.
장신, 2013, 「1930년대 경성제국대학의 역사교과서비판과 조선총독부의 대응」, 『동북아역사논총』 42, 동북아역사재단.
鄭圭永, 1995, 「京城帝國大學に見る戰前日本の高等敎育と國家」, 東京大學博士論文.
정다함, 2017, 「1945년 이후의 조선시대사 연구와 유교근대론 동아시아론에 대한 post-colonial trans-national한 관점에서의 비판적 분석과 제언」, 『코기토』 83.
정상우, 2016, 「20세기 전반 일본인 학자의 '북방사' 연구모습: 도리야마 키이치의 연구 궤적」, 『사회와 역사』 112, 한국사회사학회.
정준영, 2009, 「경성제국대학과 식민지헤게모니」, 서울대학교 박사학위논문.
_____, 2015, 「군기(軍旗)와 과학: 만주사변 이후 경성제국대학의 방향전환」, 『만주연구』 20, 만주학회.
_____, 2017, 「이마니시 류(今西龍)의 조선사, 혹은 식민지 고대사에서 종속성 발견하기」, 『사회와 역사』 115, 한국사회사학회.
차태근, 2016, 「학술과 민족 그리고 국가상: 중일 국학운동을 중심으로」, 『중국현대문학』 70.
천진, 2010, 「식민지 조선의 支那文學科의 운명」, 『중국현대문학』 54.
____, 2010, 「식민지 조선의 支那文學科의 운명: 경성제대 지나문학과를 중심으로」, 『중국현대문학』 54, 한국중국현대문학학회.

葭森健介, 2008, 「漢學から東洋史へ」, 『東アジア文化交渉研究』 別冊 3.
桂島宣弘, 1998, 「近代國史學の成立」, 『江戶の思想』 8, ぺりかん社.
高橋亨, 1920, 「朝鮮改造の根本問題」, 『太陽』 10月號. 58쪽.
高宇ドルビ-ン洋子, 2014, 『明治時代における史學の確立に關して, アルザス日歐知的交流事業日本研究 セミナ-, 「明治」 報告書』.
丹羽香, 2004, 「服部宇之吉と中國-近代日本文學の中國觀への影響として」, 『中央學院大學人間自然論叢』 19.
_____, 2016, 「近代日本人の中國意識についての一考察: 服部孔子教提唱の始點から」, 『中央學院大學人 間・自然論叢』 41.

大谷勝眞, 1926, 「東洋史の大勢」, 『文敎の朝鮮』, 1926年6月號.
_____, 1939, 「東洋史より見た支那」, 『朝鮮及滿洲』, 1939年3月號.
杜軼文, 2003, 「兒島獻吉郎の支那文學史硏究について」, 『二松學舍大學人文論叢』71.
藤田大誠, 2011, 「近代日本の高等敎育機關における「國學」と「神道」」, 『國學院大學人間開發學硏究』3.
服部武, 1974, 「服部宇之吉の憶い出」, 『紺碧遙かに』, 京城帝國大學同窓會.
服部宇之吉, 1926, 「京城帝國大學始業式に於ける告辭」, 『文敎の朝鮮』6월호.
水野博太, 2015, 「19世紀末における漢學と「支那哲學」: 服部宇之吉の學問的可能性と淸國留學への道程」, 『思想史硏究』21.
兒島獻吉郎, 1926, 「何のために朝鮮に」, 『文敎の朝鮮』, 1926年6月號.
Aroz-Rafael, Aingeru, 2014, 「時枝誠記の言語理論における〈志向性〉の問題」, 『アルザス日歐知的交流 事業日本硏究セミナ-」, 「大正~戰前」報告書.
熊澤惠里子, 2000, 「明治政府の大學校構想と京都學校問題」, 『東京大學史紀要』18.
李梁, 1995, 「淸末民初における政治と社會の一側面: 內藤湖南と服部宇之吉の場合」, 『文經論叢』人文學 科篇 15.
李曉辰, 2014a, 「京城帝國大學における韓國儒敎硏究活動」, 『東アジア文化交涉硏究』8.
_____, 2014b, 「藤塚鄰の朴齊家硏究」, 『文化交涉』3.
田琛, 2013, 「服部宇之吉の儀礼硏究－儀礼鄭注補正三を中心に」, 『文化交涉』1.
井上厚史, 2010, 「近代日本における李退溪硏究の系譜學」, 『總合政策論叢』18.
町泉壽郎, 2006, 「幕末·明治期に於ける學術'敎學'の形成と漢學」, 『日本漢文學硏究』11.
陳瑋芬, 1995, 「斯文學會の形成と展開－明治期の漢學に關する一考察」, 『中國哲學論集』21.
_____, 1997, 「日本儒學史の著述に關する一考察」, 『中國哲學論集』23.
村上正二, 1991, 「小傳－那珂通世－草創期の東洋史學」, 『史學』60(2-3).
澤井啓一, 1995, 「日本と韓國における儒敎比較硏究に向けて」, 『比較思想』17.
黑坂勝美, 1910, 「偶語」, 『歷史地理 朝鮮號』, 三省堂書店.

Nakajima, Takahiro, 2017, "New Confucianism in Modern Japan," in Michiko Yusa, ed., *The Bloomsbury Research Handbook of Contemporary Japanese Philosophy*, New York: Bloomsbury Academics.

6장

1930년대 조선의 대중잡지에 표출된 만주 이미지

이병인
한국교원대학교 역사교육과 교수

I. 머리말

　일제시기의 만주는 흔히 독립운동이 일어나고 있는 곳, 혹은 우리 동포들이 새로운 삶을 찾아 떠난 곳이라는 이미지로 나타난다. 독립운동가들이 일본에 맞서 무장 투쟁을 하여 승리를 거두었다거나 만주로 이주한 사람들이 농지를 개간하며 정착했던 소식이 전해졌다. 그런데 만주사변 이후 만주국이 세워지면서 만주에 대한 인식이 더욱 다양해질 가능성이 생겼다. 만주국은 일본 관동군의 조작에 의해 수립되었지만, 오족협화를 내세우면서 각 민족의 '협화와 평등'을 내세웠다. 조선인은 일본의 힘에 '의지'하여 만주에서 조선인의 위상을 변화시킬 수 있는 가능성을 보았다. 또한 일본이 배후에서 만주국을 조종하고 개발하면서 만주는 피난처가 아니라 신흥 개발지, 투자처 등이라는 담론이 늘어났다.

　조선인의 만주 인식에 관한 연구는 만주 지역을 소재로 한 문학 작품을 분석한 것이 많았다.[1] 만주에서 조선인의 생활과 관련된 농촌 생활을 그리거나 신흥 개발지로서 제국주의의 개발 논리가 투영된 지역으로 만주를 형상화하는 문학 작품이나 기행문 등을 통해 조선인의 만주 인상

---

[1] 한수영, 2003, 「만주의 문학사적 표상과 안수길의 『북간도』에 나타난 '이산'의 문제」, 『상허학보』 11집, 105~133쪽; 서경석, 2004, 「만주국 기행문학 연구」, 『어문학』 제86집, 341~360쪽; 정종현, 2005, 「근대문학에 나타난 '만주' 표상-만주국 건국 이후의 소설을 중심으로」, 『한국문학연구』 28집, 229~259쪽; 김재용, 2006, 「일제말 한국인의 만주 인식」, 『동북아역사논총』 12, 79~104쪽; 서영인, 2007, 「일제말기 만주 담론과 만주기행」, 『한민족문화연구』 23집, 209~238쪽; 전성현, 2010, 「일제시기 '만주' 개념의 역사성과 부정성」, 『石堂論叢』 47집, 247~278쪽; 홍순애, 2013, 「만주기행문에 재현된 만주표상과 제국주의 이데올로기의 간극」, 『국제어문』 57, 407~439쪽; 배개화, 2020, 「여성화된 만주와 조선 남성 엘리트의 개척자 이미지」, 『한국현대문학연구』 60, 313~346쪽 등.

의 변화를 추적하는 것이었다.

그런데 한 개인이나 작품에 나타난 인상이 아니라 조선인 '대중'이 느꼈던 만주는 어떤 곳이었을까?[2] 사실 어떤 대상에 대한 불특정 다수인 '대중'의 인상을 추적하기는 어렵다. 특정 대상에 대한 인상은 개인의 경험이나 정보, 정치 상황의 변화 등에 따라 '주관적'으로 형성될 수 있기 때문이다. 따라서 대중 인식을 확인하는 차선책으로서 잡지에 실린 글을 통해 대중에 전달된 '복합적' 만주 이미지를 확인하려고 한다. 잡지에 실린 글은 저자의 성향, 지향점 등이 달라 일관된 관점을 전달하지 않기 때문에 당시에 유통되었던 만주에 대한 여러 견해와 시대 상황에 따른 변화를 복합적으로 파악하는 데 유용할 것이다. 이런 점에 착안하여 조선인이 발간한 잡지로서 일제 시기에 가장 성공한 대중잡지로 평가받는『삼천리』를 중심으로 삼고,『별건곤』,『동광』의 기사를 부가하여[3] 만주사변 이후의 만주, 만주국과 관련된 기사, 논설 등으로 내용을 재구성하며 가능한 한 1930년대 만주에 대한 당시의 다양한 견해와 이미지를 드러내려

---

[2] 한말, 일제시기 한국인의 만주 인식을 다룬 논문으로는 배주영,「1930년대 만주를 통해 본 식민지 지식인의 욕망과 정체성」,『한국학보』112, 35~57쪽; 신주백, 2005,「만주인식과 파시즘 국가론」, 방기중 편,『일제하 지식인의 파시즘체제 인식과 대응』, 혜안, 135~161쪽; 김도형, 2008,「한말·일제하 한국인의 만주 인식」,『동방학지』144, 1~32쪽; 이명종, 2014,「근대 한국인의 만주인식 연구」한양대학교 박사학위논문; 주효뢰, 2018,「1920년대 조선 지식인의 중국 담론 연구」, 한국외국어대학교 박사학위논문 등이 있다.

[3] 『삼천리』는 1929년 6월에 창간되어 1941년 11월까지 발행되었으며 학술적인 논문보다는 당시의 시대상을 반영한 기사를 많이 실었기 때문에 1930년대 만주에 대한 기사를 연속과 변화 속에서 파악할 수 있는 잡지이다.『별건곤』또한 대중잡지로서 인기가 있었지만, 1926년 11월에 창간되어 1934년 8월에 종간되어 30년대 전체의 모습을 전달하지 못하는 한계가 있으며 1931년 1월에 속간되어 1933년까지 발간된『동광』또한 마찬가지이다. 잡지에 관한 소개로는 최덕교, 2004,『한국잡지백년』2-3, 현암사 참조.

고 한다.

만주에 관한 복합 인식은 당시 현실을 포함하여 과거의 사실도 포함한다. 만주는 고대 조선인의 활동 영역이었으며, 간도 지방에 조선인이 많이 거주하고 있었기 때문에 조선인의 과거와 장래 문제를 생각하지 않을 수 없었다. 또한 일본이 오족협화를 내세우며 만주국을 중국에서 분리시켰듯이, 만주국의 성립 타당성 혹은 부당성은 만주의 역사적 실체와 긴밀하게 연동되기 때문이다. 따라서 만주사변 이후 조선의 대중잡지에 실린 글이 1930년대 상황과 맞물리며 민족의 역사를 어떻게 전달하고 있는가도 살펴보려고 한다.[4] 그리고 대중잡지에 실렸던 역사 관련 담론을 간략하게나마 중국인의 역사 인식과[5] 비교하려고 한다. 이 둘의 비교는 다른 측면에서 만주에 대한 이미지의 복합성을 보여줄 것이며, 1930년대 대중잡지에서 유통되었던 만주 관련 역사 인식을 이해하는 데 도움이 될 것이라 생각하기 때문이다.

---

4   당시 잡지에 실린 글이 때때로 잘못된 (역사) 사실을 전달할 수 있다. 하지만 개인이 특정한 인상과 인식을 형성하는 데 반드시 올바른 사실만 동원되는 것은 아니며 대중잡지이기에 대중에 영합하는 글을 쓰는 경우도 있을 것이다. 특정 대상에 대한 인상과 인식을 형성하는 과정에서 사실의 엄밀성과 정확성은 부차적이다. 당시 독자들이 받아들인 것은 잡지가 전달하는 정보였지 그 (역사적) 사실의 진위를 따지는 것은 아니었기 때문이다. 이 글에서는 (역사적) 사실의 진위를 따지지 않고 잡지가 전달하는 내용이 어떤 인상과 인식을 형성하는지에 주목할 것이다.

5   역사가 혹은 개인마다 역사를 해석하고, 이해하는 다양한 견해가 있을 수 있기 때문에 국가 단위로 역사 인식을 비교하는 것은 어려운 일이다. 가장 쉬운 방법은 각 국가의 역사교육에서 동일한 사건을 어떻게 해석하여 가르치고 있는가를 비교하는 것이다. 그런데 일제시기의 조선의 역사교육은 조선인의 관점으로 보기 어렵다. 따라서 분석 대상의 수준은 다르지만, 조선인들이 대중잡지에 실린 글에 나타난 인식을 분석하고, 중국의 경우에는 역사교육이 어떤 방향에서 진행되었는가를 분석하여 비교하려고 한다.

II. 현실 인식의 공간, 만주

1. 만주국과 국제 질서 인식

만주사변 이후에 만주의 정세는 더욱 불안해졌다. 중국인과 조선인 사이의 감정은 만보산 사건으로 악화되어 조선 내에서 반중국인 정서를 조성했으며, 만주에서 중국인의 재만 조선인에 대한 감정은 좋지 않았다. 만주사변은 이를 더욱 부채질하여 만주사변 기간에 수많은 조난 동포가 발생했다. 중국인들은 조선인을 일본의 앞잡이로 생각하여 공격했다. 만주사변 기간에 재만 조선인은 직접적인 피해를 입었다. 이에 조선의 지식인들은 재만 동포의 피해 상황을 조사하고 원조 방안을 모색했다.[6]

1932년 만주국이 수립되었다. 만주국은 군벌 치하에서의 각종 고통을 나열하며 그와 대비하여 만주국이 새로운 시대를 열어갈 것으로 선전했다. 군벌 시대는 세금, 기타 모든 방면에서 민중에게 피해를 끼쳤지만, 만주국은 오족의 협화에 의해 새로운 질서를 만들어갈 것이라고 선전했다. 그리고 협화회를 통해 민간 속으로 침투하며 질서를 잡아가려고 했다.

그런데 만주에서 중국인의 일본 침략에 대한 저항은 지속되었다. 간도에 있던 조선인도 무장 행동에 가담하여 조선인 군대가 출동하기도 했다.[7] 만주의 치안은 쉽게 안정되지 않았다. 임원근이 안동현에서 봉천

---

6 이광수, 1931. 11. 10,「재만동포에게 급고」,『동광』 27호; 서정희, 1932. 1. 1,「만주 조난동포를 보고 와서」,『삼천리』 제4권 1호;「재만조난동포근황」,『삼천리』 제4권 3호, 1932. 3. 1.

7 朱耀翰, 1932. 5. 1,「內外大觀, 3月 10日~4月 10日 國際情勢의 鳥瞰圖」,『동광』 제33호.

으로 가는 열차를 탈 때에 일본 군인들의 검문·검색이 있었고, 기차 안에서 조선인과 일본인, 중국인은 서로를 피해 자리를 잡았다. 조선인이 느끼는 만주는 위험한 곳이었다. 야간열차를 타는 것도 위험하다고 느꼈고, 만주의 기차역마다 군인들이 있었다.[8] 치안 불안은 쉽게 가라앉지 않았다. 1933년 김형원(金炯元)은 대련에서 열린 신문협회대회에 참석하러 가던 중에 철도 연변은 생명과 재산에 대한 위험은 없는 듯이 보였지만, 관동군의 세력이 미치지 못하는 곳은 여전히 위태하다고 느꼈다.[9] 1936년 상황이 약간 나아져 오지를 제외한 농촌 지역에서도 비교적 안심하고 농경에 종사할 수 있게 되었지만, 기차가 지나는 터널 입구와 출구에는 무장한 군인이 경계를 서고 있었다. 만주의 치안은 만주국과 일본이 공동으로 책임을 졌는데, 치안부재로 만주국의 치안 관련 관리는 넘치도록 많았으며 치안 유지비가 많이 들어갔다. 치안 이외의 행정, 산업, 교육 등의 관리는 적었다.[10] 만주국은 오족협화와 왕도낙도를 내세웠지만, 만주 지역에 거주하는 '오족'의 동의를 얻지 못했다. 만주사변 이후 만주는 불안한 곳이라는 이미지가 강화되었다.

그렇다고 조선인이 만주국의 배후에 있던 일본의 보호를 받을 수 있는 것은 아니었다. 일본 군인은 주로 철도 연변과 대도시를 지키고 있어 조선인이 많이 살고 있던 농촌 지역은 여전히 치안 부재 상태였다. 조선인은 안전을 위해 집단적인 부락 생활, 무장 문제를 언급할 정도로 치안에 불안감을 느끼고 있었다.[11] 그런데 일본 또한 조선인을 믿지 못하여

---

8 「滿洲國과 朝鮮人將來, 滿洲國紀行(其二)」, 『삼천리』 5권 1호, 1933. 1. 1.
9 「재만동포 문제 좌담회」, 『삼천리』 5권 9호, 1933. 9. 1.
10 김경재, 1936. 2. 1, 「창망한 북만주」, 『삼천리』 제8권 2호.
11 원세훈, 1932. 4. 1, 「만주문제 종횡관」, 『삼천리』 4권 4호.

조선인의 무장 문제와 같은 일은 성사되기 어려웠다. 결과적으로 조선인의 생활은 매우 불안정하게 되었다.

만주국의 장래는 어찌될까? 조선인에게 이런 불안한 생활을 야기한 만주국의 전도는 중요한 문제였다. 중국은 만주사변 이후 국제 연맹에 제소하여 문제를 해결하려고 했다. 국제연맹은 이에 응하여 리튼 조사단을 파견했다. 일본은 국제사회에서 만주국을 승인받기 위하여 리튼 조사단의 방문에 맞추어 각종 단체를 동원하여 만주국은 군벌 통치 시대의 억압에서 풀려난 만주 주민의 뜻에 따라 건립되었다는 것을 보여주려고 노력했다.[12] 만주국의 장래는 일본, 중국뿐만 아니라 재만 조선인에게도 중요한 문제였다.

『삼천리』, 『별건곤』, 『동광』 등의 잡지에 실린 글은[13] 국제연맹이 만주국의 향방에 큰 역할을 하지 못할 것으로 전망했다. 국제연맹은 힘이 없어 일본에게 강제할 수 없고, 중국 측에 유리한 결정을 내릴 경우 일본이 연맹을 탈퇴하면 그만이었다. 경제 봉쇄나 전쟁 또한 실효성이 없는 것이었다. 만일 국제연맹이나 미국이 만주문제에 대해 중국을 적극 원조하는 정책을 취한다면 일본과 중국·미국의 전쟁 내지는 세계대전의 도화선이 될 것이었다.[14] 그런데 1932년 당시에 미국이 일본과 정면 대결

---

12 국제연맹조산단의 활동과 만철의 대응에 관해서는 武向平, 2015, 『滿鐵與國聯調査團硏究』, 社會科學文獻出版社 참조.
13 「세계정세, 사월중」, 『별건곤』 52호, 1932. 6. 1; 「만주문제, 신만주국과 오인의 태도」, 『삼천리』 4권 4호, 1932. 4. 1; 한청산, 1932. 10. 1, 「연맹총회와 만주문제」, 『동광』 38호.
14 신언준, 1932. 11. 1, 「전쟁이냐? 평화이냐? 만주문제와 중국의 대일정책」, 『동광』 39호; 馬達, 1932. 11. 1, 「전쟁필지론, 이리하여 전쟁은 이러나고야 만다」, 『별건곤』 57호.

할 가능성은 적었다. 미국이 중요 경제 상대국인 일본과 대립적인 자세를 취할 가능성이 적고, 단지 미국이 할 수 있는 방법은 국제 여론에 의한 압박 정치에 그칠 것이라고 내다보았다.

리튼 조사단은 1932년 10월에 만주국에 대한 조사를 발표했다. 『별건곤』에 실린 글은 조사 결과가 일본에 불리했지만 만주국 존속에 영향을 줄 수 없을 것이라고 했다. 그 이유는 "국제연맹은 죄인에게 벌을 줄 힘이 없는 재판장이니까" 그리고 "국제연맹의 두 어른 격인 영국과 프랑스는 일본과 전쟁할 생각은 없고 오히려 티베트나 '남지나'의 한 귀퉁이나 떼어 먹을 생각을 하고"[15] 있기 때문이었다. 국제연맹의 개입이 있어도 만주사변이 해결될 실마리는 보이지 않고, 오히려 영국의 티베트에 대한 영향력을 저지하려고 미국이 중국과 러시아의 국교를 회복시키면 다시 영국과 러시아, 일본의 관계는 복잡하게 얽히게 될 터였다. 따라서 만주국의 장래는 중일 간의 충돌에 의해서 결정될 문제인데, 중국은 무력이 약하다고 생각했다. 장쉐량(張學良)이 50만, 장제스(蔣介石)가 80만의 대군을 동원한다고 신문들이 보도했으나 중국은 그럴 힘이 없으며, 있다고 해도 '솜뭉텡이'에 지나지 않으니 중국이 의존할 것은 미국과 소련밖에 없을 것이지만, 소련은 중국과 국교 회복을 기회로 딴 궁리를 품고 있고 미국은 거리가 멀어 크게 도와줄 형편이 아니라고 보도했다.[16] 만주국은 상당 기간 존속할 것이다.

---

15 「세계동향-무력한 재판장 국제연맹」, 『별건곤』 제61호, 1933. 3. 1.
16 「세계동향-중국대일적극정책」, 『별건곤』 제61호, 1933. 3. 1.

2. 기회의 땅, 만주

신문, 잡지에서 만주국이 지속될 가능성이 높다고 본 것은 조선인의 만주에 대한 접근 태도에 영향을 끼쳤다. 만주의 치안 불안은 오히려 투기와 투자, 일확천금을 획득할 수 있는 기회로 다가왔다. 만주사변 이후에 중국인들이 땅을 헐값에 팔아넘기고 일본이 새로운 투자와 개척을 장려하는 상황은 만주에서 돈을 벌 수 있는 기회를 제공했다. 일본군이 출병하니 중국인이 되는 대로 땅을 팔아버리고 관내(關內)로 들어가니 땅값은 거의 1/10로 떨어졌다. 일확천금을 꿈꾸고 총알이 날고 검극이 교효(交爻)된 간도이건만 머리를 싸매고 찾아왔던[17] 것이다.

만주국의 수도였던 신징(新京)은 이런 새로운 기회의 중심에 있었다. 신징은 허영을 쫓아온 사람들이 북적이는 곳이었다. 신흥도시라 돈이 땅에서도 굴러다니고 공중에서도 날아다니는 것 같아 재주만 있으면 손으로 잡을 듯하고 관리 자리가 금방 들어올 것 같아 허욕에 눈이 멀고 브로커의 발호가 심한 곳이었다.[18]

국제사회 또한 만주국의 존립에 영향을 끼치지 못할 것이라는 생각은 투자를 더욱 부채질했다. 『삼천리』에서 개최한 원탁회의에 모인 사람들은 만주의 투자에 대해 이야기를 나누었다. 만주사변 전에는 기업가다운 기업가가 없었지만, 사변 후에 격변하여 투자자가 생겨 대략 400만 원이 투자되었고 날로 재벌 진출이 현저해졌다. 경성의 김연수(金秊洙), 방규환(方奎煥), 개성의 공진항(孔鎭恒), 대구의 김태원(金台源), 평양의

---

17 김경재, 1932. 5. 15, 「동란의 간도에서」, 『삼천리』 4권 7호.
18 김경재, 1936. 11. 1, 「송화강반에서」, 『삼천리』 8권 11호.

김동원(金東元) 등이 투자에 나섰다. 치안 문제, 즉 정치적 불안이 해결된다면 재벌 투자를 더욱 유치할 수 있을 것으로 전망했다. 1937년에 투자는 더 늘어났다.[19]

그런데 만주에 투자해서 돈을 버는 사람은 일본인이었다. 돈이 될 만한 사업은 일본인이 차지하고 조선인에게 기회를 주지 않았다. 김경재가 본 바에 따르면 신징에는 오사카(大阪) 물건이 넘쳐나고 있었고, 여관과 백화점의 만주족은 일본어로 서비스를 하고 있었다.[20] 조선인은 일본인이 하지 않는 사업을 하거나 여전히 농업에 종사할 뿐이었다. 그리고 만주국이 근대자본주의국가로 형태를 갖추어 발전하고 있으나 조선인은 주로 농업에 종사하고 자금이 없으며 자본주의에 대한 이해력이 부족하여 만주에서도, 간도에서도 살아가기 괴로울 뿐이었다.[21] 간도에 거주하는 40만에 가까운 동포는 "용정이나 국자가 갓흔 도시에 사는 소수의 상민을 제하고는 전부가 농민"이었다.[22] 이 외에 아편을 파는 등 사회적으로 '좋지 않은' 일을 하면서 하층민으로서 생활하는 자도 있었다.

한편, 조선인이 만주국에서 사회적 지위를 높일 수 있다는 희망 섞인 글도 나타났다. 박완은 만주국이 오족협화를 내세웠기 때문에 조선인들의 지위가 좋아질 것이라는 바람을 드러냈다.

만주국이 건설된 후에는 그 건국의 주지에 잇는 바 가치 모든 주민의 행

---

19 「滿洲가서 돈 벌나면? 諸 權威 모혀 圓卓會 열다」, 『삼천리』 제8권 제8호, 1936. 8. 1; 「조선인의 투자 5백만원, 事變之後 5개년 사이에 孔鎭恒·閔奎植·金秊洙씨 등 큰 재벌 진출 투자」, 『삼천리』 제9권 4호, 1937. 5. 1.
20 김경재, 1936. 11. 1, 앞의 글.
21 김경재, 1936. 2. 1, 앞의 글.
22 김경재, 1932. 5. 15, 앞의 글.

복과 자유를 위하야 민족의 이동을 불문하고 평등으로 小民權을 향유하게 될 터임으로 년래에 양 민족간의 충돌이나 오해의 원인되는 것이 국적 문제와 商租權 문제 해결로써 제거되리고 본다.[23]

또한 만주 중에서 지린성(吉林省) 왕칭(汪淸), 허롱(和龍), 훈춘(琿春), 옌지(延吉) 4현이 특별행정구가 되어 조선인 자치 구역이 된다는 설[24] 등은 기대를 높였다. 국제연맹과의 갈등이 어떻든 일본이 계속 장악하고 있는 상황에서 이 기회를 이용하여 재만 조선인의 지위를 향상시키는 것이 필요하다고 생각했다.

당시의 잡지는 재만 조선인의 지위를 높일 수 있는 다양한 의견과 활동을 소개했다. 1932년 2월 15일 박석윤(朴錫胤), 박두영(朴斗榮) 등이 만주국이 수립될 경우 만주국의 공민권 획득, 특별 자치구 설정 등을 목표로 민생단(民生團)을 조직한 일이 있었다.[25] 이 외에 간도를 조선의 연장으로 하자는 연장운동, 자치령으로 하자는 자치운동, 특별자치구, 특수행정구, 자유국 건설 등등의 운동이 있었는데, 윤화수는 이런 운동이 계획도 없이 어지럽게 일어나 힘을 모으지 못하고 아무 수확도 얻지 못할까[26] 우려했다. 그리고 이런 문제는 일본의 '허가' 없이 조선인의 힘으로 뚫고 나가기는 어려운 문제였다. 민생단 또한 일본 영사관의 전위기관에 지나지 않아 공산당, 이청천파, 김좌진파 등으로부터 배척을 받았다.[27]

---

23 박완, 1932. 4. 1, 「신흥만주국과 조선인」, 『삼천리』 4권 4호.
24 주요한, 1932. 4. 1, 「내외대관, 국제동태의 조감도」, 『동광』 32호.
25 김경재, 1932. 5. 15, 앞의 글.
26 윤화수, 1932. 5. 1, 「간도문제란 무엇인가, 간도문제 특집」, 『동광』 33호.
27 김경재, 1932. 5. 15, 앞의 글.

조선인이 보기에 만주국에서 민족의 지위는 변하지 않았고, 역사적으로 유래했던 문제들은 여전히 산적해 있었다. 만주국이 내세웠던 오족협화는 실현되지 않고 있었다. 일본인들은 월급쟁이나 상인을 막론하고 재산의 여유가 생기는 대로 본국으로 송금하고, 만주족은 산해관 이남으로 가져가려고[28] 하니 이상과 현실은 별개인 셈이었다. 조선인은 여전히 차별이 존재한다고 느꼈다. 전 『시대일보』 사장이었던 안희제(安熙濟)는 만주국 내각 총리 장경혜(張景惠)에게 보내는 글에서 다음과 같이 말했다.

> 오족의 평등한 발전을 목표로 한 만주국에서 조선인만에 한하여 교통이 불편하고 토지가 좇치 못하고 지가가 빗싼 간도성과 동변도에만 거주를 국한한 것은 조선인의 이해관계뿐만 아니라 만주국의 진정한 발전을 위하야서도 부당한 일이라고 생각합니다.[29]

조선인은 오족협화의 허구를 현실에서 체험했다. 만주국 수립 이후 5년여가 지난 시점에서도 만주국의 오족 평등은 허울뿐이었다. 최린(崔麟)이나 신태악(辛泰嶽) 등은 만주국 총리에게 조선인에게도 동등한 의무와 권리를 줄 것을 주장했다.[30] 현실 정치를 인식하고 만주에서 이익을 찾는 길은 일본이나 만주국 고관에 의존하는 것이었다. 만주국에서 일본

---

28 김경재, 1936. 2. 1, 앞의 글.
29 「재만 백만 동포의 발전을 위하야, 조선에 온 장총리에 정하는 아등의 서」, 『삼천리』 제9권 제4호, 1937. 5. 1.
30 「재만 백만 동포의 발전을 위하야, 조선에 온 장총리에 정하는 아등의 서」, 『삼천리』 제9권 제4호, 1937. 5. 1.

인이 일등, 조선 민족이 그 아류인 상황은 변하지 않았다. 만주국이 내건 오족협화는 말뿐인 허상이었고 현실에서는 여전히 차별이 있었다.

III. 역사적 '실체'와 허구적 '이상향', 만주

1. 민족 역사의 두 시선

잡지 기사와 논설은 만주의 동포 상황과 그들이 살고 있는 지역도 소개했다. 연길시는 만주사변 이후 신흥 도시로 발전하며 신흥 기분이 충만했고, 용정은 조선인의 문화와 경제의 중심지로서 만주적 기분은 없고 그저 조선 정서가 그대로 흐르고 있다고 전했다.[31] 기차로 만주를 지나갈 때, 철도 연변의 풍경은 조선인이 살고 있는 고국의 풍경과 다르지 않았다. 두만강이 경계를 지어놓았을 뿐이지 만주는 조선인들이 활동하던 곳이었다. 간도는 조선과 다른 곳이 아니었다. 재만 동포의 증가는 만주와 조선의 경계를 모호하게 하고 만주에 대한 역사 회상을 떠올리게 만들었다. 만주는 역사상 조선족의 활동 무대가 아니었던가?

만주국의 건립은 간도의 조선인 그리고 간도의 역사, 민족의 역사를 되짚어보게 하였다. "간도라 하면 최근에는 공산당을 연상하고 「테로」 운동을 연상하게 되지만 그 외에 간도 일대는 역사적으로 조선인과 불가분의 관계"가 있으며[32] 청이 "중원에 군림하려고 할 때에 조선이 뒤에

---

[31] 김경재, 1936. 2. 1, 앞의 글.
[32] 유광렬, 1932. 5. 1, 「간도는 어데로 가나, 간도문제 특집」, 『동광』 33호.

서 깔지방거리는 것이 기우가 되어 간도로서 완충지대를 만들고 두 나라가 서로 범하지 못한다는 약속"³³을 한 것이 간도문제의 국제적 효시가 되었다고 윤화수는 설명했다. 그 후 청이 자신들의 발상지로 봉금하였으나 경제의 파산을 당한 조선 사람들이 몰려들어 개척하자 그 경계를 정한 것이 백두산 정계비였다. 이후 조선이 외교권을 박탈당하여 일본과 청국 사이에 간도협약을 맺어 중국령이 되어버리고 말았다. 위안스카이(袁世凱)가 대총통이었을 때에는 만몽조약을 맺어 간도가 일본과 중국의 이중법률이 행해지는 특수지대로 변했다. 그런데 이제 간도협약의 상대방인 민국정부가 무너졌으니 간도는 역사상 인연이 깊은 조선 사람에게 넘어와야 할 것이라고 윤화수는 주장했다.³⁴ "정체된 근대 조선에 잇어서도 간도는 내땡이니 우리가 가저야 한다. 그 문제만은 가장 원기발랄하여 청국의 위압에도 눌니우지"³⁵ 않고 소유권 쟁탈을 벌어왔다. 1930년대 당시에 간도는 '조선인의 간도다' 하는 것이 간도에 거주하는 재만 동포의 의사요 욕구라고 김경재는 주장했다.

간도뿐만 아니라 만주에서 민족의 활동이 어떻게 변모해왔는가라는 역사적 설명도 간략하게나마 잡지에 실렸다.

> 고구려 시대에는 만주 전토가 조선인의 소유이엿고 그후 … 고려 왕조로 통일된 후에도 간도 일대에 발호하는 여진을 정복하기 위하야 윤관이 대병을 잇글고 … 선춘령상에 석비를 세우고 고려지경이라고 색이어서 국경을 명확히 하얏다고 하는바 그가 현금의 북만 영안현이다.

---

33 윤화수, 1932. 5. 1, 앞의 글.
34 윤화수, 1932. 5. 1, 위의 글.
35 김경재, 1932. 5. 15, 앞의 글.

이태조는 두만강 연안에서 발흥하니만콤 … 여진을 진무하니 간도 일대가 모다 그 판도에 들게 되엇다. 그 후 여진이 강성하야 때로는 조선에 반항하기도 하얏고 혹은 신속하기도 하야오다가 여진 중 이「노라씨」일족이 왕성하야 제 부락을 병합하고 만주국을 건설하얏다가 그 후 다시 청국이 되엇다고 한다.[36]

과거 만주지역은 조선 민족의 활동 지역이었다. 조선인과 여진은 만주와 간도 일대에서 시대에 따라 정복, 진무, 반항, 신속이란 관계를 형성하여 살아간 두 주체였다. 윤관의 여진족 정벌, 이태조가 동두란(佟豆蘭)을 시켜 여진족 진무, 세종 때에 7진을 설치하여 통치, 세조 때 신숙주의 토벌, 성종·중종 때의 여진 정벌, 선조 때 신립의 격퇴 등 만주지역에서 조선족과 여진족은 항쟁하는 두 민족이었다. 유광렬은 옛 기록에 따르면 윤관이 세운 비석의 네 면에 글이 있었는데, '호인(胡人)'이 이 글을 없앴다고 설명하며 조선인에게 정복된 호인의 심사를 엿볼 수 있다고 적었다.[37] 만주는 조선인이 '호인'을 정복하고 지배하던 민족 활동의 무대였던 지역이었다.

만주국 성립 이후 대중잡지에 실린 글은 만주 '영역'을 바라보는 서로 다른 시선을 드러냈다. 만주사변이 일어난 지 얼마 되지 않았던 1932년 4월 박완은 "만주와 우리와의 인연이 아무리 깊고 또 우리와 특수한 관계로 해서 자유로 이주할 수 잇는 지역이라 하드래도 만주는 우리의 식민지는 아닌 것이다. 만주가 무슨 우리의 세력 범위에 잇는 것도 아니며

---

36 김경재, 1932. 5. 15, 위의 글.
37 유광렬, 1932. 5. 1, 앞의 글.

또는 하등의 우리의 권익이 만주에 존재한 것도 아니다"[38]라는 글을 썼다. 그런데 4년여가 지난 1936년 고토 개념을 강조하는 말들이 나왔다. 『삼천리』가 개최한 좌담회에서 이성환(李晟煥)은 지금껏 조선에서 살 수 없으니까 만주로 간다고 생각해왔던 것을 없애버리고 우리 선조가 살던 고토로 돌아간다는 생각을 가져야 하며, 경상도 사람이 함경도로 살러 가는 것과 같이 생각해야 한다고 주장했다. 간도를 우리 영토가 연장된 것같이 생각하는 '간도 연장주의'는 공진항, 홍양명(洪陽明)의 동의를 얻었다. 그리고 간도에서 우리 조상의 흔적을 찾았다. 만주의 가옥 대문 위에 붙어 있는 용, 호 그림은 조선의 것과 똑같았고, 연해주와 서북 간도에 사는 「사고」족(?)[원문대로] 우리 동포와 똑같아 역사적으로 조선족의 후예일 것이라고 생각했다. 오지의 촌락에서 발견되는 돌절구는 우리 선조의 유적이었다.[39]

한편, 만주사변은 중국에 큰 풍파를 몰고 왔다.[40] 중국 학생들은 국민정부의 무력함에 분개하여 국부(國府)를 포위하고 중앙당부(中央黨府)를 습격했다. 만주사변 이래 1년간은 "폭풍우시대라 이름 지을까. 불안, 공포, 아우성, 소란, 흥분 가운데서 1년을 지낫다. 신문, 잡지, 서적 등 온갖 출판물, 학생, 공인, 농민, 상인 등 모든 계급의 사람은 모두가 대일(對日) 문제를 이야기하고 … 중국민의 주목은 '대일'에 집중되엇다."[41]

38　박완, 1932. 4. 1, 앞의 글.
39　「만주가서 돈 벌라면?, 제 권위 모혀 원탁회 열다」, 『삼천리』 8권 8호, 1936. 8. 1.
40　중국 사회의 만주국에 대한 반응은 김창규, 2006, 「일본의 중국 침략과 중국 자유주의 지식인의 '滿洲' 인식(1931-1937)」, 『중국근현대사연구』 32집, 27~52쪽; 何飛彪, 2018, 「中國 社會各界對僞滿洲國問題的反應」, 『北華大學學報(社會科學版)』 19卷 3期, 31~39쪽 등 참조.
41　신언준, 1932. 11. 1, 앞의 글.

국민정부는 1931년 9월 21일 국제연맹에 제소하여 만주지역이 자신의 영토임을 주장하며 그 해결을 의뢰했다.[42] 국내적으로는 일본의 침략과정을 서술하고, 군사훈련을 실시하는 교육을 강화했다. 교육부는 10월 1일 전국의 소학교에서 아침 조회 때마다 일본의 '동삼성' 점령에 대해 3분간 묵념으로 기념하고, 교실에 도서나 글을 게시하여 일본에 대한 복수심을 양성하고, 교과서에 일본의 침략 사실을 첨가하여 교육하도록 지시했다.[43] 이어 10월 2일에는 전국의 교육청에 일본의 만주 침략과정을 서술하여 반일 보복심을 양성하는 특수교육을 시행하라고 명령했다.[44] 또한 군사교육도 실시하여 고등학교 이상 학교는 청년의용군을 조직하고, 중학교 이하는 동자의용군을 조직하여 군사훈련을 실시하도록 지시했다.[45]

1932년 1월 교육부장에 취임한 주자화(朱家驊)는 민족관념을 배양하고 민족 자신감을 양성하는 교육의 민족주의를 주장했다.[46] 1932년 1·28 상하이사변이 발생한 이튿날 고중(高中) 이상의 각 학교에서 군사교육을 강화할 것을 지시하고,[47] 6월에는 매주 학과 수업 이외에 일본의

---

42 「滿洲紛擾調停을 國聯에 正式依賴」, 『동아일보』, 1931년 9월 23일.
43 「小學生에게 排日敎育施行」, 『동아일보』, 1931년 10월 7일.
44 「反日報復心養成, 全國敎育廳에 命令」, 『동아일보』, 1931년 10월 5일.
45 「敎育部令發學生·童子義勇軍敎育和訓練的有關文件(1931. 10.)」, 中國第二歷史檔案館 編, 1994a, 『中華民國史檔案資料彙編』 第5輯 第1編 敎育(二), 江蘇古籍出版社, 1267쪽(이하 『檔案彙編』 5-1-敎育(二)로 약함).
46 朱家驊, 1963, 「九個月來敎育部整理全國敎育之說明」, 中國國民黨中央委員會 黨史史料 編纂委員會, 『革命文獻-抗戰前敎育與學術』 53輯, 中央文物供應社, 109쪽; 東亞研究所, 1941, 『國民黨支那의 敎育政策』, 東亞研究所, 107~109쪽.
47 「敎育部頒布高中以上學校加緊軍事訓鍊方案的通令(1932. 1. 29.)」, 『檔案彙編』 5-1-敎育(二), 1272쪽.

중국침략사를 가르치도록 지시했다.⁴⁸ 각 학교에서는 교과서와 그림 등을 통해 항일 교육을 지속했다.⁴⁹ 교육부는 각 교직원은 훈육 과정에서 최근의 국난(國難)을 명확히 이해하고 각종 방법을 사용하여 학생들을 깨우치도록 하며, 국치지도(國恥地圖), 국치역사도해(國恥歷史圖解) 등 국난에 관한 각종 자료를 구비하여 민족정신을 높이고 국가를 위해 봉사하는 정신을 기르는 데 특별히 주의하라고 지시를 내렸다.⁵⁰

만주사변 이후 국민정부는 역사교육과정을 개편하면서 일본의 침략 사실을 한 항목으로 추가했다. 국민정부는 1929년 역사잠행과정표준을 정한 이후 중일전쟁이 전면화되기 전까지 1932년과 1936년 두 차례 교육과정을 개정했다. 1932년과 1936년의 고급중학 역사과정표준은 교재대강에 각각 '일본의 동북 침략', '국난의 경과'라는 항목을 만들어 만주사변 이후의 사실을 서술하도록 했다.⁵¹ 1940년 교육과정은 전체 수업시수에서 역사와 지리가 차지하는 비율을 늘렸다. 또한 역사 과목에서 자국사와 외국사의 수업 비중을 5/6와 1/6로 편성하여 중화민족의 융합과 역대 강토의 개척 등의 사항에 주의하여 학생에게 민족부흥과

---

48 「敎育部要求各校每週課外講演日本侵略中國史令」, 『檔案彙編』 5-1-敎育(二), 1266~1267쪽. 『檔案彙編』에는 이 문건의 작성일자가 1931년 6월 17일로 되어 있으나, 문건에 9·18사변이 언급되어 있기 때문에 그 이후에 작성된 것으로 보인다. 또한 6월 초에 일선 학교에서 교과서나 그림 등을 통해 항일 교육을 했다는 내용과 연결시켜보면 9·18사변 이후에서 1932년 6월 사이에 작성된 것으로 추정할 수 있다.

49 「敎科, 繪畫로 排日敎育繼續」, 『동아일보』, 1932년 6월 5일.

50 「敎育部頒發今後中小學訓育工作應特別注意之事項(1932. 6. 22.)」, 『檔案彙編』 5-1-敎育(二), 1064~1065쪽.

51 課程敎材研究所 編, 2001b, 『20世紀中國中小學課程標準·敎學大綱彙編-歷史卷』, 北京: 人民敎育出版社(이하 『課程標準-歷史卷』 등으로 약함), 54, 71쪽.

국토 애호의 관념을 불어넣는 데 주의하라고 했다.[52]

또한 중국은 한족과 만주족을 포함한 제민족의 융합을 강조하는 방향으로 역사교육을 강화했다. 국민정부가 반포한 1929년 교육과정표준의 역사 교재대강은 한족, 북방민족, 거란족, 여진족, 몽골족, 만주족과 같은 민족명과 국가 명칭을 같이 사용하여 내용을 구성했다.[53] 이 교육과정에 따라 편찬한 교과서를 보면 선비족은 한족에 동화되어 당 중엽이 되면 언어와 씨족이 존재하지 않게 되었으며, 원의 통치는 외족(外族)이 중국을 통치하는 처음의 사례를 만들었고, 만주족 역시 이족(異族)으로서 중국을 통치한 것으로 서술했다.[54] 한족은 원, 청 때에 '중국 영토'에 대한 통치권을 이족에게 빼앗겼던 것이다. 한족과 몽골족, 만주족은 서로 다른 민족의 역사가 있었다. 중국은 한족 중심으로 민족 역사의 연속성을 구성했다. 그런데 1932년과 1936년의 교육과정은 내용을 바꾸었다. 우선 교육과정의 교재대강은 거란, 여진과 같은 민족명이 아닌 요, 하, 금, 원 등 나라명으로 내용을 구성했다. 또한 초급중학과정은 5호16국 시기를 '중화민족의 신융합'으로 주제를 잡았으며, 청대 역사의 서술 항목 가운데 하나로 '중화민족의 확대'를 잡았다. 고급중학과정은 5호16국 시기를 '변경민족과 한족의 동화'로 제목을 잡아 현 영토 안의 민족을 '중화민족'이나 '변경민족과 한족'이라는 표현으로 포괄했다.[55] 이 교육과정에 의거한 교과서는 선비(鮮卑)는 한화되어 한족과 뒤

---

52 『課程標準-課程(敎學)設計卷』, 157쪽.
53 『課程標準-歷史卷』, 22~23, 32~34쪽.
54 王鍾麒 編, 1929a, 『新時代本國歷史敎本』 上, 商務印書館, 68, 109쪽; 王鍾麒, 1929b, 『新時代本國歷史敎本』 下, 21쪽.
55 『課程標準-歷史卷』, 44~45, 61~62쪽.

섞여서 당대에 중국 민족의 범위는 더욱 확대되었고, 몽골, 색목인, 만주족은 결혼을 통해 서로 혼합되어 구별할 수 없게 되었다고 기술했다.[56] 요, 하, 금도 중국의 문화를 흡수하여 한족에 동화되었고, 결국 청대에 "한(漢), 만(滿), 몽(蒙), 회(回), 장(藏) 등의 종족(種族)이 하나의 정치제도 아래에 놓이면서 점차로 조화를 이루고 혼합되어 하나의 중화민족을 형성하게 되었다"고[57] 서술했다. 한족과 '이족'의 구분은 사라졌다.

1940년 수정된 교육과정은 각 민족 문제에 더욱 주의했다. 중국과 일본의 충돌이 중일전쟁으로 확대되면서 중국 내 각 종족의 단합은 더욱 중요해졌다.

〈수정 초급중학 역사과정표준〉
제일목표: (일) 중화민족의 진보를 서술하고, 특히 각 지족(支族) 간의 융합과 그 상호 의존의 관계에 주의하여 전국민족단결의 역사적 근거를 명확하게 하고, 역사상의 영광 및 근대에 열강의 침략을 받은 것과 그 원인을 충분히 설명함으로써 학생들에게 민족 부흥의 의지와 결심을 불러일으킨다.

〈수정 고급중학 역사과정표준〉
재일목표: (일) 중화민족의 기원, 형성 및 그 강토개척의 경과를 서술하고 각 지족의 혈통상과 문화상의 혼합 상황 및 그 상호 의존의 관계를 특히 주의하여 서술하여 학생이 중화민족에 대하여 일반적인 인식과 애호가 있

56　傅緯平 編著, 1933,「復興初級中學教科書本國史」第4冊, 商務印書館, 141~143쪽.
57　姚紹華 編, 1934a,『初中本國史』1冊, 中華書局, 72~73쪽; 姚紹華, 1934b,『初中本國史』2冊, 中華書局, 63쪽; 姚紹華, 1934c,『初中本國史』3冊, 25쪽.

게 한다.[58]

역사과정표준의 교육목표는 이제 중국 영토안의 각 민족(종족)을 지족으로 표현하여 하나의 혈통에서 갈라져 나온 것으로 표현했다. 교육부 교과서편찬위원회가 편찬한 「초급중학역사」는 중화민족의 형성 과정을 4기로 나누어 진 이전의 시기를 1기, 한에서 남북조시기까지를 2기, 수에서 원까지를 3기, 그리고 명에서 중화민국까지를 4기로 잡아 각 단계마다 종족 간의 혈통융합과 문화의 교류가 이뤄지면서 민국시기에 4억 7,000만 동포가 정치·문화·혈통상 하나의 정체(整體)가 되었다고 기술했다.[59] 현재 중국 영역 안의 모든 민족은 오랜 역사 과정을 거치며 중화민족으로 만들어진 '정체'이며 결국 만주국에 거주하고 있는 민족도 중화민족의 일부라는 것이다.

국민정부의 역사교육 내용은 조선의 대중잡지에 실린 역사 설명과 달랐다. 국민정부는 중국 영역의 개척 과정과 각 종족의 혈연적·문화적 통합을 강조하며 중국 영역 안의 여러 종족이 '중국 민족'으로 형성된 과정을 가르치도록 했다. 중국은 영역(혹은 지역)을 역사서술의 단위로 삼고, 그 영역 안의 종족이 융합되며 중국 민족이 되는 과정으로 서술하며 지역과 민족의 활동범위를 일치시켰다. 반면에 조선의 대중잡지에 실린 글들은 조선인과 여진인을 구분하고 조선 민족의 활동을 중심으로 역사를 구성하려 했다. 대중잡지에 간헐적으로 나온 역사 설명에서 만주지역은 조선 민족이 여진족을 진무하여 통치하기도 하고, 여진족의

---

58 『課程標準-歷史卷』, 77, 83쪽.
59 教育部教科書編纂委員會 編, 國立編譯館 校訂, 1946, 『初級中學歷史』 1, 24~27쪽.

힘이 강성해져 새로 국가를 구성하여 조선 민족과 대결하는 공간이었다. 잡지에서 전달한 만주의 역사는 여러 민족이 각자의 힘에 의지하여 각축하며 민족의 활동 영역이 변동하던 여러 민족의 각축사였다.

2. 역사적 '시원(始原)'으로의 회귀

중일전쟁 이후 조선의 『삼천리』 등에 실린 만주와 만주국에 관련한 담론은 역사성을 벗어나기 시작했다. 잡지에 실린 조선인의 글에서 나온 중일전쟁은 동양의 평화와 행복의 창조였다. 이돈화(李敦化)는 청일전쟁은 자대(自大)에 빠져 있던 중국을 일깨우고, 러일전쟁은 서양 대 동양의 세력을 균형 있게 하여 백인종과 황인종의 지위를 평등하게 한 동양 보장적 책임을 실현한 것이라고 말했다. 만일 일본이 없다면 중국은 구미인의 시장으로 변할 것이 분명한, 즉 중일전쟁은 바로 동양 평화를 보장하는 사명을 실현한 것이었다. 권상로(權相老)는 '시국 각성의 필요성'이라는 연설에서 제국주의의 침략으로부터 동양을 구하고 동양인의 동양으로 만들어야 하는데, 중국민족은 자존자대하고 다른 민족은 모두 오랑캐라 여기는 악습에 빠져 정신마비 상태가 되어 시대착오에 빠져 있었다. 그러므로 동양 평화는 일본이 맹주가 되어 모든 일을 지도하지 않을 수 없는 것이다라고 말했다.[60] 이런 동양 평화 보장 구상의 발단이 만주국의 건설이었다.

만주에 대한 김경재의 이야기는 현실보다는 '도덕과 미래' 구상에 대한 설명으로 방향이 바뀌었다.

---

60 「전시하의 시국연설」, 『삼천리』 9권 5호, 1937. 10. 1.

만주제국은 도의에 입각하야서 이루워진 국가이외다. 현재 만주에 잇서 이 명제를 무시하는 자는 건국의 이단자이외다. 그러니까 만주 제국의 이상하는 바 그 목표가 도의 세계의 실천화이요 그 정치는 독창적 왕도정치이니 … 만주제국은 정치의 중점을 그러한 권리, 의무의 관념 우에 두지 안코 사람 개개인의 양심적 소산인 도의 관념에 중점을 두엇습니다. 이것이 동방 고유의 사상이요 거긔에는 개인과 개인의 관계가 이해와 투쟁으로 해결되는 것이 아니요 도의 관념에 기초한 相共親(공상친), 相共榮(공상영)의 憐愛至情(련애지정)이 잇고 민족과 민족 간에도 겸양, 예의가 잇서 마찰하지 안슴니다.[61]

김경재는 만주국은 개인의 권리, 의무 등을 따지는 서양의 정치와 다르다고 생각했다. 개인의 이해와 투쟁이 아니라 도의 관념에 입각해 서로 아끼고 공영해야 했기 때문에 만주에서 이익을 취하려는 투기적 행동은 딱한 일이고 만주국의 정치 특색을 이해하지 못하는 것이었다. 만주국은 이권 운동자에게 욕심이나 채워주거나 엽관 운동배에게 벼슬이나 제공하는 곳이 아니라고 김경재는 주장했다.[62] 불과 2년 전 『삼천리』 잡지사에서 원탁회의를 열어 만주에 가서 돈을 벌고 투자를 주장하던 것과 달랐다. 이제 만주와 만주국은 기회와 투기의 땅이 아니었다.

김경재가 볼 때, 만주국의 협화회는 민족의 평등을 지향하며 공익을 추구하고 인류 공영의 길로 나아가는 매개체였다. "만주 국민의 생활은 무엇보다도 먼저 도의에서 출발하지 안으면 안됩니다. 도의적 생활이란

---

61 김경재, 1938. 5. 1, 「협화회와 조선민족의 무대」, 『삼천리』 10권 제5호.
62 김경재, 1938. 5. 1, 위의 글.

개인의 권리를 절대시하는 사상을 청산하고 동방 도덕의 진의를 실천하는 생활이여야 합니다."[63] 김경재의 만주국에 대한 언설에서 이전과 달리 현실 문제가 사라지기 시작했고, 만주국은 도덕적 이상을 실현해가는 국가로 표현되었다. 또한 과거에 민족 간의 분쟁 마찰이 간도성에서 가장 심하였으나 건국 후 "민족이 상친(相親) 공영의 자연한 현상에 도라가 이기심의 억제와 인보 상애(隣保 相愛)의 지정(至情)을 유감없이 발휘하야 도의(道義) 국가 건설의 이상"에 매진하고 있는 실상을 간도성장 이범익(李範益)은 목격하고 있었다.[64] 현실과 동떨어진 장밋빛 이상이 만주국에 덧칠되었다.

1930년대 말 잡지에 실린 글은 오족협화도 만주와 만주국 내부의 문제에서 세계의 문제로 비약시켰다. 1936년 조선을 방문한 만주국의 장(張) 총리에게 조선인에 대한 차별대우를 언급하고 그 개선을 요청하며 오족협화의 실천을 요구했던 언설은 사라지고, 만주국 선전으로서의 민족협화 주장만 남았다. 민족협화에 관한 담론은 현실의 민족 문제에서 눈을 돌려 '이상'의 세계주의로 변하고 있었다.

> 만주국이 건립되면서부터 오족협화라는 신술어가 생겼다. 나는 이 오족협화의 이상을 매우 아름답게 본다. 그것은 지구상의 전 인류가 한 하느님의 자녀이기 때문에 이 「오족협화」에서 한 걸음을 더 나아가 「세계전민족의 협화」의 실현을 이상하기 때문이다.[65]

---

63 김경재, 1938. 5. 1, 위의 글.
64 이범익, 1938. 10, 「간도에 와서」, 『삼천리』 제10권 제10호.
65 신흥우, 1940. 10. 1, 「기행 시베리아의 횡단」, 『삼천리』 12권 제9호.

이 말에는 오족협화를 어떻게 실현할 수 있는지 구체적 방안은 없다. 단지 그 이상이 '아름다울' 뿐이다. 그리고 오족협화는 세계전민족의 협화라는 이상주의로 치달렸다. 만주국이 건국이념으로 내세웠던 오족협화는 이미 만주국의 문제가 아니라 보편적 이상의 문제로 변했다.

오족협화를 넘어 동아시아 민족의 일체성을 주장하는 논자도 나타났다. 동아시아인, 특히 조선 민족, 만주족, 몽골 민족이 통합해야 하는 이유는 혈연적으로 결합되어 있다는 것이다. 고구려와 백제가 모두 만주에서 발흥한 부여의 족속으로 만주와 끊을래야 끊을 수 없는 '피의 엉킴'이 있으며, 모두 퉁구스 계통으로 종족적 기원이 같다는 것이다.[66] 선만일여(鮮滿一如)를 혈연적·역사적인 측면에서 해석했다. 나아가서 일본과 조선의 종족적 일치성도 강조했다. 1939년 『삼천리』에 실린 글은 두 민족은 퉁구스 족에 속해 있으며 고대에 빈번한 왕래가 있었는데, 일본서기의 신대사(神代史)에 그 사실이 언급되어 있다고 주장했다. 퉁구스족의 일부가 조선에 남고 일부는 일본으로 건너가 살았으니 한일병합은 퉁구스의 1차 통합이었다.[67] 위와 같은 논리를 따라간다면 만주족, 조선 민족, 일본 민족은 혈연상 기원이 같게 되는 셈이었다. 이들 주장은 조선, 만주, 몽골, 일본이 오랜 기간에 걸쳐 분화하며 생긴 각 민족 역사의 특징을 생략하고, 역사적 기원으로 회귀하면서 차이를 생략했다. 기원을 같이하는 이들이 다시 융합하는 것은 이상한 것이 아니라는 것이다.

통합될 동아협동체의 문화는 동아시아 여러 민족에 의해서 새롭게 생성되는 것이었다. 차재정은 「동아신질서와 혁신」이란 글에서 동아사상

---

66 김동진, 1940. 10. 1, 「건국십년의 만주국과 조선인 근황, 조선내 자본의 진출과 인물의 집산 등」, 『삼천리』 12권 제9호.
67 「기밀실, 우리 사회의 제내막」, 『삼천리』 11권 1호, 1939. 1. 1.

은 동아시아 제민족의 실생활이 교착(交着), 통일하면서 생성 발달하여 결정되는 장래의 범주라고 주장했다. 과거나 현재의 여러 민족의 생활에 흩어져 있는 묵은 중국적·만주적·몽골적·일본적인 문화적 잔해를 복고적으로 긁어 모으는 것이 아니라 미래지향적이고 발전적으로 통일되어야 한다는 것이다. 차재정은 동아신질서의 지도 원리인 동아사상은 동아시아의 여러 민족이 받아들일 수 있는 것이어야 하는데, 그것을 실현할 주체는 일본이라고 했다. 아시아의 어떤 민족 문화보다도 과거 아시아 문화의 각 부분이 통일성을 가지고 근대적으로 보존되고 수호되어 살아 있는 것이 일본문화라고 주장했다. 그러나 일본문화, 일본정신이 지나(支那)나 기타 민족에게 전면적으로 이해, 용납되기 어려워 동아협동 민족생활의 지도 원리로서 통용될 수 없으니, 일본정신은 보다 근대화한 보편적 체계를 갖춰야 했다.[68]

1937년 중일전쟁 이후 『삼천리』에 실린 글의 만주 인식-달리 보면 일본 제국의 만주 인식일 가능성이 높지만-은 만주국을 매개로 동아협동체, 동아신질서로 확대되면서 미래와 이상으로 변했다. 『삼천리』에 실린 동아신질서는 역사 과정에서 발생한 차이를 배제하는 '보편' 혹은 미래 기획이었고, 종족과 문화적 차이를 해소하는 통합을 지향했다. 이제 『삼천리』 잡지에 실린 만주국에 대한 기사와 논설은 역사적 실체를 떠난 이상이자 허상이 되었다.

---

[68] 「동아협동체와 조선」, 『삼천리』 11권 1호, 1939. 1. 1.

IV. 맺음말

　만주국 수립으로 조선의 만주에 대한 관심과 보도는 늘어나고 만주에 관한 여러 이미지를 만들어냈다. 일본의 손이 '직접' 닿지 않던 중국 영토였을 때의 만주는 고국을 떠나 '삶의 애환'이 서리고 '독립운동'을 하는 곳이라는 이미지가 강했다면, 만주사변 이후 만주는 일본의 영향력이 커지고 동포의 지위가 바뀔 수 있는 새로운 조건이 싹트고 있는 곳이었다. 조선의 대중잡지는 만주사변, 만주국의 수립, 국제연맹 조사단의 활동, 그리고 국제연맹 결정 사항의 실행 여부를 분석하면서 국제 정세를 전망했다. 만주문제는 곧 국제문제를 인식하는 창구 역할을 했다. 그리고 만주는 새로운 돈 벌 기회를 제공하는 개척지 혹은 투자지라는 이미지도 기사와 논설을 통해 전달했다. 만주에 대한 여러 복합 이미지가 만들어졌다.

　한편으로는 만주국과 간도의 동포에 대한 보도는 역사 인식과도 연동했다. 만주로 가는 것은 조상이 살던 고토로 돌아가는 것이고 우리가 살던 땅을 도로 찾는다는 언설이 잡지를 통해 활자화되었다. 만주는 우리 민족이 나라를 세우고 활동하던 장소였다. 잡지의 글들은 만주에서 조선 민족이 세운 국가의 성쇠, 문화적 흔적에 관심을 기울였다. 그리고 1930년대 당시에 조선인이 가장 많이 살고 있던 간도는 현실적·역사적 맥락에서도 조선인의 땅이라고 일부 논자는 주장했다. 만주는 각 민족의 활동에 따라 영토의 귀속이 변하는 영역이었다.

　한편 중국은 만주(동삼성)를 다른 방식으로 인식했다. 중국 역사교과서는 중국 영토에 살고 있는 민족은 몇 차례에 걸친 민족 통합의 역사 과정을 거쳐 문화적·혈연적으로 하나로 통합되어 중화민족이 되었다고 서술했다. 즉, 만주의 제 민족은 중화민족이 되었고 역사와 영토는 중국으로 귀속했다.

중일전쟁은 『삼천리』 등의 만주·만주국에 대한 담론에 변화를 가져왔다. 중일전쟁 발발 이후 나온 잡지 기사에서 만주·만주국은 도의정치를 실현하고 동아신질서로 나아가는 매개체였다. 또한 조선, 만주, 몽골, 일본은 원래 혈연 기원이 같으며, 문화적으로 교류했으니 다시 새로운 질서로 통합해야 한다는 논리를 내세웠다. 그 논리는 오랜 역사 과정에서 발생한 차이를 무시하고 역사적 기원으로 회귀하는 것이었다. 만주국은 미래의 이상 사회로 덧칠되었고, 만주에 살았던 민족은 먼 과거로 복귀하면서 시원(始原)과 미래 사이의 역사는 생략되었다. 이제 삼천리 잡지에 실린 만주국에 대한 설명은 역사적 실체를 떠난 이상이자 허상이 되었다.

중일전쟁 이후 『삼천리』에 실린 만주와 만주국에 대한 글의 논리 구조는 중국의 역사 담론과 유사성이 있었다. 두 담론은 모두가 혈연적·문화적 혼합을 말하며 각 민족(종족)의 차이점을 없앴는데, 하나는 중화민족으로 귀결시켰고 다른 하나는 동아시아인으로 소급해 적용했다. 중국은 국민국가적 통합을 위해 장기간의 역사 과정에서 융합이 이루어져 중화민족이 형성되었다는 점을 말하며, 역사주의적 방식으로 현재의 민족 형성을 설명하려고 했다. 반면에 『삼천리』에 실린 글은 장기간의 역사 과정에서 일어난 분화 이전으로 복고하여 민족 역사를 역사적 기원 속으로 해소시키며 '제국적' 통합을 강조한 것이 다른 점이었다. 중일전쟁 이후 『삼천리』 등은 만주에 대한 조선 민족의 주체적 인식을 포기하고 민족의 구분을 없애는 '역사성' 없는 미래를 말하게 되었다. 결과적으로 1930년대 말, 중국의 역사 설명과 삼천리의 제국 논리에 따른 설명

모두 만주에서 조선 민족의 활동과 역사를 독자적으로 해석할 여지를 없애버렸다.

참고문헌

자료

『동아일보』1931. 9.~1932. 12.
『동광』27호(1931. 11. 10.)~39호(1932. 11. 1.).
『별건곤』52호(1932. 6. 1.)~61호(1933. 3. 1.).
『삼천리』제4권 1호(1932. 1. 1.)~12권 제9호(1940. 10. 1.).

課程敎材硏究所 編, 2001a, 『20世紀中國中小學課程標準·敎學大綱彙編-課程(敎學) 設計卷』, 北京: 人民敎 育出版社.
_____, 2001b, 『20世紀中國中小學課程標準·敎學大綱彙編-歷史卷』, 北京: 人民敎育出版社.
敎育部敎科書編纂委員會 編, 國立編譯館 校訂, 1946, 『初級中學歷史』1.
傅緯平 編著, 1933, 『復興初級中學教科書本國史』第4冊, 商務印書館.
王鐘麒 編, 1929a, 『新時代本國歷史敎本』上, 商務印書館.
_____, 1929b, 『新時代本國歷史敎本』下, 商務印書館.
姚紹華 編, 1934a, 『初中本國史』1冊, 中華書局.
_____, 1934b, 『初中本國史』2冊, 中華書局.
_____, 1934c, 『初中本國史』3冊, 中華書局.
中國國民黨中央委員會 黨史史料編纂委員會, 1963, 『革命文獻-抗戰前敎育與學術』53輯, 中央文物供應 社.
中國第二歷史檔案館 編, 1994a, 『中華民國史檔案資料彙編』第5輯 第1編 敎育(一), 敎育(二), 江蘇古籍 出版社.
中國第二歷史檔案館 編, 1994b, 『中華民國史檔案資料彙編』第5輯 第1編 政治(二), 江蘇古籍出版社.

단행본

방기중 편, 2005, 『일제하 지식인의 파시즘체제 인식과 대응』, 혜안.
최덕교, 2004, 『한국잡지백년』2-3, 현암사.

武向平, 2015, 『滿鐵與國聯調査團研究』, 社會科學文獻出版社.

東亞硏究所, 1941, 『國民黨支那の敎育政策』, 東京: 東亞硏究所.

논문

김도형, 2008, 「한말·일제하 한국인의 만주 인식」, 『동방학지』 144.
김재용, 2006, 「일제말 한국인의 만주 인식」, 『동북아역사논총』 12.
김창규, 2006, 「일본의 중국 침략과 중국 자유주의 지식인의 '滿洲' 인식(1931-1937)」, 『중국근현대사연구』 32집.
배개화, 2020, 「여성화된 만주와 조선 남성 엘리트의 개척자 이미지」, 『한국현대문학연구』 60.
배주영, 「1930년대 만주를 통해 본 식민지 지식인의 욕망과 정체성」, 『한국학보』 112.
서경석, 2004, 「만주국 기행문학 연구」, 『어문학』 제86집.
서영인, 2007, 「일제말기 만주담론과 만주기행」, 『한민족문화연구』 23집.
이명종, 2014, 「근대 한국인의 만주인식 연구」, 한양대학교 박사학위논문.
전성현, 2010, 「일제시기 '만주' 개념의 역사성과 부정성」, 『石堂論叢』 47집.
정종현, 2005, 「근대문학에 나타난 '만주' 표상-만주국 건국 이후의 소설을 중심으로」, 『한국문학연구』 28집.
주효뢰, 2018, 「1920년대 조선 지식인의 중국 담론 연구」, 한국외국어대학교 박사학위논문.
한수영, 2003, 「만주의 문학사적 표상과 안수길의 『북간도』에 나타난 '이산'의 문제」, 『상허학보』 11.
홍순애, 2013, 「만주기행문에 재현된 만주표상과 제국주의 이데올로기의 간극」, 『국제어문』 57.

何飛彪, 2018, 「中國社會各界對僞滿洲國問題的反應」, 『北華大學學報(社會科學版)』 19卷 3期.

찾아보기

ㄱ

가노 나오키 214
가라시마 다케시 205
간도 연장주의 254
간도협약 252
건국대학 161, 162, 168
경성제국대학 194~196, 198, 200,
　　201, 203, 205~208, 212, 218
경성제국대학 법문학부 210
고지마 겐키치로 205
고토 신페이 문서 113, 114, 117
과학적 여행 32
관동군 240, 244
관동주 72, 78
교토제국대학 220
교토제대 116, 156
구로이다 220
구로이타 가쓰미 199
구제강 71
국민정신문화연구소 157
국제 연맹 245
국제연맹 68, 69, 249, 255
귀츨라프 34, 38
김경재 260, 261

김육불 134

ㄴ

나진옥 128
나카무라 히데다카 200
나카미 다쓰오 61
남만주철도주식회사 75, 148
남만 철로 공사 76
니시 신이치로 150

ㄷ

다나카 기이치 65, 79
다무라 지쓰조 139
다보하시 기요시 220
다카하시 도루 166, 208, 218, 219
다키카와 마사지로 175
당빌 42
대동아 156
대동아공영권 176, 178
대동아사(大東亞史) 156, 157
대동아사개설(大東亞史槪說) 176,
　　184
대아시아주의 63
대지정책강령 65

도리야마 기이치 164, 174, 205, 220
도리이 류조 112
도의세계건설 159, 174
도쿄제국대학 113, 195, 196, 220
도쿄제국대학 동양사학과 114
도쿄제대 119, 120, 122, 124, 156, 164
동경대학 114, 115
동광 241, 245
동방문화연구원 157
동방문화학원 126, 157
동북 72, 80
동북사강 69
동북통사 71
동아사 156
동아신질서 156
동아협동체 263
동양문고 157
동양문화 205~207, 212
동양문화연구소 157
동양사 113
동양사학 112
동양사학과 116
동인도회사 38

ㄹ

라토리 구라키치 114
량치차오 67
로스 35
루거우차오 사건 138
루트비히 리 115
리지 69
리튼 조사단 68, 245, 246
린네 31

ㅁ

마쓰다 히사오 205
마쓰모토 시게히코 220
마쓰이 히토시 118, 153, 155
만몽 72~74, 79, 80, 85, 88, 90, 98, 101, 102
'만몽'문제 79
만몽문화연구회 165, 204
만몽사 152
만몽영유론 68
만몽장비지나론 67
만보산 사건 243
만선사 112~114, 117, 118, 119, 122, 152, 203, 204
만선역사지리조사부 148
만일문화협회 131
만주건국대학 149, 158
만주국 85, 97, 149, 160, 165, 171, 240, 241, 243, 245~248, 261, 262
만주국사통론 168, 169
만주국학 151, 158, 159, 174, 183, 184
만주민족 171, 172, 173
만주사 149

만주사변 241~243, 245, 247, 254, 256
만주역사지리 118
만주 인상 240
만주 인식 240
만주족 16, 34, 248
『만주족 또는 중국의 지배왕조』 35
만주 학술 조사 연구단 97
만철 75
만철 역사조사부 118
모두루총 134
무인지대(no man's land) 26
문화민족주의 62, 63
문화제국주의 63
미시마 하지메 71
미치 17, 28
미카미 즈기오 128
민생단 249
민족제국 63
민족협화 159, 174

ㅂ

반도사 편찬사업 200
백두산 15, 17, 23, 36, 40, 52
변강(邊疆) 61, 73, 80
변강부 89
별건곤 241, 245, 246
불저 35
비숍 17, 25, 39

ㅅ

사이토 기쿠타로 131
사쿠다 소이치 150, 151, 158
삼천리 241, 245
선만일여 263
세노 우마쿠마 118
세키노 130
세키노 다다시 112, 129
스에마스 야스카즈 200
시라토리 구라키치 113, 115, 117, 118, 120, 122, 126, 202
식민개척 78
쓰다 소키치 118

ㅇ

아베 요시오 205
아시아 역사자료센터 113, 114, 125
아이신지로우 푸이(愛新覺羅·溥儀) 99
야나이 와타 120
야나이 와타리 118
야노 진이치 67, 68, 152, 214
엘리엇(Mark C. Elliott) 41
여행자에 대한 조언(Hints to Travellers) 33
역사조사부 119, 120, 122
영허즈번드 17, 22, 29
오구라 219
오구라 신페이 219
오다 쇼고 216, 218

오래된 하얀 산 36
오바 즈네키치 130
오오타니 가즈마 205
오족공화 63
오족협화 240, 242, 244, 250, 262
오쿠라 신페이 216
오타니 가쓰마 220
와다 기요시 120
와일리(J. A. Wylie) 25
왕도낙도 244
왕도정치 159, 174
왕립아시아학회 35
왕립지리학회(Royal Geographical Society) 14~17, 25, 28, 32, 34, 38, 41
우공 71
우메하라 스에지 130, 139, 165
우모네(武黙訥) 36
윌리엄슨(Alexander Williamson) 19, 23, 29
윌리엄 허트맨(William Huttmann) 16, 41
이나바 168, 171, 172
이나바 이와키치 118, 163, 204
이마니시 류 202, 215, 216, 219
이케우치 히로시 113, 114, 118, 124, 127~130, 134, 136, 138, 139, 156, 165
인문과학연구소 157
일만문화협회 126, 127

일만불가분관계 160, 174
임진왜란 178

ㅈ

장쉐량 246
장제스 246
재만 조선인 243, 245, 249
잭슨(Jurian Jackson) 32
정샤오쉬 99
제국적 학지 206
제임스(H. E. M. James) 20, 22, 23, 29, 35, 37, 39, 52
조선사편수회 200
조선역사지리 118
조선총독부 200, 208
『중국의 보고(Chinese Repository)』 16
중앙연구원 역사언어연구소 69
중일전쟁 260
중화민족 63, 258, 259
진비동 85, 86
진위푸 71, 92, 95

ㅋ

카를 귀츨라프 16
캠벨 17, 23, 40, 52
클라프로트 36

ㅌ

털리 26

『통구』 상권 138
『통구(通溝)』 상·하 134
『통구』 하권 139, 140, 141

ㅍ
푸쓰녠 69, 70, 153

ㅎ
하네다 도오루 113, 128, 156
하마다 고사쿠 130, 165
하타다 다카시 128
핫토리 우노키치 126, 194, 207, 208, 209
협화회 261

화한문학과(和漢文學科) 114
황여전람도 42
후지쓰카 치카시 205
후지야마 88
후지타 료사쿠 130, 165, 200
훔볼트 31
히라이즈미 164

Manchew 43
Manchuria 41, 46
Mandshuria 44
Mantchouria 44
Mantchourie 43, 44

동북아역사재단 연구총서 127

동아시아 근대의 형성과 역사학 ❶
―제국의 학술기획과 만주

초판 1쇄 인쇄　2021년 4월 1일
초판 1쇄 발행　2021년 4월 15일

엮은이　오병수
지은이　배성준, 린츠훙, 이노우에 나오키, 정상우, 정준영, 이병인
펴낸이　이영호
펴낸곳　동북아역사재단

등　록　제312-2004-050호(2004년 10월 18일)
주　소　서울시 서대문구 통일로 81 NH농협생명빌딩
전　화　02-2012-6065
팩　스　02-2012-6189
홈페이지　www.nahf.or.kr
제작·인쇄　(주)동국문화

ISBN　978-89-6187-634-6　94910
　　　978-89-6187-633-9　(세트)

- 이 책은 저작권법으로 보호를 받는 저작물이므로 어떤 형태나 어떤 방법으로도 무단전제와 무단복제를 금합니다.
- 책값은 뒤표지에 있습니다. 잘못된 책은 바꾸어 드립니다.